本书为国家社科基金一般项目"东北亚视阈下俄日关系与中国因素的历史研究"(编号：19BSS046)阶段成果；国家社科基金青年项目"18-19世纪日俄岛屿问题的历史研究"(编号：13CSS009)结项成果之一

Acquaintance and Contracting

Russia's Early Negotiations with Japan (1697—1855)

相识与缔约：
俄国早期对日交涉

邢媛媛 著

1697—1855

中国社会科学出版社

图书在版编目(CIP)数据

相识与缔约：俄国早期对日交涉：1697—1855/邢媛媛著.
—北京：中国社会科学出版社，2023.4
　ISBN 978-7-5227-1576-6

Ⅰ.①相… Ⅱ.①邢… Ⅲ.①国际关系史—研究—俄罗斯、日本—1697-1855　Ⅳ.①D851.29②D831.39

中国国家版本馆CIP数据核字(2023)第043234号

出 版 人	赵剑英
责任编辑	宋燕鹏
责任校对	李　硕
责任印制	李寡寡

出　　版	中国社会科学出版社
社　　址	北京鼓楼西大街甲158号
邮　　编	100720
网　　址	http://www.csspw.cn
发 行 部	010-84083685
门 市 部	010-84029450
经　　销	新华书店及其他书店
印　　刷	北京明恒达印务有限公司
装　　订	廊坊市广阳区广增装订厂
版　　次	2023年4月第1版
印　　次	2023年4月第1次印刷
开　　本	710×1000　1/16
印　　张	20
插　　页	2
字　　数	280千字
定　　价	98.00元

凡购买中国社会科学出版社图书，如有质量问题请与本社营销中心联系调换
电话：010-84083683
版权所有　侵权必究

目 录

绪 论 ·· 1
  一 本课题的研究对象 ·· 1
  二 本课题的基本线索 ·· 2
  三 本课题的研究综述 ·· 6

第一章 俄国初识日本 ·· 16
  第一节 俄国的早期日本认知 ······································ 16
    一 俄国通过第三方了解日本 ····································· 17
    二 俄国年代记和宇宙志 ·· 25
    三 俄国探险家的日本记载 ······································· 30
  第二节 尼古拉与俄日关系溯源 ··································· 39
    一 尼古拉之论辩 ··· 39
    二 尼古拉的游历 ··· 41
    三 尼古拉的历史地理学分析 ···································· 46
  第三节 日本的早期俄国认知 ······································ 52

第二章 俄国寻找日本 ·· 58
  第一节 首位漂流民传兵卫 ··· 59

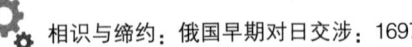

　　一　传兵卫的俄国行记 …………………………………… 59
　　二　俄国对传兵卫的考量 ………………………………… 66
　　三　传兵卫对俄日关系的影响 …………………………… 72
第二节　彼得一世时期南下探险 …………………………………… 75
　　一　初期小规模探险 ……………………………………… 76
　　二　И. П. 科济列夫斯基远征 …………………………… 78
　　三　地测专家的勘测 ……………………………………… 87

第三章　俄国发现日本 …………………………………………… 95
第一节　俄国的太平洋探险 ………………………………………… 96
　　一　第一次堪察加探险 …………………………………… 97
　　二　А. Ф. 舍斯塔科夫远征 ……………………………… 102
第二节　日本漂流民广藏与倧藏 …………………………………… 105
第三节　白令第二次探险 …………………………………………… 111
　　一　М. П. 什潘贝格发现日本 …………………………… 114
　　二　В. 瓦尔顿抵达日本 …………………………………… 122
　　三　俄国内外对"发现日本"的反应 …………………… 129

第四章　俄国与日本的初步接触 ………………………………… 137
第一节　以千岛为中心的俄日间接接触 …………………………… 137
　　一　18世纪40年代以前的接触 ………………………… 138
　　二　18世纪40年代之后的接触 ………………………… 141
　　三　И. 切尔内千岛调查 ………………………………… 145
第二节　以千岛为中心的俄日直接接触 …………………………… 147
第三节　日本对俄国的早期警戒 …………………………………… 166
　　一　日本对俄国认知的深化 ……………………………… 166
　　二　М. А. 别涅夫斯基事件 ……………………………… 169
　　三　幕府首次虾夷地考察 ………………………………… 175

第五章　俄国与日本的建交尝试 …… 180
第一节　俄国与日本的高层接触 …… 180
一　Я.Э.拉克斯曼使团访日 …… 181
二　Н.П.列扎诺夫使团访日 …… 190
第二节　俄国与日本的军事冲突 …… 207
一　俄国军官的北部侵扰 …… 207
二　В.М.戈洛夫宁被俘记 …… 217
第三节　幕府第二次虾夷地考察 …… 223

第六章　俄国与日本缔结条约 …… 232
第一节　太平洋进入世界经济体系 …… 232
一　欧美国家划分势力范围 …… 233
二　从《文政驱逐令》到《薪水给予令》 …… 238
第二节　Е.В.普提雅廷出使日本 …… 243
第三节　俄日签订《下田条约》 …… 250
一　俄日谈判的外交博弈 …… 250
二　俄日《下田条约》再审视 …… 260

结　论 …… 271
一　俄国早期外交述评 …… 272
二　俄日早期关系的特点 …… 277
三　重视与加强俄日关系史研究 …… 280

附录1　俄国早期对日交涉大事件 …… 285

附录2　主要中俄文人名对照简表 …… 288

主要参考文献 …… 299

绪　　论

超越纷争和分裂的历史、维护和平的东北亚秩序是每个人的责任，历史工作者尤其需要肩负起"以古为镜，可以知兴替"的历史职责。追溯历史有助于更好地培养创造性新思维，回顾俄日关系历史的初衷也正在于此。东北亚秩序自古就变化不断，追溯东北亚国际关系的演变轨迹就会发现，东北亚秩序是伴随着中、俄、日、美等国家关系的演变而不断被重塑的，俄日关系在这一轨迹中被赋予特殊意义，其关涉的地域范围涵盖堪察加半岛、库页岛（俄国称"萨哈林"，日本称"桦太"）、东西伯利亚、鄂霍次克海、尚塔尔群岛、千岛群岛（俄国称"库里尔群岛"）和阿留申群岛等，即环北太平洋地区。[①] 彼时的俄日关系不仅对于俄日两国本身，而且对中、朝、美等国的社会历史发展，乃至世界历史进程的影响都是巨大的。

一　本课题的研究对象

俄国与日本是处于不同文化分布区且以海洋相隔的两个国家，二者之间的交往发生得比较晚，是在欧洲殖民帝国成长时期。从历史尺度来讲，相较于中日关系史、英法关系史，俄日关系的历史并非一段很长的时间。如果从1697年俄国军官 B.B. 阿特拉

---

① 参见崔丕《近代东北亚国际关系史研究》，东北师范大学出版社1992年版，第1页。

索夫与日本漂流民传兵卫在堪察加半岛见面时算起，俄日两国关系仅有三百多年历史。如果从1855年两国缔结《下田条约》（又称日俄《亲善条约》）建立正式的近代外交关系来说，至今也只有167年。

在对俄日两国关系史进行科学的编年分期时，双边关系的政治活跃度是划分的基本参照。同时，为了更接近历史现实，双方积累起来的关系紧张程度和新形势的不断涌现——国防目标的定位、政治利益的考量、思想方针的调整、经济的优先地位等级也是必须考虑的因素。三百多年的俄日关系史大体上分为以下八个阶段：第一，1697—1855年两国从陌生到彼此接近；第二，1855—1895年俄日两国短暂的睦邻相处；第三，1895—1917年俄日两国的殖民竞争；第四，1917—1931年苏日关系的建立与调整；第五，1931—1945年苏日两国军事中立、互不干涉；第六，1945—1960年苏日两国外交关系的停滞与恢复；第七，1960—1989年苏日两国关系进入"政冷经热"阶段；第八，1990年以后的俄日关系。

从1697年俄国军官В.В.阿特拉索夫"偶遇"日本漂流民传兵卫开始，俄日两国拉开交往序幕。1855年俄日《下田条约》的签订被确立为两国建立外交关系的开始。本书研究的对象就是1697—1855年两国交往的约一个半世纪的历史，即俄日早期关系史，也就是俄日关系的第一阶段。早期阶段几乎占据了俄日两国关系三百多年历史的一半，毋庸置疑，其内容是非常丰富的，其意义是深刻的，其影响也是深远的。

二 本课题的基本线索

本书以大航海时代下早期全球殖民扩张为广阔背景，以俄日互识为切入口，有序探讨两国早期关系的发端、发展、延续、突破与延伸，呈现两国之间"好奇""试探""警惕""接触""冲突"与"睦邻"的历史过程，总结出俄日早期关系史的显著特征（特殊规律)和依循的历史普遍规律。作者努力不局限于一人一事一国的乏善铺陈,而是在阐述两国关系史的基础上展示它们所依托和创造的历史洪流,厘清俄日早期关系脉络,体现双边外交在全球化历史中的动态调整。

在1697—1855年的俄日早期关系中,俄国毫无疑问占据着主导地位,遂将此书定名为"俄国早期对日交涉"。俄国自堪察加不断南下,在亚洲东部、北太平洋诸岛上进行贸易及殖民管辖,建立的众多据点是俄国打开对日航路的基地。这段历史同时也是近代东北亚国际关系的积累阶段。本书立足于全球史和东北亚区域史的历史记忆,构筑自成一体的世界史视野下的俄日早期关系史叙事体系,正如本书目录所示俄国初识日本、俄国寻找日本、俄国发现日本、俄国与日本的初步接触、俄国与日本的建交尝试、与日本缔结条约。

俄国对外拓展空间是它内政的延续和外溢,由俄国统治阶级利益决定,并服从于国家最高利益。俄国的外交政策与俄国社会发展的各个阶段相适应。15世纪末,俄国已经建立起封建君主专制制度;17世纪"大动乱"是对俄国君主专制的重建与强化;自18世纪始,彼得大帝创建俄罗斯帝国,俄国步入帝国模式的君主专制;1917年,建立苏维埃联邦社会主义共和国。俄国对日交涉就发生在俄帝国殖民扩张时期。17世纪以前的俄国基本是一个内陆国家。17世纪中叶,俄国越过乌拉尔山侵占西伯利亚,肆意掠取当地珍贵的皮毛。18世纪,俄国封建农奴制内部的资本主义关系得到发展,地主阶级与新兴商人都强烈呼吁拓展新土地、加强与外界的经济联系。彼得一世掌权后,适应地主阶级和大商人需要,对内加强专制统治,对外加紧扩张领土。被彼得一世扶植和提拔的一大批新贵族与世袭贵族狂热支持其对外政策,即征服欧洲、亚洲大片领土和夺取出海口。正是在这一时期,俄国把势力扩张到中国东北黑龙江流域和太平洋沿岸,1689年的中俄《尼布楚条约》成功遏制俄国向黑龙江流域进一步推进,迫使其在东北亚的活动转向堪察加半岛、库页岛一带，把目光锁定在太平洋上的日本。① И. П. 科济列夫斯基远征（1711—1713）、Я. А. 叶尔钦考察（1716—1719）、И. А. 叶夫叶伊诺夫（1719—1722）与 Ф. Ф. 卢任（1727—1730）地质勘察、В. 白令第一次探险（1724—1730）、А. Ф. 舍斯塔科夫远征（1727—1730）等多个探险队完成初步的南下"寻日"之旅。М. П. 什潘贝格（1739）与 В. 瓦尔顿（1739）几乎同时发现日本，在俄日关系史上留下浓墨重彩的一页。Я. Э. 拉克斯曼首届官方访日使团（1792）与 Н. П. 列扎诺夫环球赴日使团（1803）为俄国打开日本国门奠定重要基础，而名义上为商业机构的"俄美公司"则成为俄国在北太平洋扩展利益的代理机构。

本来风平浪静的太平洋地区被拉入世界经济体系后，俄国的地位受到巨大挑战，俄国从美洲撤退向南扩展。克里米亚战争使英、俄两国在国际政治领域的竞争表面化，并扩大到东北亚。近东和东北亚之于英国的意义在于阻止俄国获得出海口，巩固英国在亚洲的利益堡垒。第二次鸦片战争后，在近东角逐中失败的俄国同时扩大对华侵略和对日叩关，以补偿在近东的损失。1854 年以前，英、美、俄打开日本国门的企图尽管失败，却大大刺激了各国争夺日本的欲望。1854 年，在美国人佩里率领的美舰武力威胁下，幕府派林炜与佩里在神奈川签订日美《亲善条约》（即《神奈川条约》）。日美《亲善条约》是日本开国的第一步，美国对日成功叩关后不久，俄国人普提雅廷使日成功，于 1855 年同日本签订俄日《下田条约》，规定两国在得抚岛与择捉岛之间划界。俄日《下田条约》的签订标志着俄国与日本近代性质外交关系的建立，同时也开启了俄日延续至今的领土争端。

19 世纪 30 年代与 40 年代之交，"锁国"中的日本社会也发生了深刻变化。日本封建社会的基础自然经济趋向解体，农村"豪农"与城市"豪商"崛起，封建领主阶级的社会经济地位开始动摇，幕

---

① 崔丕：《近代东北亚国际关系史研究》，东北师范大学出版社 1992 年版，第 9 页。

府财政紊乱，将军腐化，武备松弛。① 17世纪，日本锁国的目的在于严格查禁天主教在日本传布，限制日本人同海外贸易，保证国家安全与统治阶级利益。随着俄船来虾夷地②请求通商，尤其进入19世纪，外国船只大量驶入日本，日本面临国内、国外双重危机。俄国对于美、英、法的行动表现出强烈不安。③ 相比其他西方国家，俄国对日本北部的岛屿怀有更大觊觎之心，多次骚扰酿成让幕府警惕的"北寇之患"，幕末的日本处于内忧外患之中。民族危机感上升，日本朝野自然出现开国或攘夷的辩论。俄国南下告急，加强海防成为幕府必然之举，同时幕府也加快控制北方领土的步伐。处于西方列强夹击的幕府被迫打破惯例，向各大名、旗本出示美、俄国书，征询对策，并奏闻天皇，开始对列强的叩关采取比较灵活的措施。

可以认为，俄国因缺乏英国那样的天然良港和强大海军，它只能向北太平洋诸地派出多个"考察队"和"使团"，以相对和平的避战手段寻找一条通往日本的海上航路，试图变日本和周边诸岛为稳定的物资供应基地。从俄国传统的领土意识与拓展领土的手段来看，与日本发生冲突是必然的。

---

① 曹中屏：《东亚与太平洋国际关系——东西方文化的撞击》，天津大学出版社1992年版，第96、105页。

② "虾夷地"与"虾夷人"是两个比较模糊的概念。明治以前，"虾夷地"泛指日本北方地区，因居住"虾夷人"而得名，是与"和人"居住的"和人地"的对应称呼。"虾夷人"一般指"阿伊努人"，但二者的具体关系在学术界至今尚无定论。"虾夷地"的地理范围，大体上以虾夷本岛（松前岛）为中心，向外扩展至千岛群岛和库页岛。江户时代，松前岛的太平洋侧与千岛群岛为"东虾夷地"，北海道的日本海侧与库页岛为"西虾夷地"。幕府分别于1799年、1807年将东西两部分虾夷地划为直辖领，1809年将库页岛正式定名为"北虾夷地"。1821年，"虾夷地"复归松前藩领地；1855年，幕府再次将其纳入直辖领。1869年8月15日，"虾夷本岛"改称"北海道"，设置11国86郡。"北虾夷地"改称"桦太岛"，一直延续使用至今。参见丸山國雄『日本北方発展史』、水產社、1942年版、第1页。

③ 李凡：《1855年前的俄日两国关系》，《南开日本研究：2015》，天津人民出版社2015年版，第205页。

三 本课题的研究综述

（一）国内研究现状

中国的世界史领域，专门的俄日两国早期交往史相关著述可谓凤毛麟角，学术界"厚今薄古"现象严重，导致前期积累薄弱。究其原因，多门目标国语言运用难度大、国外原始史料难求且不易解读是两大困境。直到20世纪末，相关成果数量才变得可观，设计课题逐步多样化，其重点和走向也逐渐明朗起来。

周启乾教授是俄日关系史研究领域的领军人物，他的《日俄关系简史（1697—1917）》是目前唯一一本研究俄日关系史的专著，更是一部力作，具有开拓之功。① 除此之外，对于俄日早期关系史的有限阐释绝大多数都附属在对沙俄侵略扩张的叙述中，也有一部分出现在对东北亚国际关系史、对俄日两国岛屿争端历史、对俄日战争的研究中。

关于沙俄侵华史的研究著作在重点阐述沙俄侵华的同时，也简略、零星地叙述了俄国对日本的远征。② 崔丕在其专著第一章和第二章里叙述"俄国向千岛的扩张与日本北方领土问题"。③ 同时，他对俄日《下田条约》进行传统分析与评价，认为《下田条约》"明显具有不平等性质"。黄定天其在专著第一编第三章里分三小节简要概述"日俄关系的初步形成"。④ 曹中屏其在专著第三章

---

① 周启乾：《日俄关系简史（1697—1917）》，天津人民出版社1985年版。
② 复旦大学历史系编：《沙俄侵华史》，上海人民出版社1975年版；中国社会科学院近代史研究所编：《沙俄侵华史》，人民出版社1976年版；兰州大学历史系编：《沙皇俄国的侵略扩张》，人民出版社1978年版；北京大学编：《沙皇俄国侵略扩张史》，人民出版社1980年版；佟冬主编：《沙俄与东北》，吉林文史出版社1985年版；等等。
③ 崔丕：《近代东北亚国际关系史研究》，东北师范大学出版社1992年版。
④ 黄定天：《东北亚国际关系史》，黑龙江教育出版社1999年版。

第一节专门讲述日本的开国,但篇幅甚微。① 崔丕的论文②及查攸吟的专著③重点针对20世纪初日俄冲突根源进行系统研究;徐广宇的专著以翔实史料分析了日俄战争的历史细节④;这些研究成果都较少涉及俄日早期史。朱海燕的论文对日俄战争以后的国家外交策略进行研究。⑤ 高福顺⑥与吴大辉⑦的论文也只在阐明岛屿争端的同时附加上点滴早期关系史。南开大学李凡教授的论文简明扼要、专业地讲述了俄日两国关系的历程和特点。⑧ 但因其论文篇幅所限,终不能一探究竟。

前辈学者对俄日早期关系史的研究愈益重视,他们的学术旨趣激发更多年青学者的研究志向,后生论文近年来频见诸报纸与期刊。

笔者发表于《中国社会科学报》的理论文章《俄日关系史研究亟待推进与拓展》,首谈俄日早期关系史研究的重要性与迫切性,认为这段历史同属东方外交史、海上交通史、周边国家历史范畴,应将其提至国家安全的高度去考量。⑨ 笔者关于俄日早期关系的首批论文回溯俄日最初交往源头,重点阐述俄日通过第三方(蒙元)、

---

① 曹中屏:《东亚与太平洋国际关系——东西方文化的撞击(1500—1923)》,天津大学出版社1992年版。
② 崔丕:《论沙俄与日本在日俄战前的外交谈判》,《东北师大学报》1980年第3期,第48—55页。
③ 查攸吟:《日俄战争——开战背景及海战始末》,武汉大学出版社2012年版。
④ 徐广宇:《1904—1905,洋镜头里的日俄战争》,福建教育出版社2009年版。
⑤ 朱海燕:《日俄战争后日俄美的东北亚政策》,《日本学论坛》2005年第1期,第22—27页。
⑥ 高福顺:《日俄对库页岛的争夺》,《东北史地》2008年第1期,第45—49页。
⑦ 吴大辉:《俄日岛争:难以破解的外交"死结"》《当代世界》2010年第12期,第52—54页。
⑧ 李凡:《1855年前的俄日两国关系》,《南开日本研究:2015》,天津人民出版社2015年版,第196—208页;李凡:《论日俄1855年缔结〈日俄友好条约〉》,《外国问题研究》2015年第3期,第3—8页。
⑨ 邢媛媛:《俄日关系史研究亟待推进与拓展》,《中国社会科学报》(社科院专刊)2014年9月12日第3版。

航海者见闻认识对方。① 以此为基点，笔者后续的论文详细分析了俄国首届赴日使团失败原因与对俄日关系的影响。② 笔者的系列论文专门研究了日本漂流民在俄日关系中的历史角色。③ 李若愚的两篇论文以日本史料为基础探讨锁国政策对俄日关系的影响。④ 程浩的三篇论文以全新的文化视角系统探讨俄日关系史中的文化动因，弥补了近年来我国俄日关系史研究中过分偏重政治、军事的倾向。⑤ 刘建强的论文论述了俄日关系史的领土争端原因。⑥ 郭永胜、姚雅锐的论文从比较俄国农奴制改革与日本明治维新的结论中概述俄日两国国内因素对两国关系进程的影响。⑦

综观上述专著与论文，研究者问题意识的来源有所调整，历史主义意识有所增强，愈加重视原始材料的利用和解读，且解读技能有所提高，在运用方法论上有新尝试，但仍然存在着内容片面化、研究非本土化、史料陈旧且多为二手资料、篇幅单薄的缺憾。一是内容上过分偏重政治和国家关系，忽略非国家层面的民间全方位交

---

① 邢媛媛：《11—17世纪俄国对日本的早期认识》，《安徽史学》2014年第6期，第108—117页；邢媛媛：《俄日两国接界地区的"国界之变"》，《太平洋学报》2014年第12期，第69—76页。

② 邢媛媛：《亚·埃·拉克斯曼官方赴日使团与早期俄日关系》，《日本问题研究》2019年第6期，第54—64页。

③ 邢媛媛：《日本漂流民传兵卫与俄日关系的发端》，《史林》2020年第4期，第196—222页；邢媛媛：《俄日早期关系中的日本漂流民研究》，《日本学刊》2021年第3期，第134—162页。

④ 李若愚：《日本和沙俄外交史中的领土问题——以日本史料为中心的分析》，《俄罗斯研究》2014年第6期，第36—65页；李若愚：《试论日本"锁国"政策对19世纪以前俄日关系的影响》，《西南大学学报》（社会科学版）2014年第1期，第159—166页。

⑤ 程浩：《日本漂流民与俄罗斯早期的对日交涉》，《外国问题研究》2015年第2期，第25—31页；程浩：《浅析18世纪末俄罗斯南下及日本知识分子近代国际观及扩张意识的发端——以工藤平助的〈赤虾夷风说考〉为例》，《俄罗斯研究》2015年第6期，第88—101页；程浩、李凡：《德川后期日本知识分子对外思想转变中的俄罗斯动因——以本多利明为例》，《日本问题研究》2016年第2期，第23—28页。

⑥ 刘建强：《江户幕府的虾夷地政策与俄国南下》，《西安外国语学院学报》1999年第2期，第71—75页。

⑦ 郭永胜、姚雅锐：《试论俄国农奴制改革与日本明治维新相似的历史前提》，《内蒙古师范大学学报》（哲学社会科学版）2002年第2期，第78—83页。

流与个案深度分析；二是对俄日当时与外部世界的关联重视不够；三是缺乏成熟的本土（中国特色）理论和研究范式，作者写作的话语元素和褒贬准则不少直接来自国外学者著述。这就使目前的俄日关系研究缺乏可靠的历史依据，学界迫切需要一部严肃的总结性著述对各类相关成果进行分析与综合。

（二）俄国研究现状

作为当事国，俄国与日本国内对俄日早期关系史的研究当然要比中国更久远、研究成果更丰富，所以，俄文档案资料、俄日学者的研究成果是本课题研究的主要参照。

由于俄日早期关系萌芽于17—19世纪俄国对黑龙江流域、堪察加、千岛群岛及环北太平洋的"远征"与"探险"，因此，俄国最早关于俄日早期关系史的研究成果始见于俄国对北太平洋的探险研究中。А. И. 安德烈耶夫①、С. П. 克拉舍尼科夫②、А. Е. 艾菲莫夫③、Л. С. 贝格④、А. И. 阿列克谢耶夫⑤的专著都记录了俄国历次"探险队"南下堪察加和库里尔群岛的过程以及在途中与日本人的相遇和相交。

海军士官 Н. А. 赫沃斯托夫与 Г. И. 达维多夫、В. М. 戈洛夫宁是俄国南下探险和与日本的早期交往中的关键人物，赫沃斯托夫与

---

① Под ред. Андреева А. И., *Русские открытия в Тихом океане и Северной Америке в XVIII–XIX веках*, М. -Л. : Наука, 1944 г.

Под ред. Андреева А. И., *Русские открытия в Тихом океане и Северной Америке в XVIII веке*, М. : ОГИЗ, 1948 г.

② Крашенников С. П., *Описание земли Камчатки: с приложением рапортов, донесений и других неопубликованных материалов*, М. : Наука, 1949 г.

③ Ефимов А. Е., *Из истории великих русских географических открый в северном ледовитом и тихом океанах в XII–первая половина VIII*, М. : ОГИЗ, 1950 г.

④ Берг Л. С., *История русских географических открытий*, М. : Издательство академии наук СССР, 1962 г.

⑤ Алексеев А. И., *Амурская экспедиция (1849–1855 гг.)*, М. : Мысль, 1974 г. ; Алексеев А. И., *Русские географические исследования на дальнем востоке и в северной Америке (XIX-начало XX в.)*, М. : Наука, 1976 г.

达维多夫的多次侵扰甚至酿成著名的"北寇八年",因此关于他们的见闻录在俄国被多次出版。①

随着俄日关系的发展和学者对研究的深入,从20世纪60年代起俄日早期关系史作为一个专门的学科领域在俄国史学界建立起来。Э. Я. 法因贝格②、К. Е. 契连夫科③、С. В. 格里萨契夫④的著作都比较系统、完整地阐述了俄国与日本在17世纪至19世纪末三百年间的交往过程,可以说是关于俄日关系的通史性著作。法因贝格的专著是苏联第一部专著,但由于受到传统思想影响,作者对《下田条约》的评价并未摆脱传统的"不平等条约"观点的影响。南库里尔群岛(日本称"北方四岛")是俄日两国长久以来的领土争论热点,因此,俄国出版了一批关于库里尔群岛历史归属的研究专著,О. 邦达连科⑤、М. К. 格里什科夫⑥、И. А. 谢钦科⑦、Ю. И. 卢日科夫⑧、В. К. 日拉诺夫⑨、

---

① Давыдов Г. И., *Двукратное путешествие в Америку морских офицеров Хвостова и Давыдова, писанное последним*. Том Ⅰ, Ⅱ. СПб., 1810–1812 г.
Головнин В. М., *О плавании на шлюте Диана для описи Курильских островов в 1811 г*, СПБ.: Издание Государственным Адмиралейским Департаментом, В Морской Типографии.
Сост. Дивин В. А., Шевченко В. С., *Русская тихоокеанская эпопея*, Хабаровск: книжное издательство, 1979 г.

② Файнберг Э. Я., *Русско-японские отношения в 1697–1875 гг*, М.: Издательство Восточной литературы, 1960 г.

③ Черевко К. Е., *Зарождение русско-японских отношений. XVII-XIXвв*, М.: Наука, 1999 г.

④ Под редакцией Гришачев С. В., *История российско-японских отношений XVIII-начало XXI века*, М.: Аспект пресс, 2015 г.

⑤ Олег Бондаренко, *Неизвестные курилы: серьезные размышления о статусе курильских островов*, ВТИ-Дейма Пресс, 1992 г.

⑥ Отв. ред. Горшков М. К. и Журавлев В. В., Сост. Георгиев Ю. В., *Курилы острова в океане проблем.*, М.: РОССПЭН, 1998 г.

⑦ Сенченко И. А., *Сахалин и Курилы: история освоения и развития*, М.: оя Россия: Кучково поле, 2006 г.

⑧ Лужков Ю. И., *Курильский синдром*, М.: Московские учебники и Картолит-ография, 2008г.

⑨ Зиланов В. К., Кошкин А. А., Латышев И. А., Плотников А. Ю., СенченкоИ. А., *Русские курилы: история и современность*. Сборник документов по истории формирования русско-японской и советско-японской границы, 2002 г.

М. С. 维萨科夫①也涉及俄日早期交往史。在他们的著作中，作者站在俄国立场为国家的库里尔群岛归属问题提供多种证据，即便如此，书中的繁多翔实资料和观点对于国外学者研究俄日早期关系史都提供了良好借鉴。

苏联解体之后，俄国史学界开始以崭新的视角研究俄日早期关系史，Г. Д. 伊万诺娃②、П. Э. 波达尔科③、Э. Б. 萨布林娜④尤其擅长以文化视角阐述俄国与日本两国早期的国民交往。除此之外，莫斯科举办过多次多国学者关于俄日文化比较的国际研讨会，出版的论文集在俄日学界、政界都非常有影响力。⑤

在 В. И. 巴维金⑥、Е. М. 茹科夫⑦、А. Л. 纳罗契尼茨基⑧、В. В. 杰戛耶夫⑨的关于国际关系史方面的研究著作中，也有不少章节简略介绍俄日早期关系史。

---

① Высоков М. С., Василевский А. А., Костанов А. И., Ищенко М. И., *История Сахалина и курильских островов*, Южно-Сахалинск.: Сахалинское книжное, 2008 г.

② Иванова Г. Д., *Русские в Японии XIX-начало XX в.: несколько портретов*, М.: Восточная литература, 1993 г.

③ Подалко П. Э., *Япония в судьбах россиян. Очерки истории царской дипломатии и российской диаспоры в Японии*. М.: Крафт+, 2004 г.

④ Саблина Э. Б., *150 лет православия в Японии: История Японской православной церкви и её основатель святитель Никола*, М.: АИРО-XXI, 2006 г.

⑤ Под Алпатов В. М., *Россия и Япония: диалог культур и народов*. Материалы международного симпозиума, Москва, 10 - 11 сентября 2003 года, М.: НАТАЛИС, 2004 г.

Под ред. Геннадия Бордюгова и Василия Молодякова, *Прошлое и будущее российско-японских отношений: по следам Кацура Таро, Гото Симпэй, Нитобэ Инадзо*. Материалы Симпозиума, М.: АИРО-XX, 4 ноября 2004 г.

⑥ Бовыкин В. И., *Очерки истории внешней политики России, конец XIX в.1917 г.*, Москва: Учпедгиз, 1960 г.

⑦ Под общ. ред. Жуков Е. М., *Международные отношения на Дальнем Востоке, 1870 -1945 гг*. М.: Госполитиздат, 1951 г.

⑧ Нарочницкий А. Л., *Колониальная политика капиталистических держав на дальнем востоке 1860-1895 гг*. М.: Наука, 1956 г.

⑨ Дегоев В. В., *Внешняя политика России и международные системы: 1700 - 1918 гг*. М.: РОССПЭН, 2004 г.

(三) 日本研究现状

1804年,俄国Н.П.列扎诺夫使团抵达日本长崎,与德川幕府交涉通商事宜。自此,俄国与日本官方正式开始接触。19世纪中期,俄国与西方列强一道与日本签订关于领土、通商、外交等事项的一系列条约。1904年,俄日间又爆发帝国主义列强瓜分势力范围的俄日战争。俄国革命期间,日本还派出军队干预俄国革命。第二次世界大战即将结束之时,苏联加入对日作战,并占据色丹、齿舞、择捉、国后四岛。苏联解体后,俄国与日本之间围绕着关系正常化举行过一系列谈判。但在南千岛问题(日本称"北方四岛")上双方一直未能达成协议。

至今,俄国与日本曾数度交恶,双方有关领土争议悬而未解。而俄日正式外交交往的越160年间,除战争与民间经济文化活动外,千岛群岛的归属及与之相关的人类活动等问题一直是日本学术界所关注的重点。为了给日本方面的主张提供支持,从20世纪50年代开始,日本学者就把有关北方领土归属问题的相关研究作为俄日关系研究中的重要课题。这类研究主要可以分为三类。

第一类,对德川幕府时期俄日没有正式官方交往之前日本人对于北方诸岛屿的认识、对俄国及俄国人的认识的研究。宫田纯①的论文对《大日本国岛屿北虾夷的风土草稿》中所记述的北方岛屿原住民的生活习惯、风土人情、物产资源进行总结,并由此分析本多利明产生对北方岛屿进行所谓"拓殖"思想的原因所在,在论述中作者还注意到德川幕府中后期当地居民与日本人、俄国人之间的贸易关系。黑泽文贵②对江户至明治时期,日本所出版翻译的关于俄国印象的书籍进行梳理与总结,并从政治、军事、经济、文化、贸

---

① 宫田純:「德川時代の北方開発政策論―本多利明著『大日本国の島嶼北蝦夷の風土草稿』を中心に」、『中央大学経済学研究所年報』2013年総第44期。
② 黒澤文貴:「江戸-明治期の日露関係:ロシアのイメージを中心に」、『日本の歴史』2015年総第802期。

易、人种、社会风尚、物产资源、语言等诸多方面研究18—19世纪日本人笔下的俄国形象以及当时的日本人对俄国及俄国人的观感印象。中村昭①则将焦点放到日本与俄国官方交往以外的民间事件上,并对最早到达俄国的日本人的见闻录进行文本研究。这些研究主要是围绕俄国与日本的早期民间接触、日本人对俄国及俄国人的早期印象展开。

第二类,对德川幕府与俄国使节团及船队交涉的研究。在早期日俄关系研究成果中,此类研究较多,因为涉及日本外交从传统向近代化的转变问题,这也是日本学术界研究的重点。生田美智子②的论文对江户时期俄国使节抵达日本时围绕礼节与外交形式等方面两国所进行的交涉进行系统整理与总结,并从外交礼节与外交形式上分析出日本当时的外交情况与俄日两国官方间的关系。佐野真由子③对幕末俄日正式建立外交关系前的俄国使节拜见日本最高领导人德川将军的外交礼节问题进行具体研究。山添博史④以19世纪前期德川幕府与俄国使节之间的外交交往、幕府高层对俄国及世界局势的认识为论述中心,对当时幕府高层对俄国及世界的认识与他们的外交观念进行研究与总结,并以俄日交往为事例分析19世纪前期日本官方外交理念与外交方针。大石学⑤的专著将德川时期俄日交往作为德川时期日本外交关系中的重点,从德川幕府高层决策战略的角度对俄日关系及日本如何处理与俄国关系等方面进行系统研究,该研究以德川幕府高层的决策过程为研究主体,其中涉及幕府高层对俄国的认识、对世界的认识、对俄日关系的看法等。19世纪中前期,

---

① 中村昭:「『北槎聞略』と『環海異聞』—江戸時代の日本人のロシア漂流見聞録」、『日本医事新報』2007年総第4320期。

② 生田美智子:「江戸期の露日関係の鏡としての外交儀礼」、『ロシア東欧研究』2006年総第10期。

③ 佐野真由子:「可能な外交を続けるために:幕末期の欧米外交官の将軍拝謁礼儀をめぐる議論」、『日本研究』2013年総第48期。

④ 山添博史:「江戸時代中期に芽生えた日本型『近代的』国際秩序観—寛政期から幕末にかけての対ロ政策を根拠に」、『国際政治』2004年総第139期。

⑤ 大石学:『江戸の外交戦略』、角川書店2016年版。

随着俄国东扩,日本也遭遇着俄国强势的外交军事压力。岛中博章①对19世纪俄国施加于日本的外交压力从具体事例着眼进行具体探究。

第三类,对18—19世纪俄日民间经济、文化活动的研究,这其中因涉及贸易权、捕鱼权等问题,也涉及两国间的外交与政治问题。高桥周②的论文对19世纪俄日两国在择捉岛周围的捕鱼活动问题进行系统梳理,文章分析指出,由于择捉岛屿周围特种渔业资源丰富吸引俄日渔民的捕捞,并由此产生捕鱼权矛盾并进而对俄日关系产生影响,他认为渔业权问题也是俄日领土纠纷的原因之一。岩下哲典③则从文化与学术角度研究俄国人与19世纪日本学者之间的文化、知识交流,并以箕作阮甫为事例论述俄国书籍对日本西学的影响。中村喜和④对江户时期业已传到日本并为当时的日本人所知晓的俄国民谣进行系统整理。该研究可以作为俄日早期民间交往的重要历史依据。木崎良平⑤对18—19世纪因海难漂流至俄国的日本人所带回日本的关于俄语的书籍进行整理与研究,从中可以反映出早期俄日民间对彼此语言学习与交流的情况。

此外,木村汎的《日俄国境交涉史》⑥、和田春树的《北方领土问题——历史与未来》和《开国:日俄国境交涉》⑦、平冈雅英的

---

① 島中博章:「白老と今治:幕末—明治期ロシアの脅威」,『関西大学西洋史論叢』2013年総第16期。
② 高橋周:「択捉島問題の歴史的起源—19世紀初期の漁業経営」,『日本研究』2000年総第22期。
③ 岩下哲典:「ロシア船・ロシア人・箕作阮甫—露日交流史と津山洋学」,『一滴』2011年総第18期。
④ 中村喜和:「江戸時代に知ったいくつかのロシア民謡」,『ロシア語ロシア文学研究』1970年総第2期。
⑤ 木崎良平:「江戸期漂流民のロシア語書」、『立正大学人文科学研究所年報』1982年総第20期。
⑥ 木村汎:『日露国境交渉史 北方領土返還への道』、角川学芸、角川書店(発売)2005年版。
⑦ 和田春樹:『北方領土問題を考える』、岩波書店1990年版;和田春樹:『開国:日露国境交渉』、日本放送協会1991年版。

《日俄交涉史话》①、日本外务省编的《日俄交涉史》②、长谷川毅的《北方领土问题与日俄关系》③、吉田嗣延的《日本北方领土》④、村山七郎的《千岛群岛的文献学研究》⑤ 以及译自美国 A. 巴顿的《日俄领土问题（1850—1875）》等都是日本国内史学领域颇具影响力的著作。但由于民族情结使然，日本论著基本以"日本受压论"为基调，着重强调俄国南下的侵略性和日本拥有南千岛群岛的合法性。

我国对俄日关系的研究更多是引用俄日两国研究成果，因为他们在语言和资料基础、宽松的学术环境上拥有我们所不具备的优越性。

通过对中俄日三国研究的综述，我们可以看到，三国的研究虽已取得一定成绩，但都存在一些不足之处，都有未涉及而意义却很重大的领域，都有尚待解决的问题。20 世纪 90 年代以来，世界史学长足发展，各国文献资料建设不断取得进步，学者获取档案、史料的渠道拓宽，利用史料的条件得到改善，学术环境日益宽松。本课题正是基于新时代的好形势，立志于弥补三国已有研究的不足和缺陷，有效借助本国和外来资源取得有中国特色的研究成果。这是本课题的初衷和起点，也是要承担的历史任务。

---

① 平冈雅英：『日露交渉史話』、筑摩書房 1944 年版。
② 日本外務省編：『日露交渉史』、原書房 1979 年版。
③ 長谷川毅：『北方領土問題と日露関係』、筑摩書房 2000 年版。
④ 吉田嗣延：『北方領土』、時事通信社 1962 年版。
⑤ 村山七郎：『クリル諸島の文献学的研究』、三一書房 1987 年版。

第一章　俄国初识日本

深入了解俄国的早期日本认知是探寻俄日关系历史的首要入口，研究俄日关系史就应该回到两国接触的源头。17世纪以前，俄国通过东方阿拉伯国家、蒙元（中国）等第三方积累起对日本的早期认识。非常不确定的、笼统或片段式的日本信息主要由身处俄国国境以外的俄国人获得并传播。人文主义思潮涌现后，随着科学知识的普及和西方探险、游历活动的开展，俄国的对日认识不断更新和拓展。这些早期认识为俄日关系的发展提供了潜在助力。进入17世纪，伴随俄国的远东疆土开发，俄国获取日本之消息的渠道趋于直接和相对畅通。传入俄国的日本消息既有来自西欧的（葡萄牙、意大利、荷兰、英格兰、德国的海船曾接近过日本岸边），又有直接来自俄国疆土开拓者、航海家们的探险。

第一节　俄国的早期日本认知

人类物质文明一旦在各个地域产生后，不会长期囿于孤立与封闭，必然出于对未知世界的好奇去探索并寻求对外联系，在相互交往中进一步发展。尤其是随着国家（汗国、土邦、部落）的经济繁盛，自然会引起人口增长的拓土要求和追逐更多财富的强烈愿望，于是追求贸易的条件逐渐具备后，国家之间的接触开始走上正轨并步入高潮。海洋相隔的俄国与日本的早期关系就是循于这一普遍规律，俄国对日本的早期认识正式开启了它始于 18 世纪的"寻找日本之路"①。

由于战争和商道重心的迁移，俄国对海洋另一端的日本的认识在 17 世纪以前主要通过东方阿拉伯国家、蒙元（中国）等第三方间接获取，有关日本之消息沿着"丝绸之路"源源不断地被俄国接收、消化和吸收，呈现出东学西渐的历史文化模式。② 日本历史学家高野明在 1982 年的文章中将促使俄日相互了解并熟悉的阿拉伯史料认作 16 世纪俄日产生关系的前提，③ 而实际上，回望历史和人类文明进程，各个时期俄国对日认识的主要渠道在不断变更，④ 对日认识本身在不断扩展。

一 俄国通过第三方了解日本

（一） 6 世纪至 12 世纪末俄国通过阿拉伯国家认识日本

6 世纪后半叶，由斯拉夫人祖先的一部分——安特人和伊朗部落的阿兰人（奥塞梯人）——组成的罗斯部落完成自黑海东岸和北高加索至波斯萨桑王朝边境的远行，此时的波斯萨桑王朝早在飞鸟时代（6—7 世纪）就通过中国与日本建立了关系。⑤ 7 世纪初，波斯

---

① 借用 С. 茨纳缅斯基的专著书名《寻找日本：俄国在太平洋的地理大发现》，布拉戈维申斯克，图书事业出版社 1929 年版。（Знаменский С., *В поисках Японии. Из истории русских географических открытий и мореходства в Тихом океане*, Книжное дело, Благовещенск，1929 г.）

② 考古发现佐证史学新观点，即丝绸之路延伸到日本，奈良曾是丝绸之路的东方终点。1995 年，我国著名考古学家徐苹芳在《考古学上所见中国境内的丝绸之路》一文中，勾勒出了一条"连接西亚、中亚与东北亚的国际路线"："中国北方的草原丝绸之路，从新疆伊犁、吉木萨尔、哈密，经额济纳、河套、呼和浩特、大同、张北、赤城、宁城、赤峰、朝阳、义县、辽阳，东经朝鲜而至日本。"

③ 「日露関係史のあけぼの」、『露西亜学事始』、東京、日本エディタースクール出版部 1982 年版、第 296—297 頁。

④ Баланева И. И., *Изучение истории русско - японских культурных связей в современной японской историографии* // Японская историография русско-японских и советско-японских отношений ⅩⅨ-ⅩⅩ веков，ДВО АН СССР，Владивосток，1987 г，С. 32.

⑤ Новосельцев А. П., *Древнерусское государство и его международное значение*，М.：Наука，1965 г，С. 363-364.

萨桑王朝被阿拉伯人占领，从那时起，第一批实际上还不太准确的日本消息开始流传到阿拉伯最高统领哈里发的宫廷内。守卫宫廷的"斯拉夫近卫军"有不少人出生在东欧平原，他们与祖国通过各种方式保持着联系。① 稍后的奈良时代（8 世纪），中国大唐带动的日本文化第一次全面昌盛，更是激起阿拉伯人与斯拉夫人对道听途说的日本的兴趣。可以说，此时的斯拉夫人对日本只是停留在最模糊的初级阶段——对"存在性"的质疑。②

10—12 世纪，基辅罗斯的经济繁荣促使军人、学者和商人的地理认知获得重大扩展，并在阿拉伯人的影响下持续发展和深化。

罗斯的军队曾到达里海南岸，商人带着货物则来到波斯湾进而往东远航，开启了从波斯湾的霍尔木兹到中国广州的航行之路。③ 而且，他们游历于阿拉伯世界，有关日本的传说也通过丝绸之路从中国传入此地。因此，归国的罗斯商人就成为传播信息的唯一载体。明治时期历史学者岛村抱月对此亦有描述。④

同时，像熟悉沙漠那样熟悉和热爱海洋的阿拉伯人此时已经通过环印度航行收集到东亚沿岸区至朝鲜和日本岛的相关资料。⑤ 一些阿拉伯学者，特别是伊本·库达特拔（9 世纪）、马苏第（10 世纪）、伊德列西（12 世纪）和伊斯梅尔·阿布尔菲特（1273—1331）都把与日本有关的消息和瓦格瓦格（Bak-Bak，来自日语的ウェイコ——九州岛和韩国的古日本部落联盟的名称）相

---

① Бартольд В. В., *История изучения Востока в Европе и России*，Л.：Ленинградский Гублит，Изд. 2-е.，1925 г，С. 54.
② 眞鍋真重：『日露関係史』、東京、1978 年版、第 11 頁。
③ Срезневский И. М.，*Следы древнего знакомства русских с Южной Азией：Девятый век* // Вестник Русского географического общества，Ч. 10. Отд. 2，СПБ，1854 г，С. 53.
④ 岛村抱月：『ロシア文明史』、書写年出版地不詳（江戸後期）、早稲田大学図書館蔵稿本。
⑤ Крачковский И. Ю.，*И. Ю. Крачковский, Избранные сочинения*，Т. 4，М. - Л.：Изд-во АН СССР，1957 г，С. 52. И. Ю. 克拉奇科夫斯基（1883—1951），苏联的阿拉伯学家，苏联阿拉伯学科创始人，帝国东正教巴勒斯坦协会成员。

第一章 俄国初识日本

联系。① 在他们的概念中，瓦格瓦格（Вак-вак）位于中国以东，其在汉语中发音选择性地弱化了最后一个字母。

遵循了阿拉伯地理学家阿布尔菲特和其前辈提出的将印度一分为三（大印度——直至广州；小印度——印度支那；印度岛）的原则，中世纪早期的欧洲人把南亚、东南亚及附近岛屿的全部地域都归入印度名下。② 这样一来，印度这个概念便被欧洲人扩大，名称各异的日本各岛屿也被纳入其中。这正是涅斯托尔的《往年纪事》（1111—1113）和拉夫连季耶夫的《基辅罗斯编年史》抄本（1377）将一系列东方国家甚至"三个印度"都归纳到基辅罗斯居民的地理概念系统中的原因。③ 不得不让人重视的还有一个事实，即印度商人早在8世纪末就到过日本；④ 从8世纪开始日本海盗穿越印度洋往西远行，宣传本国的相关信息。⑤

日本作为Джабарга之国（汉语"日本国"的俄语音译）的记述曾出现在写于1072—1074年的《突厥语大辞典》（Диван лугат ас-тюрк）中，由在巴格达接受过教育的著名突厥学者马哈茂德·额什噶里用阿拉伯语完成。⑥ 而关于чименгу国（蒙古语"日本国"的

---

① Хенниг Р., Неведомые земли, Т. 2, М.：Изд-во иностранной литературы，1961 г，С. 301. 419. 在中外关系史名著译丛《道里邦国志》（[阿拉伯] 伊本·库达特拔：《道里邦国志》，宋岘译注，华文出版社，第72页）中译成瓦格瓦格，意即倭国。

② Света Я. М.，После Марко Поло，путешествия западных чужеземцев в страны трех Индий，М.：Наука，1968 г，С. 218.

③ Лихачев Д. С.，Романов Б. А.，Повесть временных лет по Лаврентьевской летописи 1377 гг.，Ч. 1，М.-Л：Издательство Академии Наук СССР，1950 г，С. 12. 《往年纪事》作为俄国非常重要的一部历史著作，是古罗斯留传下来的第一部编年体通史。1377年，苏兹达尔的弗拉季米尔修士拉夫连季耶夫把《往年纪事》的第二版和第三版抄进编年史里。《往年纪事》记载9世纪中叶至12世纪初东斯拉夫人和古罗斯国家的历史，着重讲述古罗斯国内外政策和东欧国际关系史等重大历史事件，其重大价值在于，它是东斯拉夫人自己完成的首部历史著作，作者的世界观与历史观对后世影响深远。

④ Хенниг Р.，Неведомые земли，Т. 2，М.：Изд-во иностранной литературы，1961 г，С. 161-162.

⑤ Попов К. М.，Япония，М.：Мысль，1964 г，С. 128.

⑥ Бартольд В. В.，История изучения Востока в Европе и России，Л.：Ленинградский Гублит，Изд. 2-е，1925 г，С. 73.

· 19 ·

俄语音译）则在另一部蒙古王朝史——法兹勒阿拉赫·拉施特·丁的波斯语作品《史集》(Джами ат-таварих) 中被提及。① 目前俄国学界的权威研究成果证明，基辅罗斯的编年史撰写者对周边世界的讲述大致上和阿拉伯学者的资料相符合。②

苏联科学院通讯院士、著名历史学家 В.Т. 帕舒托在对古罗斯对外政策的概述中大量使用东方，尤其是阿拉伯史料，③ 并力证，地理视野开阔的阿拉伯旅行家和作家亲自到过罗斯。他写道："对于东方（阿拉伯等）的信息提供者们的各种模糊不清的消息，简直无话可说。这些消息提供者中，只有阿拉伯旅行家、作家艾哈迈德·伊本·梵丹和西班牙—阿拉伯旅行家易卜拉欣·伊本·雅库布比其他人更靠近过罗斯边境，而到过边境的人中，只有西班牙—阿拉伯商人、旅行家阿布·哈米德·亚特·加尔纳吉一个人留下过记录笔记。"事实上，到过罗斯的还有其他地理视野开阔的阿拉伯旅行家和作家。

著名阿拉伯旅行家伊德列西 1150 年到访过基辅。1154 年，他和西西里岛国王罗哲尔二世共同完成银刻的世界地图，地图中就包括日本图像。同时他也为地图做注释，并命名为《渴望游历世界者的乐趣》(Китаб нузхат альмуштак)，将日本描绘成一个金银遍地的国度。④ 伊德列西在这部作品中展现出的广博的地理知识，主要来源于他个人的细心观察和其前辈及同时代人的作品，尤其是 9 世纪

---

① Бартольд В. В., *История изучения Востока в Европе и России*，Л.：Ленинградский Гублит, Изд. 2-е., 1925 г, С. 60.
② Лебедев Д. М., Есаков В. А., *Русские географические открытия и исследования*，М.：Мысль, 1971 г, С. 19.
③ Пашуто В. Т., *Внешняя политика Древней Руси*，М.：Наука, 1968 г, С. 56. 1977 年,В. Т. 帕舒托发现一系列记载古代和中世纪东部欧洲领土与居民信息的古罗斯手稿并进行解读，他在另外一本专著《俄国对外政策研究的目的和任务：苏联史学》(*Пашуто В. Т., Итоги и задачи изучения внешней политики России：Советская историография*，М.：Наука, 1981 г, С. 9.) 中也沿用了此结论。
④ 高野明：『日本とロシア：両国交渉の源流』、東京、紀伊國屋書店 1971 年版、第 27 頁。

生活在花剌子模国的著名阿拉伯学者阿利·哈里米于836—847年完成的专著《世界图景》(Китаб сурат аль-ард)。《世界图景》深受托勒密·亚瓦季乌(87—150)作品的影响——因为托勒密在作品提到了Japaji国。① 后世的学者如法国人塔弗尼埃,都普遍认为Japaji国指的就是日本。托勒密作品中甚至还使用过中国学者的地理资料。②

12世纪末,中亚新兴的花剌子模王朝取代塞尔柱人控制了哈里发,突厥诸邦依然割据分立。罗斯人在建有东正教都主教府邸的梅尔夫城(突厥斯坦)(木鹿,土库曼斯坦城市名——作者注)和花剌子模国的出现推动11—12世纪阿拉伯帝国内与日本有关的消息从花剌子模国传入罗斯。③ 在这里,罗斯人获取的这些信息主要来自信奉基督教的大多数蠕蚺人(散落在中亚的契丹人前身,罗斯称他们为"像虫子一样爬行的人")。契丹军队与蠕蚺人合流(后来的哈喇契丹,即西辽)占据与日本领土相接的地区,沿鸭绿江与朝鲜划界。④

(二) 13世纪始俄国通过蒙元认识日本

13世纪,鞑靼—蒙古军队远征后建立蒙古国,占领从基辅罗斯西部边境至太平洋海岸的广阔疆域。1231年,成吉思汗率蒙古军队入侵朝鲜,13世纪50年代末的几次远征使朝鲜最终处于蒙古国统治之下,直接威胁近邻日本。⑤ 早在13世纪中期,大汗忽必烈就听闻

---

① 高野明:『日本とロシア:両国交渉の源流』、東京、紀伊國屋書店1971年版、第28頁。
② Крачковский И. Ю., *И. Ю. Крачковский, Избранные сочинения*, Т. 4, М. - Л.: Изд-во АН СССР, 1957 г, С. 290.
③ Бартолъд В. В., *О христианстве в Туркестане в домонгольский период*, СПБ.: Знак, 1963 г, С. 43.
④ Гумилев Л. Н., *Поиски вымышленного царства*, М.: Наука, 1970 г, С. 108.
⑤ Под ред. Сидоровой Н. А., Конрада Н. И., Петрушевского И. П. и Черепнина Л. В., *Всемирная история*, Энциклопедия, Том 3, М.: Государственное издательство политической литературы, 1957 г, С. 538, 542.

过富饶的日本，这成为他侵入中原和朝鲜后于 1274 年和 1281 年两次对日远征的重要原因。从 13 世纪起，与日本有关的传闻以不同的途径从蒙古国传至罗斯。对此，江户时期的兰学家桂川甫周在《露西亚事情》一书中亦如此描述。①

13 世纪中期，哈拉和林的大汗宫廷内时常能见到罗斯的大公、亲兵队、随侍人员以及众多受奴役的手工艺人。对日本知之甚详的朝鲜大使也常来到此地。

意大利人约翰·普兰诺·卡尔平尼曾于 1246 年秋前往哈拉和林主持天主教弥撒仪式，途中到访基辅。在《蒙古史》中卡尔平尼讲述了许多有趣的事情，不仅提到贵由汗宫廷中受到统治者极大尊敬的罗斯巧匠库兹马，还有其他被迫加入蒙古远征包括东征的罗斯人，这些人也因此对与蒙古帝国有联系的国家比如日本了解较多。

"库兹马向我们展示贵由登基即位之前做成的帝王宝座，以及制刻的印章，并对我们解释印章上的刻字。"——卡尔平尼写道，"而其余诸多秘密我们可以从那些曾拜访过别的首领的人那里知道，可以从许多熟悉拉丁语和法语的罗斯人和匈牙利人那里知道，也可以从罗斯教士和其他与教士同行的人那里知道，并且这些人都拥有三十年战争生涯，即使在为鞑靼人做别的事，也清楚了解教士们的全部事业"②。库兹马按照贵由汗的吩咐完成的宝座是用象牙制作的，镶着产自日本的金子、宝石和珍珠。③

1246 年，弗拉基米尔-苏兹达利大公雅罗斯拉夫·弗谢沃洛维奇（后来被蒙古人毒害）带领随从来到哈拉和林。（关于这一点卡尔平尼提到过）。同年，大公亚历山大·雅罗斯拉维奇·涅夫斯基和

---

① 桂川甫周：『ロシア事情』、日本国立国会図書館蔵写本、寛政 4 年（1792）、第 3 丁反。

② Рубрук Вильгельм, Карпини Иоанн Плано, *История Монголов* // Путешествия в восточные страны Плано Карпини и Рубрука, М.：Государственное издательство географической литературы, 1956 г, С. 68.

③ Рыбаков Б. А., *Ремесло Древней Руси*, М.：Издательство Академии Наук СССР, 1947 г, С. 532.

第一章 俄国初识日本

安德烈·雅罗斯拉维奇也先后来到哈拉和林。① 在大汗营帐中，从服务于蒙古帝国的学识渊博的中国人那里，几个罗斯大公和他们的亲信在13世纪30—40年代获得与蒙古帝国交战之国包括日本国的有关消息。②

1255年，威廉·卢布鲁克作为法国路易九世国王的大使出访哈拉和林，他在书中介绍罗斯人和当地蒙古人用作为流通货币的兽皮进行商业交易的情况，并写道，"在大汗首都，有一个中国神父告之有毛发浓密的矮人住在中国以外的岛屿洞穴中，岛屿之外是狗头人身者（灰狗部落）的土地"③。这些介绍成为在蒙古国生活的罗斯人的财富，其中关于日本特有的居住者——阿伊努人的消息格外显目。俄国的中国史书中也提过阿伊努人，④ 古代他们住在琉球群岛，⑤ 显著特征是长有浓密毛发、身材矮小。此外，书中关于日本本州岛上古努（Куну，意即逃跑的官奴婢）部落联盟的消息也清晰可见。不过当时卢布鲁克还不明白日本与朝鲜之间的差别，他表示，"同伴威廉见过住在岛上的一些高丽民族的大使，那里的海会结冰，所以鞑靼人可以在此时朝他们进发"⑥。

1271—1295年，从伊德列西的作品中了解到日本之消息的威尼

---

① РГАДА. Ф. Сибирский приказ. Столб. 460. Л. 102. （РГАДА：Российский государственный архив древних актов.）

② Гумилев Л. Н., *Поиски вымышленного царства*, М.：Наука, 1970 г, С. 195.

③ Рубрук Вильгельм, Карпини Иоанн Плано, *История Монголов* // Путешествия в восточные страны Плано Карпини и Рубрука, М.：Государственное издательство географической литературы, 1956 г, С. 155.

④ Бичурин И. Я., *Собрание сведений о народах, обитавших в Средней Азии в древние времена*, Т. 2, М. -Л.：Изд-во АН СССР, 1950 г, С. 35. 45. 46. 94.；Радуль-Затуловский Я. Б., *Конфуцианство и его распространение в Японии*, М.：Книжный дом "Либроком", 1947 г, С. 199.

⑤ Левин М. Г., *Этническая антропология Японии*, М.：Наука, 1971 г, С. 196 - 197.

⑥ Рубрук Вильгельм, Карпини Иоанн Плано, *История Монголов* // Путешествия в восточные страны Плано Карпини и Рубрука, М.：Государственное издательство географической литературы, 1956 г, С. 121.

斯人马可·波罗完成东亚之旅。伊德列西在蒙古统治者的宫廷,尤其是蒙古首都汗八里(即北京)停留期间,收集了和日本、чименгу国有关的非常具体和详细的资料,这在欧洲都算是第一人。在汗八里周边地区和中国其他一些地区驻扎有被蒙古可汗收编入近卫军的罗斯俘虏。1260年,忽必烈与来自建有基督教教区萨拉罕的盟友贝克汗决裂,决裂前这些罗斯俘虏被献给忽必烈。他们是此阶段直接获悉与日本相关之信息的俄国人。① 在《马可·波罗游记》一书中,提到日本时有这样特别的描写:"这里的居民皮肤白皙,容貌美丽,彬彬有礼,他们……生活富裕,有数不尽的黄金……宫殿庞大,被纯金覆盖,正如我们的教堂一样……还有珍珠无数;泛着粉色,极其美丽,又大又圆;和白珍珠一样昂贵。他们还拥有别的珍贵宝石。"②

1342—1344年,贝内迪克特教皇派出的使节——佛罗伦萨人马黎诺里留居汗八里可汗孛儿只斤·妥懽帖睦尔(元顺帝)处。他写道,"帝国东部的土地由阿兰人(超过三万人)统治着,他们中有的是真正的基督教徒(即天主教徒——作者注),有的只是名义上的,即东正教徒和聂斯脱利派教徒"③。马黎诺里明显高估了这些阿兰人的数量,他们貌似统治着元朝的东部,其实,换个说法,他们也叫"阿瑟的部队",其构成不仅有真正的阿兰人,还有罗斯人。忽必烈在位期间,曾有罗斯人受俘,这证实了阿兰人(俄罗斯人和奥塞梯人)的宗教分裂运动的事实,教皇尼古拉六世于1289年派往汗八里的使者约翰·蒙特·科维诺成功实施了这一宗教行动。④

---

① Гумилев Л. Н., *Поиски вымышленного царства*, М.: Наука, 1970 г, С. 332.

② Марко Поло, *Книга Марко Поло*, М.: Государственное издательство географической литературы, 1956 г, С. 316.

③ Света Я. М., *После Марко Поло, путешествия западных чужеземцев в страны трех Индий*, М.: Наука, 1968 г, С. 196.

④ Гумилев Л. Н., *Поиски вымышленного царства*, М: Наука, 1970 г, С. 392.

语言与地域的局限使俄国的对日认识在此时只能是间接的，认知渠道也极其单一。伴随着经济的繁荣，认知渠道逐渐多样化和复杂化。旅行家、商人、使节们的探险步伐使旧道或消失或巩固，新道不断开辟和扩展，编织成密集却相对脆弱的"交通网络"。依靠这张"网"，俄国积累起对日本的早期认识。追寻历史轨迹，由于明朝"海禁"与幕府"锁国"致使中日隔绝，13世纪60年代传教士们前往东方的活动基本停止，14、15世纪之交西方与远东联系中断，因此俄国获取日本之消息的渠道亦断亦续，直至15世纪人文主义思潮的出现。

二 俄国年代记和宇宙志

无论是罗斯巧匠库兹马雕刻的宝座、中国神父口中的狗头人身，还是《马可·波罗游记》中的黄金无数，这些仅被看作对奇闻轶事的叙述，并"首先被作为文学娱乐作品来阅读"①。15世纪人文主义思潮涌现后，欧洲对实践知识的探求和地理学中人文主义因素的发展使得地理学的知识水平得到极大提高，曾作为欧洲人在认识东方和世界进程中的重要参照物——《马可·波罗游记》中所包含的丰富的地理学知识愈发受到重视，其中对日本的描绘成为各个时期地图的重要来源，② 散见于1320年马黎诺里的《加泰兰地图集》，如1459年弗拉·毛罗的圆形世界地图，1489年马尔特鲁斯地图，1492年马丁·贝海姆地球仪，③ 1515年达·芬奇地图，④ 1570年奥尔特尔地图，⑤ 1569年墨卡托航海图，以及1596年的《墨卡

---

① 林立群主编:《跨越海洋:"海上丝绸之路与世界文明进程"国际学术论坛文选(2011·中国·宁波)》，浙江大学出版社2012年版，第139页。

② John Iarner, *Marco Poloandthe Discocery of the World*, Yale University Press, New Heaven and London, 1999, p.80.

③ Попов К. М., *Япония*, М.: Мысль, 1964 г, С.89.

④ Ефимов А. В., *Из истории великих русских географических открытий в Северном Ледовитом и Тихом океанах*, М.: Наука, 1971 г, С.52.

⑤ Кордт В. А., *Материалы по истории русской картографии*, Сер. 2. Вып. I (карта Татарии), Издательство Альфарет, Киев, 1906 г.

托地图集》,其中《墨卡托地图集》于 1606 年再版并增加新附页,采用文学地理学家彼得·蒙塔努斯对日本的描绘。①

顺应时代需要,俄国国内描绘日本的原始历史地理文献即俄国年代记、宇宙地图志、宇宙志及各种图纸正是在这一背景下应运而生,尽管比上述国外文献晚了三十年。可见,《马可·波罗游记》不仅是对欧洲地图学和地理学产生影响的肇始,也可大致认为是俄国国内相关日本之文献的最初来源。

俄国地图历史学家 Л. С. 巴格罗夫在彼得一世旧文稿中曾寻得这样的地图志,② 书中如此描写,"东方世界出现一些童话般的'靠近天堂'的岛屿,从天堂里飞来的是天鸟(Гамаюн,东正教中的不祥之鸟)和不死鸟,那儿住着的是长有狗头的人,蚕吐的是金色的沙粒,他们相信可以进入上帝的天堂"③。此《简明地图志》完成于 1620—1646 年,属于 1617 年俄国年代记的后增附页,是俄罗斯《编年史》第三版第三类抄本的组成部分。

1637 年,俄国国内涌现出与日本相关消息的各种宇宙志(非年代记抄本,也非附页,而是单独的作品)和多种描绘图纸,其标志就是《墨卡托地图集》(1596 年版)俄文版的译本出版。时供职于莫斯科外交事务衙门的波格丹·雷科夫和同僚伊万·多恩领命于沙皇,将墨卡托著名的荷兰地图集中 800 页的地理记述从拉丁文翻译成俄文。④ 出版前,两位译者补充了一些东方国家的资料,其来源

---

① Под Николая Чарыкова, *Космография1670 : Кн. глаголемая Космографпя спречь Описанпе всего свема земель и государсмв великих*. СПБ. : тип. В. С. Балашева, 1878-1881 гг, С. 26-27.

② Фель С. К., *Петровские геодезисты и их участие в создании русской картографии X VIII века* // Вопросы географии, Московским филиалом Географического общества Союза ССР, 1950 г, С. 17.

③ 日本的桑蚕业历史悠久,哺育了独特的桑蚕文化,当时群马的富冈制丝厂颇负盛名。神道教简称神道,原本是日本的传统民族宗教,最初以自然崇拜为主,属于泛灵多神信仰(精灵崇拜),视自然界各种动植物为神祇。天照女神是神道教最高女神,象征太阳。

④ Архив востоковедов. Ф. 65, Оп. 1, №39. (Архив востоковедов: Санкт-Петербургский филиал Института востоковедения РАН)

就是上文提及的彼得·蒙塔努斯的日本描绘。① 我们已经知道，它首次登载在1606年的第二版拉丁文版本中，1613年版本中再次提及相同内容。译文正是由这一版而来，同时也伴有对原著的大幅修改。《墨卡托地图集》于18世纪初传入日本，并为新井白石的《采览异言》所引用。② 可见，荷兰书籍是两国对彼此地理认识的一个重要通道。

1655—1667年的《全球宇宙志之书，即世界各国和土地的记述》③ 不仅引用马丁·别利斯基的《世界编年史》④（来自1584年的复印本、波兰语版）中的主要文稿和其他一些史料，更重要的是大量融入《墨卡托地图集》中的地理描述。1667年，在沙皇阿列克谢·米哈伊洛维奇的命令下在《制作于托博尔斯克的西伯利亚全景地图》⑤ 的图纸中，日本首次被冠以Квинзан（Kwindzan）⑥的名字。这份图纸的第22条写着："在中国之外还有许多城市，比如Квинзан城，城中有俄境内任意品种的蔬菜，所有谷物春播秋收，盛产金银宝石，从中国到此只需行六周旱路。"⑦

---

① Миллер Г. -Ф., *Известие о ландкартах, касающихся до Российского государства с пограничными землями, также и о морских картах тех морей, кои с Россией граничат* // Ежемесячные сочинения и переводы, к пользе и увеселению служащие, Т. 14, 1761 г, No. 11, No. 12.
② 新井白石：「采覽異言」、地图第2『欧羅巴全図』1729年版。
③ Под Николая Чарыкова：*Книга, глаголемая космография, сиречь описание сего света земель и государств великих* // Атлас Российской империи, состоящий из 46 карт., №12, СПБ, 1792 г.
④ 此时立陶宛和维利诺都属于俄帝国的土地。
⑤ Под Николая Чарыкова：*Чертежа всей Сибири, избранном в Тобольске"*, Атлас Российской империи, состоящий из 46 карт., №32, СПБ, 1792 г. // *Атлас Российской империи*, состоящий из 52 карт., №37, СПБ, 1796 г.
⑥ *Квизан*（日语的 Квиндза），意即金币铸造厂，经《马可·波罗游记》中金银岛的传播后衍生出此词。《1679年宇宙志》中将日本冠以 Кинсэй，也是"用金子做成"之意。笔者认为在俄语中 *Квизан* 比 *Кинсэй* 更贴切。
⑦ 《Чертежа всей Сибири, избранном в Тобольске》// Атлас Российской империи, состоящий из 46 карт., №36, СПБ, 1792 г.；Атлас Российской империи, состоящий из 52 карт., №49, СПБ, 1796 г.

俄国开辟自本国穿过阿尔汉格尔斯克和霍尔莫戈雷的陆路后，该记述开始为人熟知，并在俄国《1670年宇宙志》中得到更加细致的刻画。很快，《1670年宇宙志》成为俄国流传最快、最广的宇宙志。一般认为，该宇宙志于1670年1月4日由"至尊的阿法纳西"——第一任霍尔莫戈雷和瓦雷斯基的大牧师在离阿尔汉格尔斯克不远的霍尔莫戈雷修道院中完成，而1599—1611年被流放到离霍尔莫戈雷不远的索洛维茨基修道院的尼古拉·奥古斯丁被认为是到过俄国的第一位日本人，霍尔莫戈雷修道院与相邻的索洛维茨基修道院保持的长久联系证明了《1670年宇宙志》中的日本之消息直接来自日本人的可能性。① 因此《1670年宇宙志》是俄国第一本描绘日本情况的本土出版物。该书第76章"关于日本或日本岛"包含与日本地理位置、气候、动植物、自然资源、管理制度、宗教、民族等有关的所有资料，其中还介绍了织田信长和丰臣秀吉对古代全日本的统治，以及1596年日本首都遭遇的地震。1675年，H.斯帕法里受沙皇委派去中国担任大使并收集新的、更准确的关于日本的信息，对他下发的补充指令中使用的就是这一章。②

尽管斯帕法里的著作中多多少少有一些关于日本的描写，但在地图和图纸中，还没有日本的具体形象。

日本具体形象（地理轮廓）首次出现是在1687年俄国版的《西伯利亚全景图》中。该图曾作为"增补"被编入"作为1668年的住房建筑"的旧图中。在1687年《西伯利亚全景图》的东南角，紧接着传说中的真金町（Маканрийский）以北的是独立于中国

---

① 德国天主教徒休伯特·奇斯利克（1933年在日本生活过）于1971年出版这位尼古拉的传记，循序渐进地证明尼古拉是首位到过俄国的为人所知的日本人。1988年苏联史学家Л. H. 库塔可夫在专著《俄国与日本》中表示，"我国的首位日本人并非传兵卫，而是早一百年，即1599或1600年出现在俄国并以基督教名字尼古拉·奥古斯丁命名的日本人"。日本史学家高野明针对日本版的法因贝格专著《1697—1875年间的俄日关系》（东京，1973）的书评中支持奇斯利克的观点。日本的俄国研究者纳卡穆拉也提出，"传兵卫是到过俄国的第一人至少不合逻辑推理"。

② 《1670年宇宙志》最初是76章，随着1657年对《墨卡托地图集》的重新翻译和校订，完整出版的《1670年宇宙志》达到230章。

（Никанский）以外的"日本岛，20个国家"，也就是带岛群的公国，岛群在那个年代可以作为日本约定俗成的标志。日本岛的中心本州（Епан）首次出现在俄国地图上，还用一个圆圈标明江户（即日本首都东京的古称）的所在位置。

1690年，荷兰地理学家H.维岑引入俄国地图中对日本的描绘，他的西伯利亚地图开启了这一地区西欧地图学的新时代。1692年，俄国驻中国公使伊杰斯引用维岑地图，并在中国之行（1692—1695）笔记中提及日本。①

17世纪末，多次重新修改编订的1696年年代记的一个抄本中，即出现上述的奇幻岛屿，同时也有对日本的少量真实描绘。不过，书中将日本误称为"Никанское"，大约是根据日本国的自称"Ниппон"或"Нихон"的谐音而来，Никанское被视为元朝（中国）的一部分。1696年年代记中写道："离满洲国（Богдойский）和中国不远处正是日本国，它地域辽阔，位于亚洲东部大洋的岛上，人口众多，满地财宝，金银宝石珍珠数不胜数，货物商品、各色花纹锦缎制作得精巧非凡，肉欲游戏交易轻松随意，除了天皇，几乎免税。"②

1701年，С.У.列梅佐夫制作的《西伯利亚全景图册》包括《西伯利亚全部城市和土地图》（1689）和《辅助全景图册》（不晚于1715年）。《西伯利亚全部城市和土地图》不仅包括所有的西伯利亚城市和土地，与日本邻近的童话中的真金町也"合理"的不复存在。《尼布楚城图》与《雅库茨克地图》都属于《辅助全景图册》。《尼布楚城图》中已有千岛群岛图像，列梅佐夫特别指出"日本岛"（本州岛）以南的三个岛，即占守岛、幌筵岛和磨堪留岛以及朝鲜壹岐水道道口（此地为朝鲜人与日本人易货之地）。这个时候的"日

---

① Избранд Идес и Адам Бранд, *Записи о русскам посольстве в Китае*, 1692-1695 г, М.: Наука, 1967 г.

② Попов А., *Изборник славянских нерусских сочинений и статей, внесенных в хронографы русской редакции*, М.: Типография, 1869 г, С.533.

本岛"已经画得离阿穆尔河河口很近。①《雅库茨克地图》中，列梅佐夫把"堪察加岛"画在阿穆尔河以北，乌第河和鄂霍次克河以东。有题词如下："堪察加岛，来这儿的都是识字的人，他们穿的裙子是堪察加式长褂子。"②

作为俄国历史地理学的基本文史资料，编年史、年代记、宇宙志的陆续出现凸显出西方（俄国）对东方（日本）的认识逐渐合理化，但地域和文化的局限导致西方仍不十分清楚东方的详细情况。

三 俄国探险家的日本记载

从17世纪初俄国出现的首批年代记和宇宙志，到1687年《西伯利亚全景图》上首次圈出日本江户，再到1701年列梅佐夫将日本岛画在阿穆尔河河口处，俄国对日本的认识从片段逐渐完整、从模糊逐渐清晰。在俄国人与日本人直接接触前的时间里，尤其是从17世纪上半叶开始，俄国国内的日本信息有了新的相对直接的来源，即俄国向远东拓殖过程中新疆土开发者在俄日接界地区的探险见闻。俄国对日本的认识是与俄国向远东的疆土开发同步进行的。

16世纪中期以前的俄国还是一个领土只限于欧洲的国家。1547年，莫斯科大公伊凡四世仿效古罗马皇帝恺撒，自称沙皇，对内推行恐怖独裁统治、强化国家中央集权，对外疯狂扩张领土。俄国越过乌拉尔山脉以野蛮的手段蚕食西伯利亚地区，使俄国从欧洲边缘的次等王国转变为地跨欧亚的大陆帝国。1581年，俄国攻占西伯利亚汗国首府卡什雷克。1598年，俄军打败库楚姆汗，最终征服整个西伯利亚汗国，继续向远东、北美太平洋沿岸进发。17世纪30—40年代，俄国势力已跨越叶尼塞河，到达勒拿河、楚科奇半岛和鄂霍次克海，直指日本领土。

---

① Ремезов С. У., Гольдберт Л. А., *Сибирский картограф и географ. 1642 – после 1720*, М.: Наука, 1965 г.

② Ремезов С. У., *Чертежная книга Сибири, составленная тобольским сыном боярским Ремезовым в 1701 году*, 1882 г по факсу., СПб.: Альфарет, 2009 г.

第一章　俄国初识日本

堪察加、萨哈林、尚塔尔群岛、千岛群岛、北海道等亚洲太平洋岛屿横亘在俄国与日本之间，这些俄日接界之壤不可避免地造成俄国对日本的认知障碍。清除至少是基于地理位置上的认知混淆，不能靠传闻，只能依仗俄国天文学家、地理学家、地质专家、地图学家对岛屿的勘测与探险。

"在雅库茨克城堡和日甘斯克城堡建立以前，勒拿河的古老海船在海上驶走了三艘"，18 世纪勒拿河下游地区记录下来的"三艘大海船"古老传说中写道，"吉日加城堡兴建之前，一艘穿过科雷马河和阿纳德尔河的海船中，最早的一批船上的人民在这里定居，其余的则被大海继续送往北方……"① 出发前不提前搜集消息不可能实现远行。关于 17 世纪 30 年代初从勒拿河河口向东往堪察加方向去的这次旅行的资料信息，И. 列布罗夫在日甘斯克建立之年（1633）递交的关于禁止走海路去亚纳河的呈文中予以证实。而且，在 17 世纪中期的俄国地理图纸上，有两条分别注入拉普捷夫大海和鄂霍次克海的河与亚纳河同名，这也为此次旅行提供了佐证。②

1639 年，И. 莫斯科维京从雅库茨克要塞出发到达鄂霍次克，建立第一个俄国定居点。因为寻找海兽，他意外发现一种"西伯利亚河流中没有的鱼"——太平洋鲑鱼。

1642 年，М. В. 斯塔杜欣从雅库茨克出发去寻找阿穆尔河，找到的却是科累马河。他横穿现在的奥伊米亚康地区，成为最早看到堪察加半岛山脉的人，但他仅仅是 1651 年在探索鄂霍次克海海岸时远远地眺望过半岛。

斯塔杜欣在科雷马河畔建立起一座小型要塞，留下队伍中的 С. И. 杰日尼奥夫负责看守。1648 年 7 月，杰日尼奥夫在寻找毛皮

---

① Кожевин И. Е., *Практическое географическое описание о Жиганское уезде*（*рукопись*）// Описание Иркутского наместничества 1792 г., С. 30-31. 此项史料在 1949 年登载于《世界周围》第 8 期，第 16 页。
② Сост. Орлова Н. С., Под ред. Ефимов А. В., *Открытия русских землепроходцев и полярных мореходов* XVII *в на северо-востоке Азии: Сборник документов*, М.: Географгиз, 1951 г, С. 30. Цит по: РГАДА. Документ №19. Л. 620. С. 24. 101.）

和海象牙贸易机会的途中,到达北冰洋("冰海")。探险队 7 艘船中的 4 艘被毁,剩下的 3 艘"被送往北方"。其中的 2 艘抵达楚科奇半岛,俄国探险队第一次发现爱斯基摩人;另外一艘驶向堪察加半岛。杰日尼奥夫被认为是最早到达楚科齐半岛并穿越亚洲与美洲之间海峡的人,欧亚大陆最东端的杰日尼奥夫角正是为纪念他而命名的。

在被"送往北方"的船只中,其中一艘环绕杰日尼奥夫角驶往堪察加方向。1754 年,Г. Ф. 米勒根据 1736 年发现的 С. И. 杰日尼奥夫的资料制作出地图,证实三艘大船真实存在过。① 地图中用虚线标出从勒拿河河口到科雷马河河口及更远的楚科奇周边至奥柳托尔斯基角,并写着:"1648 年,三艘俄国海船沿着古老时代的旅行线路航行,其中一艘甚至到达堪察加,因为这里明确地提到伟大的新疆土开辟者的先驱们。"②

1649 年,М. В. 斯塔杜欣的队伍也与该地区的科里亚克人建立联系,这支队伍中有俄国有名的哥萨克 Ю. А. 谢利维尔斯托夫,他在给雅库茨克的回函中提到过在堪察加北部边界的沿吉日加河和品仁纳河的远行。③ 斯塔杜欣还把谢利维尔斯托夫派往鄂霍次克,让他首次试航,在这块"比堪察加北得多"的地方寻找海象牙。

科雷马哥萨克 Н. 马格林在报告中提到斯塔杜欣(不晚于 1678 年)在省长 И. 博里亚京斯克就任期间(1666—1670)往日本和靠近堪察加南部岛屿的航行。斯塔杜欣在被俄国人称作兄弟的其中一个

---

① [美] 弗·阿·戈尔德:《俄国在太平洋的扩张(1641—1850 年)》:记述俄国人早期和后期在亚洲和北美洲太平洋沿岸的远征,包括至北极地区的某些有关远征,陈铭康、严四光译,商务印书馆 1981 年版,第 56 页。俄美学者认为,米勒引用的杰日涅夫与其同行者的报告实在让人难以理解和信服,原因有三:一是执笔者愚昧无知,语言含糊,叙述笼统;二是作证者不值得信赖,他们一生的行为就是殴斗、赌博、抢劫和屠杀;三是证据片面。

② Сост. Орлова Н. С., Под ред. Ефимов А. В., *Открытия русских землепроходцев и полярных мореходов* XVII *в на северо-востоке Азии: Сборник документов. Карты №*10-11, 14-15, М.: Географгиз, 1951 г. С. 38-40.

③ Оглоблин Н. Н, *Восточно-Сибирские полярные мореходы в* XVII *в.* // Журнал министерства народного просвещения, СПБ.: Сенатская типография, 1903 г, №5, С. 61.

岛屿上得知关于身着长裙、留着胡子的人的消息，① 有可能俄罗斯人或他们的祖先与当地居民联过姻。"他们互相激战过，吉里亚克人被'留着胡子的人'打死……就在这里找到了吉里亚克人餐具的底部……而这些通古斯人则告诉吉里亚克人，从他们这里走海路去'留着胡子的人'那里并不远，他们没去是因为那里没有人烟，也没有鱼。"②

在前面提到的《简明地图志》中，与太平洋其他岛屿不同的是，堪察加首次有了真实形象，即一个离新大陆不远的传说之岛。"新岛被命名为堪察加，西伯利亚人发现了这个地方。堪察加岛，被显示在传说中的真金町岛以北"。在荷兰学者 H. 维岑的《北鞑靼和东鞑靼》（1692）一书中，以俄罗斯史料为基础编纂的《鞑靼地图》已经称呼该岛为堪察加岛。但是，在 1687 年版的该地图中，位于相同位置的这个岛屿却被叫作"石柱"（Stolpka Memcoy）。

最早抵达堪察加半岛的俄国人是来自叶尼塞河的哥萨克商人 И. 堪察加，半岛就是以他的名字命名的，岛上还有一条以他的名字命名的大河。他也找过海象牙，可惜"只找到河蚌"。此时的俄国并不明了亚洲东北部、太平洋沿岸（日本北方）的地理情况，或者以为虾夷是一独立岛屿，或者以为它延伸至亚洲大陆，或者以为它同美洲相连，对它的形状也没有确切了解。所以对绘图的文字描写极大地丰富了幻想的内容，这导致住着尼夫赫人（吉里亚克人）的萨哈林和阿赖度岛、堪察加被混为一谈。"（从科雷马河）过石头，就来到阿纳德尔河，这里以鱼骨为生。在这片土地上住着吉里亚克人，堪察加河河口对面有一根石柱伸出海面，高耸入云，那上面没

---

① Спасский Г., *Сибирский вестник, издаваемый Григорием Спасским*，Ч. XV，СПБ，1821 г, C. 46.《西伯利亚通讯》在 1818—1823 年为月刊，1823—1824 年为半月刊，1825 起更名为《亚洲通讯》。

② Полевой Б. П., Таксами Ч. М., *Первые сведения о нивхах-гиляках* // Страны и народы Востока. Вып. XVII. Кн. 3, М.：Наука，ГРВЛ，1975 г, C. 150，152.

有人。这些吉里亚克土地上的河流,都被标注出来。"① 毋庸置疑,靠近黑龙江河口的这个岛屿的地图位置,证明在俄国人寻找通往日本之路的早期阶段,将几个不同的地理对象——堪察加、萨哈林、阿赖度岛和大尚塔尔岛相混合。

俄国人到达堪察加后,第一次了解到往日本方向延伸的千岛群岛。以堪察加半岛为跳板,俄国开启了更加便捷地寻找日本之路。

关于俄国人寻找日本——这个笃信古老宗教、富足、传说遍地金银并盛产稻米和蔬菜的国家的古代航行,日本史料中也有特别记录。日本历史学家冈本监辅写道:"1643年,一个叫ウルッフ(俄语称Юфуру)的俄国人漫游堪察加,发现千岛群岛。"②松永彦右卫门指出,日语里这些岛被称作"千岛"(字面意思就是"一千个岛"),而"1643年俄国人来到堪察加,发现后来被他们改名为库里尔岛的'千岛'"。③ 另一位历史学家、《阿伊努人编年史》的作者松浦武四郎在书中摘录许多编年史引文,指出"俄国人ウルッフ首次目睹堪察加之地并在此逗留。""1656年,堪察加来了一位叫ボボッ(俄语称Вовоцу或Ootcy)的俄国人"。④ 据松永彦右卫门资料显示,俄国人ウルッフ在当时已成为科里亚克人栖息地的堪察加游历时,首次了解到这些向南往日本方向延伸的岛屿。⑤ 可见,日本学者认为,ウルッフ不仅于1643年发现堪察加,而且作为俄国新疆土开辟者确实拜访过半岛深处地域,从半岛南部能够清楚地看到北千岛群岛,此岛在1667年的俄国地图上有所标示。

---

① Титов А. А., *Сибирь в* XVII *веке: Сб. старинных русских статей о Сибири и прилежащих к ней землях: с приложением снимка со старинной карты Сибири*, М.: Тип. Л. и А. Снегиревых, 1890 г, С. 54.
② 岡本監輔:『俄日关系史中的北海道』、東京、1898年版、第6頁。
③ 松永彦右衛門:『樺太及堪察加』、博文館1905年版、第62頁。
④ 松浦武四郎:『蝦夷年代記』、東京、多気志楼1966年版、第78頁。
⑤ 松永彦右衛門、松浦武四郎:『北蝦夷余誌』、東京、多気志楼1966年版、第490頁。冈本监辅与松永彦右卫门利用日本两部重要著作《萨哈林概述》与《萨哈林笔记》,分析了自17世纪始日本人开始从阿伊努人那里得到的各种消息,包括阿伊奴人当时同俄国人的联系。

寻找"日本国"不仅是俄国农民反对农奴制压迫的独特形式，同时还反映出俄国封建君主对建立并发展与日本互惠贸易关系的努力。"对新疆土的文化和经济开发在寻找的过程中得以开展。"①

17世纪中期以前的年代记和宇宙（地图）志中的各种文字记载都语焉不详，自然不能满足正致力新疆土开发的俄国了解远东太平洋地区和日本国情的需求。受国内可利用文献的束缚和对日本"闭关锁国"的无奈，1675年2月，Н. 斯帕法里肩负收集日本之消息以试图建立与日本之贸易联系的外交使命被派往北京。在对这个外交使命进行阐释的"补充指令"中汇集多方来源的日本消息，如《1670年宇宙志》对日本的描绘；西方的尤其是耶稣会士马丁尼的作品《大中国志》中的《日本岛消息》；（与这些间接来源相比，最重要的当属）俄国新疆土开辟者——С. В. 波利亚科夫大尉一行完成阿穆尔河远航后直接从远东原住民尼夫赫人（吉里亚克人）那里得知的最新日本之消息。

1652年8月，在С. В. 波利亚科夫、К. Д. 伊万诺维奇和Л. 瓦西里耶夫的带领下，从属于Е. П. 哈巴罗夫队伍的大约30个哥萨克人从结雅河河口往下沿阿穆尔河出发。9月，他们在阿穆尔河下游的马戈村从尼夫赫人那里获得之前在俄国不为人知的日本消息。

据波利亚科夫记载，"按尼夫赫人的话，穿过萨哈林岛行至北海道的日本人被叫作 чижемы——来自尼夫赫人的'сизем'或'сисам'，起源于阿伊努人从'ямшишам'（南方的邻居）而来的'шишам'（邻居）"②。堪察加南部的阿伊努人也正是这

---

① Черевко К. Е., *Россия на рубежах Японии, Китая и США*（2 - я половина XVII - начало XXI века），М.：Институт русской цивилизации，2010 г，С. 52.

② Центральный государственный исторический архи. Ф. 797. Оп. 54. Ед. хр. 283，Л. 1-3. 苏联史学家 Б. П. 波列伏依为此撰写的文章《西伯利亚哥萨克对日本的最初认识》载于《1970年科学院民族学所列宁格勒分所年度科学大会的论文集》中。他在中央国家档案馆找到这份文件后为其注明了日期，并在1970年科学院民族学所列宁格勒分所的年度科学大会上宣读了自己的最新研究成果。（Полевой Б. П.，*Первые сведения сибирских казаков о японцах* // Краткое содержание докладков годичной научной сессии Ленингр. отд. Ин - та этнографии АН СССР за 1970 г.，Л.，1970 г，С. 55.）

样称呼这些日本人的。由此出现与日本人相近的堪察加近义词"шушаман"，在民族词源学中源于同音同形的"铁针"。在鸟居龙藏看来，这能证明日本商品在这一地区的出现是阿伊努人和千岛群岛的中间贸易的结果。① 这个日本人的近义词后来为俄国人熟知。② 从日本流通到堪察加南部的不仅有金属针，还有金属钱币。В. П. 约翰尔松在考古挖掘时于许多当地居民的古墓中发现 11 世纪模压的日本铜钱。③

波利亚科夫在给国君和伟大的大公 А. 米哈伊洛维奇复文中写道："чижемы 住在海边，他们卖给吉里亚克人铁、铜、银，自己有没有生产就不知道了。吉里亚克人抓了我和伊万诺维奇大约十个人作为人质，听被吉里亚克人抓的叶罗费（哈巴罗夫——作者注）说，有四个人和另两个人一起被关进监狱，而金银……及贵重商品都来自 Никанские（中国——作者注）。9 月 2 日，Д. 伊万诺维奇也询问妻子莫戈克莎，并给国君、沙皇和（伟大的）大公 А. 米哈伊拉夫斯基写信述说此事……"④

1674 年（斯帕法里出使中国的前一年），作为托博尔大贵族、龙骑兵队伍首领的波利亚科夫大尉，将这些日本信息陈述在下达给斯帕法里的波兰条令中。条令第 58 章"光荣伟大的日本岛之记述"和"名为亚洲的第一部分之描写……"中都这样记载，"阿穆尔的铁、阿伊努人的锅炉（'куги-вынь'）……事实上阿伊努人的锅炉来自虾夷（北海道岛）南部的松前藩的日本人，因为许多小岛从阿

---

① 鳥居竜蔵：『千島アイヌ人』、博文館 1915 年版、第 28 頁。
② Крашенинников С. П., *Описание земли Камчатки. С приложением рапортов, донесений и других неопубликованных материалов*, М. - Л.: Главсевморпути, 1949 г., С. 32.
③ Jochelson V. I., *Archaeological Investigations in Kamchatka.*, Carnegie Institution of Washington D. C. Publication. № 388., 1928. P. Ⅷ, 37.
④ Центральный государственный исторический архив., Ф. 797. Оп. 54., Ед. хр. 283., Л. 1-3.

穆尔河口和海岸边都能望见,关于这一点,移民到阿穆尔河口的外来哥萨克在更早的时候就讲过。当时吉里亚克人从阿穆尔河口行至这些岛屿,随身带来能抓鲜鱼的猫、中国锅和许多其他能证明他们与中国人和日本人相熟的物品……谈到这些岛屿,岛的长度超过几千俄里,宽度则达到更远。尽管岛上非常寒冷,但也有上百个地方可以挖掘、制造银,从那些地方也可以到中国。而之前欧洲并不知道这个岛屿,直到葡萄牙人宣告它的存在……这个岛一直由不同的汗统治,大多数汗生活在岛中的某个城市江户……岛民非常勇敢……所有神庙中都有许多神像。太阳初升之国(日本)这个名字……是东方所有其他国家都熟知的"①。这两篇复文使日本以北金银岛的传闻得到进一步证实,也让斯帕法里除宇宙志外首次拥有日本的最新消息。

在补充指令中还有一个综述性描写:"中国之外的东方大海上,离中国大约七百俄里处,有一个非常大的叫作日本的岛。那里拥有比中国更多的财富,金银珠宝满地。尽管他们和中国人的习俗、文字一样,但他们的人民本质凶残,因此许多去传教的耶稣会士都会被处死。"②

补充法令同样引用马丁尼的作品《大中国志》中《日本岛消息》,"马可·波罗称这个岛为 Панрий(来自日语)。在古代,奥托·冯·弗赖津称之为大和国(Ямато 或 Ямагата)。马可·奥勒留·安东尼③(163—186,166 年曾派使者到中国)则称为 Херсонесур,

---

① Центральный государственный исторический архив. Ф. 834. Оп. 4. Д. 1137. Спафарий Н. Г., *Описание первой части Вселенныя именуемой Азии, в ней же состоит Китайское государство, с прочими его городы и провинции (рукопись)*. С 4 таблицами Казань Типо-литография императорского Университета 1910 г, LVIc.

② Арсеньев А. Ю., *Путешествие чрез Сибирь от Тобольска до Нерчинска и границ Китая русского посланника Николая Спафария в 1675 году.* // Записки Русского императорского географического общества по отделению этнографии. Т. Х. Вып. 1. СПБ.: Типография Куколь-Яснопольскаго. 1889 г. С. 153.

③ 马可·奥勒留·安东尼(163—186 年),166 年曾派使者到中国。

也就是金子之国……特别是三个岛……，正如彼得·蒙塔努斯所说，被许多其他小岛包围着。最大的叫作日本"①。

鉴于俄国从政府至学界（始于18世纪彼得时期）数百年来对东方学和东方外交史的专业研究，这个被派往中国的、H.斯帕法里任团长的使团（1675—1678）被证实"在17世纪外交史上占有显著地位"，因为这个使团不仅是莫斯科于17世纪派往中国的一个最有代表性的使团，同时还是俄国考察西伯利亚、外贝加尔地区、中国以及一些毗邻国家比如日本、印度的一支科学考察队，使俄国在17世纪获得最详细可靠的日本资料，因此，1675年莫斯科下达给斯帕法里的"补充指令"被称为"对日做简要概括的第一份俄国官方文件"。

如此说来，最早传入俄国的日本之信息是非常不确定的、最笼统或片段式的。朦胧状态中的年代记和宇宙（地图）志虽始终保留着日本之消息的痕迹，但充其量也只能是事实（真相）的雏形和前身，勾画出的也只是模糊的轮廓。15世纪之前，俄国（欧洲）受视野狭小和相关知识缺乏以及中世纪宗教神学思想的束缚，对日本的认识停留在神话、传说的层次上，而后随着人文主义思潮兴起，较为科学的知识普及和西方探险、游历活动的发展，俄国人以自己的活动验证着消息的准确性和错误之处。从17世纪开始，俄国获取日本之消息的渠道趋于直接而畅通。既有来自西欧国家的（葡萄牙、意大利、荷兰、英格兰、德国，这些国家的海船曾接近过日本岸边），又有来自逗留过俄国的第一批日本人，更有直接来自俄国的疆土开拓者和航海家们的，后者展开对与日接壤的太平洋远东地区的开发。

---

① Martini Martino, *Novus atlas sinensis a Martino Martinio...descriptus...–De bello tartarico historia*, J. Blaeu, Colonial, 1654.

第一章 俄国初识日本

第二节 尼古拉与俄日关系溯源

尼古拉·奥古斯丁被部分学者认为是早于传兵卫到达俄国的首位日本人,这具有一定的历史依据,其中,宗教文化因素贯穿始终。17世纪初,尼古拉与宗教导师葡萄牙人德·梅罗一起被俄国沙皇连续两次流放至索洛韦茨基修道院和鲍里索格列布斯克修道院。尼古拉在索洛韦茨基修道院传播的关于日本的消息是构建俄国《1670年宇宙志》①的最原始素材。尼古拉被流放和被处死的经历映射出17世纪初欧亚大陆上的帝国活动和宗教竞争,揭示"大混乱"时代外国对俄国事务的严重干涉,尼古拉的命运也因此成为俄国"宗教殖民"的历史根源。

一 尼古拉之论辩

俄日两国历史上的首次直接接触在学术界存在不同的声音。20世纪60年代以前,俄日两国学界普遍认为,俄国国内最早的、来自日本原住民的相关日本信息,源于因海难漂流到堪察加半岛的日本人传兵卫。1702年,他受到彼得一世接见,主要谈论日本概况。②传兵卫被认为是第一个来到俄国的日本人,他传播了日本消息,这些消息被俄国政府试图用来确立与日本的政治和贸易联系。

随着历史科学的进步和学者对原始史料的挖掘,学界对这一结论的质疑越来越多。

1966年,С. Н. 马尔科夫在专著《地球是个圆》中曾表示,"印

---

① Космография-1670 г, СПБ, 1878-1881 гг, С. 26-27. 俄国开辟自本国穿过阿尔汉格尔斯克和霍尔莫戈雷的陆路后,日本消息在《1670年宇宙志》中得到细致刻画。《1670年宇宙志》是俄国国内第一本描绘日本情况的本土出版物,也是俄国流传最快、最广的宇宙志。

② Знаменский С., *В поисках Японии. Из истории русских географических открытий и мореходства в Тихом океане*, Книжное дело, Благовещенск, 1929 г, С. 12.

第安人或印度教徒的天主教史料中提及的天主教修士、葡萄牙人梅罗的同行者是圣·奥古斯丁修会的成员日本人尼古拉"①。1914 年出生于德国、1933 年开始在日本生活的天主教徒休伯特·奇斯利克于 1971 年出版尼古拉传记。通过描述尼古拉在俄国逗留的岁月，作者循序渐进地证明尼古拉是首位到过俄国的、为人所知的日本人。② 在对法因贝格专著《1697—1875 年俄日关系》的书评中，高野明表态支持奇斯利克的观点，并将之与俄日历史文献中的传统观点做对比分析。③ 俄国著名史学家 Л. Н. 库塔科夫在 1988 年出版的专著《俄国与日本》中也论证道："到过我国的首位日本人并非传兵卫，而是早一百年，即 1599 或 1600 年出现在俄国并以基督教名字尼古拉·奥古斯丁命名的日本人，他传播了日本消息。尼古拉作为波斯大使团成员到访俄国并参与伪德米特里政变，1611 年被处死在下诺夫哥罗德。在俄国，他作为印度教王子的形象出现，俄国人毫不怀疑他与日本人有联系，他本人也没有隐藏自己的秘密。遗憾的是，这位首先到达俄国的日本人一点也没有丰富俄国人对日本的认识。"④

日本学界的质疑更是掷地有声。1980 年，日本知名俄国学家中村喜和详细分析俄日关系史后进一步证实："尼古拉是历史上最早在俄境内传播日本之消息的日本人。关于最早日本消息的俄国史料除《马可·波罗游记》之外，就是尼古拉在 1599—1611 年逗留俄国期间的信息。"⑤ 他用如下推论证明自己的结论。

"尼古拉被流放至索洛维茨基修道院的几年间曾到过霍尔莫戈

---

① Марков С. Н. , *Земной круг*, М. : Сов. писатель, 1966 г, С. 329–334.
② 参见フーベルト・チースリク『世界を歩いた切支丹』、東京、春秋社 1971 年版。
③ Файнберг Э. Я. , *Русско-японские отношения 1697–1875 гг.*, М. : Издательство восточной литературы, 1960 г, С. 18. 参见高野明『日本とロシア：両国交渉の源流』、東京、紀伊國屋書店 1971 年版、第 27 頁。
④ Кутаков Л. Н. , *Россия и Япония*, М. : Наука. , 1988 г, С. 55.
⑤ 中村喜和：「モスコーヴィヤの日本人」、『スラブ研究』卷 26、1980 年版、第 26—27 頁。

雷修道院，此时的他开始传播有关日本的消息。此消息最早出现在1606年版的《墨卡托地图集》新增附页中，即彼得·蒙塔努斯对日本的描绘。随后，这些描绘就出现在各个时期的俄国宇宙志中。其中最完整的俄国《1670年宇宙志》第76章'关于日本或日本岛'包含着与日本地理位置、气候、动植物、自然资源、管理制度、宗教、民族等有关的详细资料。书中还介绍织田信长和丰臣秀吉对中世纪全日本的统治，以及1596年日本首都遭遇地震的情况。这本宇宙志中呈现的情况与尼古拉流放俄国期间的日本国内事实完全相符，让人不得不信服，尼古拉在俄期间传播了自己国家的消息。此外，俄国《1670年宇宙志》成型于霍尔莫戈雷修道院中，霍尔莫戈雷修道院与相邻的索洛维茨基修道院保持的长久联系也证实了消息来自日本人的可能性。"①

从历史地理学来分析，俄国人用来编著《1670年宇宙志》的信息来自一起被流放的尼古拉和随行天主教神父梅罗，这并非没有可能。历史上，曾经有两位圣·奥古斯丁修会成员被指派去罗马游历。他们穿过太平洋朝罗马出发时迫于台风迁到日本岸边土佐湾，之后返回马尼拉。1597年梅罗和日本人尼古拉则接替他们穿过印度洋、波斯、莫斯科公国和波兰前往罗马。②

二 尼古拉的游历

尼古拉出生于安土桃山时代（1573—1591）的一个日本南方岛屿，确切时间和地点已不可考。年轻时他随父母迁到1567年成为西班牙殖民地的菲律宾马尼拉，1594年由圣·奥古斯丁修会的葡萄牙神父尼古拉·德·梅罗（以下简称梅罗）主持受洗后取名尼古拉·奥古斯丁（以下简称尼古拉）。1597年，尼古拉作为随行神父与梅

---

① 中村喜和：「モスコーヴィヤの日本人」、『スラブ研究』卷26、1980年版、第26—27頁。
② Черевко К. Е., *Россия на рубежах Японии, Китая и США (2-я половина XVII - начало XXI века)*, Москва.：Институт русской цивилизации, 2010 г, С.52

罗一起被圣·奥古斯丁修会的菲律宾教派联合会派去参加天主教在罗马的例行大会，以便于在罗马教廷和西班牙国王面前申请诉求。两位使者穿过葡萄牙殖民地到果阿（今印度境内）逗留期间，去往欧洲的海船只能在下一年通行，于是使者们决定穿过波斯和莫斯科公国继续旅程。①

在16—17世纪的欧亚大陆上，圣·奥古斯丁修会的传道者们已经在波斯展开积极的传教事业，力图将其纳入反奥斯曼帝国的广泛联盟中，为反对穆斯林的新十字军东征做准备。② 早在1571年，神圣罗马帝国军队对土耳其取得胜利后，莫斯科公国和波兰—立陶宛公国就计划加入这一联盟。俄国人与波兰人之间达成的妥协使天主教以传播新十字军东征思想（东方思想）的渠道和方式加深了对两国的影响，罗马天主教皇西克斯特五世（1558—1590）则借机认真谋划借助波兰人从莫斯科到达君士坦丁堡。③

同欧洲国家结盟来对抗土耳其人的想法与波斯国王阿巴斯一世（1587—1629）不谋而合，他宽容地接纳了两位奥古斯丁修会会员。根据他的提议，尼古拉与梅罗同意加入出使欧洲君主宫廷的使团执行秘密任务——商讨结盟事宜。英国人安东尼·希拉列伊被任命为使团首领，而梅罗则担任密使，在罗马与马德里拥有平等的权利。关于这一点，梅罗在1599年5月24日写给修会会长的信中有所提及。④

1599年或1600年秋，大使团走海路到达阿斯特拉罕，入冬前抵达下诺夫哥罗德，随后走陆路来到莫斯科。⑤ 在克里姆林（古俄国

---

① Trigavtio, *Nicolao De Christianis apvd Iaponios trivmphis*, Monachii, 1623., 京都外国語大学図書館蔵古典籍資料番号：098375。
② フーベルト・チースリク：『世界を歩いた切支丹』、東京、春秋社1971年版、第167頁。
③ Пирлинг П., *Исторические статьи и заметки*, СПБ：Я. Башмаков и Ко, 1912 г, С. 25-26. 这部分史料最早出自神圣罗帝国取得胜利之战时的精神领袖安东尼·波萨诺夫的相关档案记载。
④ Пирлинг П., *Дмитрий Самозванец*. Т. М., 1912 г, С. 72.
⑤ 中村喜和：「モスコーヴィヤの日本人」、『スラブ研究』巻26、1980年版、第27頁。

城堡的内城），日本人尼古拉和梅罗在来自米兰公国的天主教医生保罗·奇塔丁尼家中完成祈祷仪式，并按天主教仪式为主人刚出生的女儿施洗礼。这种被当地法律严令禁止的行为给使团首领安·希拉列伊提供了难得的口实。

1054年后，基督教世界的东西分裂使得莫斯科罗斯作为东正教世界的一员与天主教对立，1442年罗斯教会取得真正的独立。伊凡四世（1547—1584）在解决地方分立问题之后开始管制教会，于1551年召开第一次全俄宗教会议确定统一的宗教章程，此章程被称为《百条决议》，对各地很多混乱仪式做出统一规定，对已有宗教仪式加以规范化、法律化。1589年，莫斯科都主教约夫当选为第一任牧首。至此，莫斯科国家的教会彻底脱离君士坦丁堡的总主教，与之保持平等地位，并成为东正教世界最大的自主教会，与之保持地位平等。① 一直以来与梅罗不合的希拉列伊把梅罗看作对手。关于梅罗被当地法律明令禁止的行为，他迅速通过英国商人呈告给沙皇 B．戈杜诺夫（1598—1605），并控告二人从事对异教徒有利的间谍活动。随即，尼古拉与梅罗遭到搜身与搜查，阿巴斯一世的国书以及给罗马教皇克雷芒八世（1592—1605）与哈布斯堡的西班牙和葡萄牙国王菲利普三世（1598—1621）的信函被搜出，这引致极大怀疑。在与希拉列伊的激烈对质中，梅罗竭力以"希拉列伊出身寒微，善于在工作中贪图私利"为由为自己辩护。大使团的初衷是想联合俄国当权者，使俄国充当反奥斯曼帝国的全基督教联盟的一分子，但能证明这一切的书面证据，梅罗拿不出来，他更未能说出大使团此次的具体任务和计划。在宗教竞争的大背景下，两位奥古斯丁修会成员的行为所呈现出的形式上对俄国法律的破坏在英国新教徒希拉列伊的揭露下显得尤为严重。最终，尼古拉与梅罗被流放到

---

① 参见乐峰主编《俄国宗教史》上卷，社会科学文献出版社2008年版，第95—99页。

索洛韦茨基岛上的索洛韦茨基修道院。① 很快，安东尼·希拉列伊和他的同伴穿过阿尔汉格尔斯克前往欧洲。

关于二人被流放至索洛韦茨基的消息经由在莫斯科传教过的天主教徒传至驻克拉科夫的教皇使节兰科尼。② 1604 年，他请求波兰政府在莫斯科公国提出申诉，试图为两位"异教徒"谋得解放。③ 波兰政府丝毫没做拖延，很快通过外交渠道发出呈文。了解到此事件的克雷芒八世也要求由莫斯科前去波斯的加尔默罗会④修士约翰·法杰伊向俄国政府请求赦免两位天主教徒。⑤

1605 年 1 月，戈杜诺夫派遣多勃雷尼奇率军征讨伪季米特里率领的波兰军队，任命 В. И. 舒伊斯基担任多勃雷尼奇的副将。起初舒伊斯基率军击退伪德米特里，但他希望借助伪德米特里推翻戈杜诺夫，所以未对其继续打击，而是命令军队给伪季米特里让出一条路，最终让其率军开进莫斯科。

法杰伊曾被克雷芒八世介绍给莫斯科冒名沙皇伪德米特里一世。伪季米特里一世的身世在历史上没有明确记载，但多数人认为他就是潜逃到波兰的教士 Г. 奥特列别夫，因此在他执掌莫斯科政权

---

① 位于北冰洋白海沿岸一个岛屿上的修道院，始于 14 世纪 20 年代，由圣基里尔圣母升天修道院的 Zosima 和 Savvatiy 创立。修道院在 15—16 世纪迅速发展，成为白海地区的政治、经济中心，院长由沙皇和主教委任。17 世纪已有 350 名修士，600~700 名佣工、美术家和佃农。17 世纪中期修道院成为俄国分裂派在白海岛屿上的据点和要塞。С. 拉辛起义队伍中的分裂教徒曾退守这里坚守长达八年。

② Пирлинг П., *Исторические статьи и заметки*, СПБ：Я. Башмаков и Ко，1912 г，С. 74. Цит. по：*Грамота №98* // Соловецкий сборник，№. 18，Л. 7. Духовая академия，б/г，Казань.

③ Пирлинг П., *Исторические статьи и заметки*, СПБ：Я. Башмаков и Ко，1912 г，С. 74. Цит. по：*Ватиканский архив*. Отдел Боргезе，Ⅲ. 90В. Л. 206，279.

④ 中世纪天主教四大托钵修会之一，又名"圣母圣衣会"，前身是十字军东征期间由意大利人贝托尔德和一部分朝圣者于 1155 年左右在巴勒斯坦加尔默罗山创建的隐修院。早期会员多分散独居，十字军失利后迁居塞浦路斯、西西里、法兰西和英格兰，不久这个修会就传遍西欧。会规要求会士安贫、守贞、服从、静默、斋戒。1378—1417 年天主教会大分裂期间修会逐渐衰落。

⑤ Пирлинг П., *Исторические статьи и заметки*, СПБ：Я. Башмаков и Ко，1912 г，С. 74. Цит. по：*Ватиканский архив*. Отдел Боргезе，Ⅲ. 90В. Л. 206，279.

的 1605 年，上述申诉请求似乎应得到满足。

但事情进展并未如预想的顺利。"关于独断专行（指沙皇戈杜诺夫）的消息传到德米特里耳中，他命令这二人到莫斯科来"——天主教神父皮令格写道，"很遗憾，他们未按时赶到与其进行谈判。不过梅罗提前接到通告，等待他们的还有前去拜访西班牙国王菲利普三世的使命"①。伪德米特里一世以收复君士坦丁堡、帮助东南欧东正教各国从土耳其统治下解放出来为己任，为此他希望能与其他欧洲国家、天主教廷结盟，共同抵抗土耳其。伪德米特里多次公开表示对大贵族认为东正教是独一无二的正教信仰深感不解，认为蔑视欧洲国家和天主教是毫无道理的，天主教和东正教本来同为一教，就算东正教不能与天主教和解，也大可不必势不两立。这就不排除在未来的日子里，尼古拉和梅罗被利用来建立同欧洲国家、其他远东地区国家包括日本之间联系的可能性。

1606 年，舒伊斯基（1606—1610）在诺夫哥罗德主教主持下加冕称帝后，内部的政治和社会矛盾导致的动荡局势不仅未有丝毫改善，反而恶化。南方农奴在波洛特尼科夫率领下发动起义，公开反对沙皇政权。舒伊斯基为争取大贵族和封建领主的支持，下诏废除伪德米特里时期松懈农奴依附地位的法令，加紧对农奴的控制。舒伊斯基此时忙于镇压农奴起义、对付卷土重来的波兰军等国内事务而无暇旁顾，并未考虑继续将大使团派往欧洲宫廷一事。因此，梅罗在与他的见面中并未就申诉一事获得正面回应。不仅如此，参加此次会谈的英国翻译还试图挑起天主教和东正教之间的矛盾，以此曲解梅罗讲话的含义和来莫斯科的意图。1606 年 8 月 14 日，梅罗和尼古拉最终被发配到离罗斯托夫不远的鲍里索格列布斯克修道院。②

---

① Пирлинг П., *Исторические статьи и заметки*, СПБ：Я. Башмаков и Ко, 1912 г, С. 275-276. Цит. по：*Архив Дмитрего Самозванец*, Т. I.

② Пирлинг П., *Исторические статьи и заметки*, СПБ：Я. Башмаков и Ко, 1912 г, С. 275-276. Цит. по：*Архив Дмитрего Самозванец*, Т. I. 鲍里索格列布斯克修道院地处俄罗斯中部高地，沃罗纳河和霍皮奥尔河交汇处，名字来源于俄罗斯圣徒鲍里斯与格列布。

三 尼古拉的历史地理学分析

从俄日两国学者的研究中可以读到，在描述尼古拉与大使团在欧亚大陆的修道院之旅的史料中，西班牙史料称梅罗的同行者为日本人，波兰史料中则把他称为印第安人或印度人。伪德米特里一世的妻子马琳娜·姆尼舍克在日记中提到梅罗的第二次流放时写道："他从那里寄出一封用法语写的长信给省长大人（指伪德米特里二世尤·姆尼舍克），信中描述自己的惨痛境遇，证明自己为在美洲、印度和波斯传播天主教信仰所做的努力，请求省长大人回国后通过教皇告知西班牙国王，他为宗教做的努力和成果是多么重要。对于解放和他一同前往西班牙王室的显贵、富有的年轻印第安人的关注足能证明这位修士善良的心灵……"① 皮令格则用另一种方式来阐释这件事："这个葡萄牙传教士是为西班牙服务的，他在旅行期间来到莫斯科。人们叫他尼古拉·德·梅罗，他是圣·奥古斯丁修会的成员，在印度历经12年的传道后穿过波斯和俄国回到马尼拉，陪同他的是年轻的印度王子。"② 之所以在西欧文献中称尼古拉为日本人而东欧文献则称之为印第安人或印度人，原因在于，葡萄牙人、西班牙人和之后的英国人在16世纪至18世纪初已经初步知晓远东，包括日本国；涅斯托尔的《往年纪事》（1111—1113）和拉夫连季耶夫的基辅罗斯编年史抄本（1377）也都将这一地区——世界的一部分——视为东方或第三印度，将其归纳到基辅罗斯居民的地理概念中，使波兰人和俄国人产生先入为主的主观印象。③ 在这里，民族称谓"印第安人""印度"和"印度人"经常被用于同一个意义。需要特别指出的是，100年后日本人传兵卫也被认为是俄国的印

---

① Устрялов. Н., *Сказание современников о Дмитрии Самозванце*, Ч. Ⅳ, СПБ.: Типография императорской российской академии, 1834 г, С. 96. Цит. по: Дневник Марины Мнишек и послов польских.

② Пирлинг П., Указ. Соч, С. 275-276. Цит. по: *Архив Дмитрего Самозванец*, Т. I.

③ Козыревский И., *Описания Апонского государства* // Проблемы Дальнего востока, №2, М.: Институт Дальнего Востока, 1975 г, С. 139.

第一章 俄国初识日本

第安人，实际上，这与俄国的疆域开辟者们将日本国（Нихон，Нифон）首都称为江户（今东京）或者错误地音译为 Энду 是有关联的。①

中村喜和指出，天主教文献中对两名流放的奥古斯丁会成员与波兰人的交往虽然言过其实但确是事实，"德·梅罗寄给波兰政府至少三封信函"。他写道，"根据这些信件，至少在这一时期，他和他的日本战友尼古拉处于十分严峻的条件之下。更何况，无论这多么令人震惊，梅罗在和与尤·姆尼舍克秘密通过信的莫斯科大贵族会面时，获取涉及潜在战争形势的秘密信息。当然，梅罗对'死去的'伪德米特里一世和'尚健在的'伪德米特里二世都抱有好感。甚至可以认为，在这一复杂形势下，梅罗参与了这桩与莫斯科公国作对的政治阴谋"②。

修道院里梅罗和德高望重的隐修士叶里纳赫建立起良好的友谊，叶里纳赫的同情心极大地改善了两名流放者在鲍里索格列布斯克修道院的生活条件。而叶里纳赫与舒伊斯基一直保持着联系，并接受过反波兰侵略者的民兵统帅 Д. 波扎尔斯基大公的十字架作为祝福。"事情甚至到这个地步。他（梅罗）不仅尽量为反对舒伊斯基政权、拥护伪德米特里二世的波兰人谋求利益，还努力建立与1606—1607年波洛特尼科夫农民起义军首领之间的联系。"③

根据舒伊斯基和波兰—立陶宛公国国王齐格蒙德三世的特使签订于1608年7月25日、为期3年11个月的停战协定，沙皇应该释放省长大人尤里·姆尼舍克、玛琳娜·姆尼舍克及其子女，以及被俘的所有波兰人。按照梅罗针对省长大人的请求，不排除在应得到解放的"不信教的拉丁人"中包括葡萄牙人梅罗本人与尼古拉。1608年年末，伪德米特里二世的军队无视停战协定，合力围攻莫斯

---

① Козыревский И., *Описания Апонского государства* // Проблемы Дальнего востока, №2, М.: Институт Дальнего Востока, 1975 г, С. 140.
② 中村喜和:「モスコーヴィヤの日本人」,『スラブ研究』卷26、1980年版、第20頁.
③ Пирлинг П., Указ. Соч, С. 75. Цит. по: *Архив Дмитрего Самозванец*, Т. Ⅰ.

科，并利用市民对舒伊斯基政权的不满占领附近其他一些城市。许多被释放的波兰人拒绝离开俄国国境，加入反对沙皇政权的进攻中。梅罗和这些人一直保持通信。①

"不思进取的"伪德米特里二世率领波兰军队前锋抵达图希诺一带后并未一鼓作气拿下克里姆林，而是驻扎在此地当起"图希诺匪首"。1609 年秋，对其极为不满的齐格蒙德三世亲率大军入侵莫斯科进行公开干涉和侵略。统帅波兰军队的盖特曼扬·萨佩加洗劫了莫斯科公国东北部的罗斯托夫和毗邻地区。这一地区的乌斯季耶河边坐落着鲍里索格列布斯克修道院，尼古拉与梅罗就住在此修道院中。于是，尼古拉与梅罗被送到下诺夫哥罗德。

关于日本人尼古拉最后的命运，众说纷纭。A. 卡斯特罗断定，1611 年 11 月 11 日，即圣·奥古斯丁之日，他与梅罗因拒绝转入东正教在下诺夫哥罗德的修道院关押后被处死。② 但 H. 金尼阁写道，由于当地波兰人庇护，梅罗未被处死而是被送往斯帕斯克沙漠。1612 年，被自称"阿塔曼"（沙俄自由哥萨克队伍中选出的首领）的 И. 扎鲁茨基和同时到过下诺夫哥罗德的玛琳娜"女皇"救出后随他们一起逃至阿斯特拉罕。1614 年再次被俄国军队俘虏后，梅罗在阿斯特拉罕结束了自己的生命。③

按照卡斯特罗的观点，日本人尼古拉似乎是被舒伊斯基大公下令处死的，但这一说法经受不住考证。因为舒伊斯基 1610 年 7 月 17 日已经被废黜，比推断的日本人尼古拉的去世日期早一年多。欧洲史料中也没有任何解释和推测表明，死的是日本人而其他天主教徒波兰人和梅罗似乎还活着。况且，按当时的宗教法律，下诺夫哥罗德的波兰人甚至可以按天主教仪式埋葬和自己同信仰的人。④

---

① Соловьев С. М., *История России с древних времен*, Т. Ⅳ, М.：Голос；Колокол-Пресс，1950 г, C. 490.

② Castro A., *Missionaros Augustinos en el Extreme Oriente* 1565-1780., Madrid, 1954, pp. 245-246.

③ Trigault N. Op. cit. pp. 289-290, 292.

④ 中村喜和：「モスコーヴィヤの日本人」、『スラブ研究』卷26、1980年版、第22頁。

日本人尼古拉被处死；他的庇护圣徒梅罗作为天主教高级代表被释放，并与玛琳娜·姆尼舍克一起逃亡；这些事件发生的可能性可根据1610—1611年莫斯科公国的形势来分析。可能对这些事件产生影响的是齐格蒙德三世一开始与来自伪德米特里二世图申阵营的俄国大贵族妥协，然后又与莫斯科七人贵族政府之间的约定。1610年2月4日，俄波双方签订条约，保持俄国大贵族原有特权，俄国承认波兰王子弗拉底斯拉夫为俄国沙皇。1610年7月舒伊斯基被废黜后出现过类似条约。因此，俄国大贵族允许波兰军队进入莫斯科。"不信教的拉丁人"的左右逢源、随时探秘、随时泄密的行为引致广大人民群众的异常愤慨。1611年，在反干涉运动的城市中心开始形成第一批人民义勇军，同年3月逼近莫斯科时，强烈呼吁惩治"不信教的拉丁人"，宗教领袖们也要求人民驱除那些信仰罗马天主教的异端。莫斯科政权残酷镇压人民起义，为平息民众因野蛮迫害产生的怒火，波兰政府得以在和俄国贵族的约定中达成妥协——救出梅罗本人，把"他的人"——异教徒日本人尼古拉当作替罪羊。

日本人尼古拉作为仪式祭品被处死，这就意味着17世纪日本武士道精神与俄国习俗互相认同是需要付出惨重代价的。① 因为"这个城市（指下诺夫哥罗德）的居民有一个特点就是能容许不同的宗教信仰，从伊凡雷帝时代起就有大量的被俘外来者流放至此，包括天主教徒"②。下诺夫哥罗德的宗教带有明显的对抗莫斯科的政治倾向。在基辅罗斯以后的公国时期，城邦共和国制度下的"维彻民主"（Вече）③ 中形成宗教多元的局面。由于下诺夫哥罗德的宗教宽

---

① 中村喜和:「モスコーヴィヤの日本人」、『スラブ研究』卷26、1980年版、第22页。
② 参见 Olearius A., *Vermehrte Neue Beschreibung der Moscovitischen und Perschischen Reyse.*, Schlezwig, 1656., S.338.
③ 古罗斯的市民大会。维彻本意为市民大会，源于东斯拉夫人原始部落的决议方式，是基辅罗斯时期重要的议事机构，其相关职能极为广泛。维彻起初由全体男性市民共同参与，自11世纪起则逐渐由城市有产者把持。维彻本身是一个发展性的历史问题，在基辅罗斯不同历史时期，不同地域，维彻的含义、职能及功用都不尽相同。

容特点突出，并不强制推行东正教化，因此那里非正统教派异常活跃，在与莫斯科的抗争过程中，各种"异教"十分流行。可见，日本人尼古拉被处死不只是宗教原因，也有政治色彩，带有对尼·梅罗施压的目的，强迫他交出策反莫斯科公国的政治阴谋的秘密信息。

俄国历史上从1598年留里克王朝灭亡至1613年罗曼诺夫王朝建立之间的政治危机时期被称为最黑暗的时代，即"混乱时代"，农民起义、宗教竞争（残酷迫害异教徒）、外国干涉和王位争夺不断。因宗教原因而肇始的尼古拉的命运在这一时期被赋予特殊的历史含义，其本身也足以还原当时欧亚大陆上的历史图景。

16世纪末至17世纪初是俄国对日本产生兴趣的最早时期和积累认识的早期阶段，对日本的诸多早期认识在传统意义上与东方或第三印度的概念紧密相连。从宗教文化的视角来看，"到达俄国的首位日本人"被认为是17世纪初旅居菲律宾马尼拉的日本基督徒尼古拉具有一定的历史依据，并被诸多俄日学者所证实。

由于历史条件所限，尼古拉所应承载的"开启俄日关系"的使命并未充分发挥出来，借助他来建立与日本的实质性政经联系几无可能，俄日关系的建立是在近两个世纪之后的1855年，但他却是宗教层面上含义饱满的"历史角色"。尼古拉两次被流放和最终被处死的经历不仅映射出17世纪初欧亚大陆上的帝国活动和宗教竞争，也深刻反映出当时俄国社会的境况。

第一，经由尼古拉获得的消息为俄国旧礼仪教派教徒波莫利亚人[①]关于"日本国"或笃信宗教的古老国度"白水国"（古代宗教信仰者的迦南福地）的假说提供了最原始的资料。来自尼古拉的日本消息被用来构建《宇宙志》（1670年最完整版）中有关日本的章节，俄国在给其首位驻中国大使斯帕法里关于建立俄日关系的训令中也

---

① 波莫利亚人主要是指居住在白海、巴伦支海沿海的俄国居民，索洛韦茨基修道院即位于附近。

采用这些内容。俄国人寻找满地金银的"白水国"的"遇见日本"行动是对西伯利亚开发和远东拓殖的最重要策略之一,苏联西伯利亚学的奠基人 C. B. 巴赫鲁申将之称为宗教殖民。① 可见,俄国的宗教殖民发轫于尼古拉,却远不止于尼古拉。

第二,伪德米特里一世统治时期努力扩大与不同国家的外交联系,于是日本旅行家尼古拉被启用以建立与其他国家包括世界东方之间的联系是很有可能的,但这种可能性并没有在其短暂掌权期间得到有效利用。这可以理解为波兰贵族与莫斯科国家的民族矛盾,以及莫斯科国家的内部阶级矛盾产生的巨大内耗所致。

第三,针对 16 世纪末至 17 世纪初农民战争被外国武装干涉替代的俄国国内形势,苏联学者 И. И. 斯米尔诺夫认为,"俄国历史在这个时期的显著特点之一就是世界不同国家的代表对俄国各种事件的积极参与。外国人对俄国事务参与的范围之广实属非常,达到这种特有参与极限的是日本人尼古拉和他的同伴梅罗"②。

17 世纪,未回应梅罗请求的舒伊斯基废除伪德米特里一世时期松懈农奴依附地位的法令、加紧对农奴控制,这是延缓俄国现代化进程的原因之一,给俄国社会生活带来巨大影响。③ 在西欧,民间宗教或宗教异端常常被农民作为斗争旗帜,最明显的莫过于路德宗教改革与农民战争,而对俄国农民运动中宗教所扮演的角色,我们国内学者却究之甚少。原因在于五种社会形态的研究模式总是把政经体制列为主要因素,宗教永远无法与反抗农奴制和沙皇专制的政治运动相提并论。研究者普遍认为农民起义的原因是农奴制导致阶

---

① Бахрушин С. В., *Научные труды*, Т. 2, М. : АН СССР, 1954 г, С. 16.

② Смирнов И. И., *Крестьянство и классовая борьба в феодальной России. Сб. ст. памяти*, Л., 1967 г., СМ.: *Восстание Болотникова. 1606 - 1607 г.*, М., 1951 г; *Очерки политической истории Русского государства 30 - 50 - х г. в XVI в.*, М. -Л., 1958 г; *Очерки социально - экономических отношений Руси XII - XIII вв.*, М. -Л., 1963 г; Буссоа Конрад, *Московская хроника, 1854-1613 гг*, М. -Л 1961 г., С. 5.

③ Хохлов Г. Т., *Путешествие уральских казаков в Беловодское царство - Записки Русского географического общества*. Т. XXVIII. Вып. 1. СПБ., 1903 г. С. 6 - 7; См. Черевко К. Е., *Запоздавшая «книга Марко Поло»*, М. -Л., 1977 г.

级矛盾尖锐，很少考虑到宗教因素，忽视农民起义中的宗教属性与宗教诉求等问题。① 实际上，尼古拉被流放的索洛韦茨基修道院和最后被处死的下诺夫哥罗德后来都发展成俄国宗教运动的据点和中心。用莫斯科政权的语言说，索洛韦茨基修道院是个"藏污纳垢之地""集中了万恶之源"。俄国农民起义中对"不信教的拉丁人"的惩治也为我国研究上述薄弱问题提供了鲜活素材。

第三节 日本的早期俄国认知

同时期，偏居亚洲一隅的日本对同样偏居欧洲一隅的俄国知之甚少。伴随俄国征服西伯利亚并继续向远东、太平洋沿岸拓殖，日本才开始大量获取相关俄国消息，属于被动行为。此时的日本，并没有主动、有意识地搜集俄国消息（情报）。

1695年，日本兰学家、天文历法学家西川如见综合各方面消息写成《华夷通商考》，里面介绍"莫斯科维亚"国气候温暖，卖琥珀、珊瑚、牧草和皮革。"莫斯科维亚——一个温暖的国度，离海4110日里（1日里=3927米）""从16世纪末首次登岸九州岛的荷兰人开始运来莫斯科维亚皮革"。莫斯科维亚皮革是软皮——用俄罗斯的方法在牛皮做的焦油中加工制成的皮革，它价格昂贵，一般用来制作钱包和装饰宝剑剑柄。此时起，俄国借由"莫斯科维亚"这个名字开始在日本为人熟知。《华夷通商考》第二版（1708）中，许多内容都被改动，欧洲东北部的莫斯科维亚有了更确切的地理位置，俄国消息更加丰富和准确。②"莫斯科维亚征服西伯利亚，往堪察加前进，直至虾夷地区"。书中写道，俄国位于荷兰东部，疆域广阔、气候寒冷，风俗跟荷兰人相似，还描述了俄国的沙皇专制制

---

① 参见金雁《解开俄罗斯之谜的钥匙：俄国思想史上的分裂运动》，《人文杂志》2010年第1期，第20—30页；《苍茫大地上的漂泊者：再论俄国历史上的"分裂运动"》，《社会科学论坛》2011年第1期，第4—17页。

② 西川如见：『増補華夷通商考』卷二［M］.京都：洛阳甘節堂，1708。

度、炮王钟王。这是有史迹可查、第一部描写俄国的日本书籍,西川如见的资料至少有三种途径。一是中国与荷兰的风说书;二是到达日本的欧洲人;三是踏足欧洲的日本人。

马可·波罗在游记中提到,中国东部有一个盛产黄金的西潘戈岛,这激起欧洲人探寻日本的强烈兴趣。然而,大约过了250年,第一批欧洲人才踏上日本岛。1543年,一艘葡萄牙船因漂流意外登上种子岛(位于日本鹿儿岛县南部、大隅半岛以南),火枪技术此时传入日本。1547年,耶稣会士方济各·沙勿略(1506—1552)来到鹿儿岛,天主教开始在日本有规模地传播。继葡萄牙人之后,又有一批传教士来到日本。此时,便有不少俄国消息和欧洲消息传入日本。16世纪末,日本人开始踏足欧洲。1582年,在耶稣会远东视察员范礼安①的策划之下,日本九州三位大名大友宗麟、有马晴信和大村纯忠派遣4位日本天主教贵族少年伊东祐益、千千石、原氏和中浦(又称"天正使团")② 由耶稣会士陪同前往欧洲以及觐见西班牙国王和罗马教宗。③ 日本使团记载来回旅途见闻以及欧洲各地风貌,反映出日本民族在前近代早期对欧洲文艺复兴时代的观感与认知。使团出行反映了16世纪地理大发现以及反宗教改革时代日本天主教会与葡萄牙、西班牙和教廷的关系,掀开欧洲与日本交流的新篇章,这其中就包括俄国的少量消息。但日本对欧洲宗教的态度很快就发生了根本性变化,国内传教士被严厉驱逐出境。

17世纪的日本开始锁国,构筑对外通信(对马藩—朝鲜、萨摩藩—琉球)与通商(长崎—中国、荷兰、松前藩—阿伊努人、西伯

---

① 范礼安负责的耶稣会传教区域在地理范围上包括印度果阿以东直到中国澳门、东南亚、日本以及印度尼西亚群岛的广大地区。他在南亚以及东亚耶稣会中的权力几乎与总会长相同,或者可以说是总会长的代表。

② "天正"为日本正亲町天皇(1557—1586)以及后阳成天皇(1586—1611)使用的年号,时在1573—1591年。

③ 顾为民:《近代早期日欧文化交流的篇章:日本天正使团访问葡萄牙、西班牙与罗马教廷始末(1582—1590)》,载徐以骅、秦倩、范丽珠著《宗教与美国社会》,时事出版社2015年版,第168页。

利亚居民）关系并存互补的大君体制。对马藩、萨摩藩、长崎、松前藩四地成为日本的对外信息沟通渠道。长崎的"唐船风说书"制度与"荷兰风说书"制度较为完善，经由两种风说书传递的俄国消息源源不断地流入日本。中国商船入港后，唐通事（大都有华人血统）登船向中国商人问询，制成"唐船风说书"，交长崎奉行审核后，由飞脚送往江户。荷兰商船入港后，荷兰通词登船收取巴达维亚政府写给商馆馆长的海外情报备忘录，交予长崎奉行开封查验后制成"荷兰风说书"，再次审核后交由飞脚送往江户。荷兰的东方贸易实行商业利益至上原则，这使荷兰成为唯一与日本保持商贸关系的欧洲国家，并在长崎的人工岛（建立在独立的运河上）出岛上建立商馆，商馆里通常住着9个~13个人。18世纪90年代之前，商馆馆长几乎每年一换，无一例外。馆长每年都要去江户觐见幕府将军并呈交关于欧洲和国际事务的报告。两个世纪以来，荷兰商馆在长崎占据着独特地位，是欧洲与日本之间互通消息的关键传播者。

德国人恩格尔贝格·肯普费尔（1651—1716）在1690—1692年担任荷兰商馆医生一职。他在德国科尼斯贝格大学和瑞典乌普萨拉大学接受过高等教育。肯普费尔不断收集日本自然和历史方面的资料，去世后，他的报告被家人斯隆拿到并译成英文，于1727年在伦敦以《日本历史》之名出版。肯普费尔任职时正值日本元禄年间（1688—1703），经济文化繁荣，他将这归因于日本的"闭关锁国"制度，对此十分拥护。肯普费尔第一次向欧洲人讲述日本的政治体制及君主制与幕府制的共存，并在其中一章中积极评价日本的对外制度。1802年，该章内容被译成日语，对19世纪上半叶孤立主义的拥护者产生巨大影响。

1708年，意大利传教士乔瓦尼·巴蒂斯特·西多蒂（1668—1714）试图在日本非法传教被政府拘留。西多蒂的船停靠在日本屋久岛岸边，尽管他提前把头发剪成日本样式，但由于语言不通很快被当地居民认出，随后被送往长崎，1709年又被送往江户。新井白石（1657—1725）先后四次问询西多蒂。以问询内容为参照，新井白石写下多部著作。其中最能代表作者西洋观的两部著作为《西洋纪闻》与《采览异言》。书中包含来自俄国史料的地理概念，反映出欧洲人对日俄疆土相接地区的地理概念。除此之外，书中还出现在当时远不够准确的来自虾夷地阿伊努人的信息。

《西洋纪闻》包括三卷。第一卷介绍西多蒂个人情况、当时的环境及审问过程。第二卷描述世界上其他国家的情况，此卷与《采览异言》内容大致相同，以五大洲地理、风土文化介绍为主，附有彼时欧洲战争，特别是沙皇俄国与瑞典争霸的北方战争、西班牙王位继承战争始末以及白石自己的看法。第三卷是西多蒂口述的基督教原则及作者的评论。

1713 年，《采览异言》问世。新井白石不仅参考中国著作，还利用处理涉外事务获得的世界知识，对西多蒂的口述加以补充。因此，《采览异言》是日本最早的世界地理全书，此地理书划分为五卷，分别介绍欧洲、亚洲、非洲、南美洲、北美洲五大洲 82 个国家的地理、政治、风土文化等内容，作者还特别提到欧洲各国的殖民政策。关于俄国的描述整体上是准确的，但十分零散。第一卷"欧洲"涵盖俄国外交政策和彼得一世的个人情况，讲述俄罗斯为争取波罗的海出海口而发动北方战争的过程。他还描写俄严寒的气候、冬天河流结冰的现象、滑雪的情景以及毛皮和毛料衣物。

幕府的锁国举措人为阻断了日本与外部世界的联系，使日本社会无法产生更加清晰的世界认识和俄国认识，但新井白石的著作显然已经超越时代局限性，显示出超前的普遍性、开放性，启蒙了兰学后人的思想。他对西方殖民的清醒认识为日本面对海防危机时的解决方案奠定了基础，并影响到统治者的对外政策理念。

* * * * * * * *

通过研究日本消息最早传入俄国的可能途径，我们可以得出如下结论。17 世纪前仅仅出现单独的、个别的信息传播情况，且这些信息是非常不确定、最笼统或片段式的，主要由身处国境以外，比如东方阿拉伯国家、蒙古和中国的俄罗斯人获取而来。从17世纪始，这些传入俄国的信息既有来自西欧国家的（葡萄牙、意大利、荷兰、英格兰、德国，这些国家的海船曾接近过日本岸边），又有直接来自俄国的第一批日本人和俄国疆土开拓者、航海家的。俄国疆土开拓者与航海家展开对与日接壤的太平洋远东地区的开发，因此，俄国对日本的认识是随着对远东疆土开发而逐渐深化的。第一个到过俄国的日本人是取基督教名字的尼古拉·奥古斯丁。他的故事为白水国的传说提供了资料。这些传说对俄国人寻找通往日本这个笃信宗教的古老国度的道路起到明显的指引作用。

通过以上述途径不时传入俄国的日本消息使得俄国逐渐形成对这个仍在许多方面保持神秘色彩的国家的最早的、尚不确定的、充满矛盾的观念。

同一时期，日本的关注重点在中国，而非俄国。闭关锁国之下，日本搜集海外资料或情报需要主动性。幕府视清朝为亚洲秩序中的主要对手，既想取代清朝，又担心清朝颠覆"日本型华夷秩序"，害怕清朝会像蒙古一样威胁本国安全。同时，中国还是日本最重要的贸易伙伴。因此，日本当时投入注意力更多的是中国。虽然获取的俄国消息相对较少，但日本始终未停止对俄国与欧洲的关注。18世纪，俄国以堪察加半岛为跳板向千岛群岛挺进并逼向日本领土时，日本不得不将更多注意力转向"俄国威胁"。

17世纪，俄国与日本的相互认识主要借助以下四种渠道。第一，以阿拉伯、西欧以及其他旅行家、学者为传播中介的中国史料；第二，访日的西欧旅行家和学者的文章译本；第三，在黑龙江沿岸、萨哈林、堪察加、千岛群岛和北海道与日本人及其邻居相遇的疆土开拓者写下的见闻；第四，曾在日本海岸考察的地测专家实地报告。由于历史上文明、文化和语言上的限制，经由间接渠道获取认识不可避免地受到多种复杂因素制约，因此，俄国与日本对两国接界地区的认识经历了长时段的模糊、猜测与不确切。

俄日两国的相互认识是两国关系开端与发展下去的根基与助力。早期相互认识的不对等性体现出俄国与日本国内政治和对外政策的区别。在整个俄日早期交涉过程中,俄国殖民扩张政策与日本孤立主义的差异始终贯穿其中,俄国的"积极"与日本的"保守"深深影响着俄日关系进程。

第二章　俄国寻找日本

17世纪中叶，俄国征服西伯利亚使领土扩展到太平洋沿岸，基本完成俄日两国领土的接近过程。1689年的中俄《尼布楚条约》彻底终止俄国借道西伯利亚向中国扩张的企图，在俄国开辟通往日本的道路上发挥重要作用。中俄边界暂时确定下来后，俄国不得不通过尚塔尔群岛、萨哈林或堪察加铺设通往太平洋的路，而不是通过黑龙江。虽然通过黑龙江会更快捷，但俄国征服堪察加后发现，该地的环境更加干燥，更好一些。

以漂流民为媒介的交往是俄日早期交往的基本形态。日本漂流民在18—19世纪俄日两国的交涉交往中承担着积极的纽带作用，他们提供的各类信息使俄国对日本早先的"朦胧"影像逐渐清晰，这不仅扩充、调整了俄国的域外认知和世界意识，而且助推了俄日关系的萌芽与发展。传兵卫是首位到达俄国的日本漂流民，被誉为"第一位特殊使节"。"身负外交使命"的传兵卫是影响俄国早期对日决策的重要因素之一，对俄日关系进程有着深远的影响。

1697年，日本人传兵卫漂流至堪察加后与俄国人"相遇"，俄国由此获悉日本商贸、宗教、农业、财政、经济、政治体制、军事相关的全方位信息。这是俄国首次直接从日本人那儿掌握较为全面、相对准确的日本国内概况。俄国参考漂流民的"日本情报"，开始更加大胆地自堪察加南下探险去"寻找"日本。

第一节　首位漂流民传兵卫

俄国虽然历经数个世纪将领土延至太平洋沿岸，使俄日两国领土逐步接近，但两国始终是相隔汪洋，而且被"锁国令"人为隔绝。历史的起承转合看似富有戏剧性，实则受必然性驱动，俄日两国陌生的局面最终被漂流民改变。传兵卫第一次给俄国带去"鲜活"的日本认识，其口述日本消息是俄国制定对日政策的主要参考和有效情报，推动俄国孜孜不倦地南下探险，为俄日建交通商做了大量有益尝试。传兵卫在俄国教授日语、学习俄语，促使俄国"日本学"草创，为对日交涉奠定了语言上的便利。

一　传兵卫的俄国行记

早在1696年，俄国军官 Л. М. 斯塔里岑就从堪察加居民处收集到与千岛群岛有关的消息，发现"无人知晓的文字"，后来证明是日本文字符号。[①] 1696年，俄国军官 В. В. 阿特拉索夫[②]率领60个哥萨克和60个尤卡吉尔人远征队继续往堪察加以南进发，向土著征

[①] Черевко К. Е., *Россия на рубежах Японии, Китая и США* (2-я половина XVII - начало XXI века), М.: Институт русской цивилизации, 2010 г, С. 67. 日本的俄国学家高野明曾提出大胆假设，"不为人知的文字"正是出自传兵卫手笔。（高野明：『日本とロシア：両国交渉の源流』、東京，紀伊國屋書店1971年版、第67頁。）

[②] 阿特拉索夫被 А. С. 普希金称为"堪察加的叶尔马克"。2003年，哥萨克文书 О. 阿尔古诺夫的一份手稿被引入俄国历史学领域，此人也是学者 С. П. 克拉舍宁尼科夫和 С. 斯泰勒的助手。稿中提到，1696年阿特拉索夫一行携炮四门前去堪察加半岛，次年7月29日（俄历7月18日）到达堪察加河至洛帕特卡角，立木十字架，标上"亚萨克税征收者阿特拉索夫"，这是俄方史籍记载的据有堪察加的"证据"。1732年，哈尔钦起义被镇压标志着俄国彻底征服堪察加半岛，领土增加37万平方公里。该十字架未能留存，阿特拉索夫的后人——地质学家 А. И. 阿特拉索夫提议于原址重建十字架。参见 Санкт-Петербургское ЛО Архива РАН. Оп. 1. Д. 800а. Л. 3. （Архив РАН：Архив Российской академии наук. 俄罗斯科学院档案馆）

收亚萨克税,并于次年7月建立冬营("过冬处")。① 在离千岛群岛最近的河流——戈雷金河②边,阿特拉索夫首次见到新民族——阿伊努人。对于这次会面,阿特拉索夫写道:"堪察加人以外的远处住着千岛外来人,他们看上去比堪察加人黑,胡须少些……而这些千岛人之外的远处(日本——作者注)又住着什么样的人,那片土地到底遥不遥远——均不得而知……"③,"但在第一条千岛河对面的海上,隐约能看到有岛屿,外来人也说那儿有岛,岛上有石头城,城中住着居民……千岛外来人从这些岛上带来珍贵器皿、粗布条纹长裙、花纹蓝布和亚麻裢子。这些千岛外来者还说,器皿和衣服可以免费给,不用拿什么来买。而至于乘坐什么工具从那些岛来到千岛,这些外来人没有说"④。在见到传兵卫之前,阿特拉索夫已经提及日本的位置和其外贸交易,而且很明确,"千岛人的北方邻居是堪察加人,或者伊捷尔缅人"。这是继 С. В. 波利亚科夫 1652 远征之后哥萨克带给俄国的第二条日本信息。"器皿和黏土瓦罐都是这些堪察加人自己制作的",阿特拉索夫继续写道,"他们还有其他白垩涂料和油涂料器皿,他们说,这都来自那个岛,不过那个岛是哪个国家统治就不知道了"⑤。机缘巧合,1697年冬天与日本漂流民传兵卫的见面,似乎及时解答了他的疑问。

---

① Полвой Б. П., *Первооткрыватели Курильских островов*, Южно‐Сахалинск: Дальневост. кн. изд‐во: Сахалин. отд‐ние, 1982 г, С. 12.
② 俄国史料称之为"千岛第一条河流"。戈雷金河是堪察加人和与堪察加人混杂的千岛人、阿伊努人的分界线,沿此河向东直到阿瓦恰湾就是现在的彼得罗巴甫洛夫斯克‐堪察加。
③ сост. Дивин В. А., Черевко К. Е., Исаенко Г. И., *Русская Тихоокеанская эпопея*, *Сб. Документов и материалов*, Хабаровское книжное издательство, Хабаровск, 1979 г., С. 109.
④ сост. Дивин В. А., Черевко К. Е., Исаенко Г. И., *Русская Тихоокеанская эпопея*, *Сб. Документов и материалов*, Хабаровское книжное издательство, Хабаровск, 1979 г, С. 110.
⑤ сост. Дивин В. А., Черевко К. Е., Исаенко Г. И., *Русская Тихоокеанская эпопея*, *Сб. Документов и материалов*, Хабаровское книжное издательство, Хабаровск, 1979 г, С. 111.

  传兵卫是大阪一处商贸所的管事,与妻育有两子,其父是手工艺人。1695 年,他和随从携主人的货物从大阪出发、沿海北上,被派往距离 700 俄里的江户市(今东京)。"据说金银只能在京都和江户这两个城市流通。"① 商队共乘坐 30 条船北上,传兵卫所乘之船长 15 俄丈、桅杆高 4 俄丈,船载货物有"稷米、清酒、绸缎、中国蓝绸、棉布、细白糖、面粉、冰糖、檀香木",用来换取"丝、木板铁、荨麻布和金银"。

  船于当年冬天在博利沙亚河以南的奥帕拉河口(约北纬 52 度)遇难。"听到那些堪察加人说,来自千岛的人似乎是坐小艇或船,随行 10 人,也不知是日本人还是中国人","有两人哭瞎了眼睛,还有人被杀死"。② 传兵卫等 3 人被救起,两个随从后来死去,"他俩不习惯那里的饮食,人们给他们喂的是腐烂的鱼和菜根"③。滞留一年后,传兵卫学会一些当地话。因为惧怕"君主般的威严",堪察加人拱手将传兵卫"献给"阿特拉索夫。随即,传兵卫被送往阿纳德尔堡寨,最后到达西伯利亚大陆的雅库茨克。路上,阿特拉索夫送给陪行商人 Г. 波斯尼科夫 35 只火狐狸,"这比雇个保姆昂贵得多"④。雅库茨克作为东西伯利亚的行政中心,在未来几年迅速发展为俄国侦察日本的前哨站和指挥所。在接到彼得一世召见日本人的命令后,传兵卫于 1701 年又被送往莫斯科。西伯利亚衙门发给他

---

① Оглоблин Н. Н., *Две «скаски» Вл. Атласова об открытии Камчатки* // Чтения в императорском Обществе истории и древностей российских при Московском Университете. Кн. 3. М.: Университетская типография, 1891 г, С. 8.

② сост. Дивин В. А., Черевко К. Е., Исаенко Г. И., *Русская Тихоокеанская эпопея*, *Сб. Документов и материалов*, Хабаровское книжное издательство, Хабаровск, 1979 г, С. 503.

③ Оглоблин Н. Н., *Две «скаски» Вл. Атласова об открытии Камчатки* // Чтения в императорском Обществе истории и древностей российских при Московском Университете. Кн. 3. М.: Университетская типография, 1891 г, С. 8.

④ Оглоблин Н. Н., *Две «скаски» Вл. Атласова об открытии Камчатки* // Чтения в императорском Обществе истории и древностей российских при Московском Университете. Кн. 3. М.: Университетская типография, 1891 г, С. 13.

"两匹红布"和"19俄尺粗布"① 在路上做衣服,给他"买鹿,赠卢布以支付路上的饲料和鞋钱——2卢布16阿尔滕2戈比"②。传兵卫得到出自"苦寒之地"的保障物资,显然说明俄国对难得一见,甚至期盼已久的"不寻常的外来人"的高度重视,这使漂流民从一开始就具有"信息传递"的重要作用。"伟大的国君心知肚明,他们日夜兼程把他从雅库茨克送到莫斯科,极力避免任何意外事故,仿佛他完全不需要任何衣服和食物。"③ 从亚洲东北部的雅库茨克到欧洲的莫斯科,道路遥远、凶险难测,丰富的补给除保障其日常所需外,也暗藏俄国政府对外严格保密传兵卫行踪,极力拉拢传兵卫以套取更多日本信息的基本考虑。

传兵卫口述日本消息与俄国行记被俄国官员阿特拉索夫分别记载于1700年6月3日与1701年2月10的两份《见闻录》中(后世也称《传兵卫物语》)。俄国由此获悉日本政治、经济(农业、海洋渔业、交通运输业、贵金属开采、文化宗教)、军事等全方位信息。这是俄国首次直接从日本人处掌握较为全面、相对准确的日本概况,使以前对日本的片段式模糊印象变得明晰,具体认知得到更新与拓展。《传兵卫见闻录》是俄国当时最完整的日本文化启蒙书,成为18世纪俄国了解日本的首批最重要的参考资料之一。彼得接见传兵卫并屡次派"探险队"南下的主要客观依据就是两份见闻录中的日本国情。

负责盘问的官员对日本商贸尤感兴趣。据传兵卫讲述,日本城市间交易通过海路和陆路进行,运往东边的商品有布、锦缎、中国蓝绸、金银(硬币)等,运往西边的有大米、铁、船板和猛犸牙等。"并不是日本人去的别国,而是德国人乘船来的日本,他们带着

---

① 俄国粗布一般被染成蓝色。
② РГАДА. Ф. 214., Оп. 1., Ед. хр. 1282., Л. 79. (РГАДА: Российский государственный архив древних актов. (俄罗斯古代文献国家档案馆,第214储存单元是专门的西伯利亚衙门资料。)
③ РГАДА. Ф. 214., Оп. 1., Ед. хр. 1282., Л. 741.

呢子和其他商品去长崎市，很多人都在这座城市住下来。其他城市不允许德国人和外国人做生意。"至于为什么，他也"不知道"。①当然，后来证明并非德国人，而是荷兰新教徒。幕府下令禁止基督教时，荷兰成为例外。荷兰获得许可，拥有长崎商业代表资格，每年能运一艘船到长崎，"所有船修了带顶盖的贮藏室，用来保存货物。而日本人都被禁止造船出国，能出去的只有无甲板的船"②。

基督教的传播情况，传兵卫如是说："日本城市中没有耶稣会士和牧师……也没有基督十字架，别的任何信仰日本人都不接受……不允许别的信仰存在。"③ 这段话意味着，俄国对于欧洲传教士如何被驱逐出日本，以及在日本宣传东正教——正如在西伯利亚宣传一般——可能性有多大，是迫切想知道的。因为俄国外交自基辅罗斯起就带有浓厚的宗教色彩，④ 在东方国家推行东正教是俄国试图向东方扩张的外交手段之一。这一推测能在彼得一世 1698 年 6 月 12 日写给西伯利亚使臣衙门大臣 А. А. 维尼乌斯的信中得到证实。沙皇写道："大人，您来信说北京已经建好我国的基督教堂，很多中国人都接受洗礼。这事办的相当好。只是看在上帝的分上，不要做得过于危险，以免引起中国官员和那些已在中国扎根许久的天主教耶稣会士的嫉恨。到如今，那里安排的人不仅要学识高，还要理智、温顺，以防如此重要神圣的事业像在日本一样，陷入最为险恶的衰败境地。"⑤

---

① Оглоблин Н. Н., *Две «скаски» Вл. Атласова об открытии Камчатки* // Чтения в императорском Обществе истории и древностей российских при Московском Университете. Кн. 3. М. ： Университетская типография, 1891 г, С. 8.

② Сост. Дивин В. А., Черевко К. Е., Исаенко Г. Н., *Русская Тихоокеанская эпопея*, Сб. документов, Хабаровское книжное издательство, Хабаровск, 1979 г. С. 506.

③ Оглоблин Н. Н., *Две «скаски» Вл. Атласова об открытии Камчатки* // Чтения в императорском Обществе истории и древностей российских при Московском Университете. Кн. 3. М. ： Университетская типография, 1891 г, С. 9.

④ Похлебкин В. В., *Внешняя политика Руси, России и СССР за 1000 лет в именах, датах, фактах. Выпуск 1*, М. ： Международные отношения, 1992 г, С. 285.

⑤ Под ред. Бычкова А. Ф., *Письма и бумаги Петра Великого. Т. I.* (1688-1701)., СПБ. ： Государственная типография, 1887 г., № 241.

从传兵卫的话中俄国人也了解到,日本国家制度与欧洲国家截然不同。"统治者是名为公方殿下的皇帝,在江户城居住。类似于族长的天皇和地位略低于天皇的禁中大人都住在京都。"①

关于农业,传兵卫介绍:"野果味道酸甜,产苹果和稻米……人们也喂养牲畜——牛、马、猪、羊,但不吃,而是吃鸡、鸭、鹅。"②对海洋产业,他说道:"大海里偶尔会出现长得像公牛的野兽,还有长4俄丈和2俄丈的鱼……湖泊中有鲫鱼……在海里还能抓到形似沃洛格达鲑鱼的小鱼。"③有关工业,尤其是贵金属开采,他如此描绘:"此地产金银……金银无数……造锦缎和绸布……很多器皿都是银、铜、瓷质,瓷器由海贝制成。把贝壳轻轻撞开,和以黏土,制成的瓷器可保存多年。"④ 关于日本财政,传兵卫则展示了随身携带的钱币,即圆度、厚度与俄国相似的铜币,成色与莫斯科佐洛特尼克⑤接近的银币,以及两种形状的金币——宽度与外国银币相仿、厚度与莫斯科铜钱相仿……另一种是大金币,宽两俄寸。可见,传兵卫的介绍证实了俄国以前获知的"太阳初升之国金银满地"的消息,刺激了俄国官员开采贵金属代替日益缺少的毛皮的欲

---

① Оглоблин Н. Н., *Две «скаски» Вл. Атласова об открытии Камчатки* // Чтения в императорском Обществе истории и древностей российских при Московском Университете. Кн. 3. М.:Университетская типография,1891 г,С. 10.

② Оглоблин Н. Н., *Две «скаски» Вл. Атласова об открытии Камчатки* // Чтения в императорском Обществе истории и древностей российских при Московском Университете. Кн. 3. М.:Университетская типография,1891 г,С. 10.

③ Оглоблин Н. Н., *Две «скаски» Вл. Атласова об открытии Камчатки* // Чтения в императорском Обществе истории и древностей российских при Московском Университете. Кн. 3. М.:Университетская типография,1891 г,С. 10.

④ Оглоблин Н. Н., *Две «скаски» Вл. Атласова об открытии Камчатки* // Чтения в императорском Обществе истории и древностей российских при Московском Университете. Кн. 3. М.:Университетская типография,1891 г,С. 10.

⑤ 1925年及以前,俄国贵金属币主要采用俄国传统的佐洛特尼克成色单位,该成色单位的数值是指1俄磅(ФУНТ)铸造贵金属,贵金属合金中的添加成分,在铸造金币的合金中一般是指银或(和)铜,在铸造银币的合金中一般是铜。俄磅与佐洛特尼克均为俄国的传统重量单位。18世纪初到1923年,多数俄国金币的成色为佐洛特尼克数值88,银币的成色为佐洛特尼克数值83 1/3 和72。

望,此时的俄国政府已然将贵金属置于与毛皮同等重要的地位,开采贵金属成为俄国寻找日本的动因之一。在太平洋诸岛(包括库页岛)上发现储量丰富的贵金属之前,吸引俄国东进的是毛皮。欧洲对毛皮的广泛需求将西伯利亚荒野变为一个似乎取之不尽的宝藏。1641年夏,通过位于雅库茨克沙皇海关的黑貂皮不少于7.5万条,扩张中的俄国极端高效地监管着毛皮收集。但到1700年,这种"软黄金"的供应临近枯竭。

在弄清与邻国建立关系的可能性时,武装军备是必须要摸清的。传兵卫回忆:"据说大炮也有小的,每个1俄尺或1俄尺半,装有火药,火药自产……日本军士都有武器,火枪、长矛、马刀……城市四周的石墙是用很大的原始石块堆砌而成;城墙厚100俄尺,高10俄丈。"①

与俄国通过其他渠道所获知的信息相比,传兵卫的陈述更注重对国家基层社会的观察和体认,也更为直观详细,具有较少或者完全不带政治色彩,从而为俄国对"日本"认知的扩大、充实与验证提供了较为客观的信息支撑。

第二份《见闻录》记载于1701年2月10日。"没人能够确定乘船过海来的这个俘虏说的是哪儿的语言。他有些像希腊人——瘦削、短须、黑发。在俄国人这里一见到上帝圣像就大哭说,他们也有类似圣像。那个俘虏和我(阿特拉索夫—作者注)有时候讲俄语,因为一起住了两年;有时候又通过科里亚克语口译官交流,因为以前他在堪察加人那里住过。""他性情谦恭、理智,有时候自称是印第安人,说他们那儿有许多金子和豪华宫殿,皇帝的宫殿是银子镀金做成的。他们不用貂皮或其他野兽皮,而穿棉布织成的各种

---

① Оглоблин Н. Н., *Две «скаски» Вл. Атласова об открытии Камчатки* // Чтения в императорском Обществе истории и древностей российских при Московском Университете. Кн. 3. М. : Университетская типография, 1891 г, С. 12.

缎子衣服"。① 阿特拉索夫还吩咐官员展示标记有日本岛的带插图的图志。"传兵卫指出，书中的大阪、江户等城市十分真实，那些人面、蛇形、兽形或其他形态的神像都是他们所崇拜的，描画的日本神龛和其他建筑也很生动。"②

阿特拉索夫个人无法确切定论这个人的民族和语言，只能押送"雅库茨克官产"至莫斯科。③ 1702年1月8日，彼得在莫斯科东郊皇庄第一次接见传兵卫。

彼得一世对传兵卫的接见标志着18世纪俄国政府就已经高度重视对日交涉。以漂流民为中间媒介的交往是18世纪俄日交往的基本形态，传兵卫被称为"第一位特殊使节"。尽管这种往来在当时缺乏持续实施的条件与动力，具有相当的偶然性与脆弱性，但后续产生的政治行为却使其成为早期俄日交往史中的重要内容，成为缩短俄日两国政治距离的起点。

二 俄国对传兵卫的考量

彼得早已表现出对日贸易的极大兴趣。1697—1698年他亲赴西欧，逗留荷兰期间与著名地理学家、阿姆斯特丹市长 H. 维岑多次见面，获悉日本情况。因为维岑致力于研究1643年荷兰人马丁·盖

---

① Оглоблин Н. Н., *Две «скаски» Вл. Атласова об открытии Камчатки* // Чтения в императорском Обществе истории и древностей российских при Московском Университете. Кн. 3. М.：Университетская типография，1891 г，С. 12.

② Оглоблин Н. Н., *Две «скаски» Вл. Атласова об открытии Камчатки* // Чтения в императорском Обществе истории и древностей российских при Московском Университете. Кн. 3. М.：Университетская типография，1891 г，С. 12.

③ 莫斯科公国领土的增大及邻国数目促进了公国对外交涉的发展。15世纪中期，公国设置"国库记录文书和副文书"，随后设立"国库院"，有人负责对外起草国书、条约等外交文件。15世纪末，"使臣衙门"从国库院分离，成为专司对外交涉的国家机关。使臣衙门大臣是部门首领，由最初的杜马大臣或后来的贵族、缙绅贵族等国君信任的人担任，18世纪初，大臣由权力仅次于君主的首相充任。17世纪80年代，使臣衙门下属五个司局，即三个欧洲司、两个亚洲司。使臣衙门存在一个半世纪（1549—1717），与10个欧洲国家和8个亚洲国家确立过关系。莫斯科公国接受欧洲国家的长驻外交代表机构，并向欧洲国家派驻自己的外交代表机构。

利茨松·弗里斯的北海道海岸、千岛群岛和萨哈林之旅。① 彼得对包括日本在内的世界地理同样充满好奇,②1697年9月4日,使团官员"根据伟大国君指示在阿姆斯特丹集市购下带所有国家图绘的地图集,用以了解路线……"③。也是在此时,维尼乌斯命令造好"拥有全部储备的合适船只",弄清楚从北冰洋去太平洋的航海路线。④

彼得之所以保持对日本的"极大热情",也是国内外紧张局势所致。彼得执政初期,俄国经济危机严重。1649年法典强化了封建农奴制,社会发展水平十分低下,上层内讧和战乱频仍使生产力遭到极度破坏,工厂手工业微弱,政治、文教与军事机构弊端严重。国际上,此时的俄国处于"战火纷飞的欧洲与平静和谐的亚洲"⑤的周边环境中。在亚洲,《尼布楚条约》的签订使一直东进的俄国停止向黑龙江流域继续推进,转而向北拓展势力。《尼布楚条约》在俄国开拓通往日本道路的过程中发挥了重要作用,接下来,俄国不得不通过尚塔尔群岛、萨哈林或堪察加铺设通往太平洋之路,而不是通过黑龙江(阿穆尔)。虽然通过黑龙江会更快捷,但俄国征服堪察加后发现,该地环境更加干燥,更好一些。18世纪初,俄国在西欧争夺哈布斯堡王朝遗产的同时,在东北欧揭开旷日持久的北方战争序幕。战争初期(至少九年)俄国连年失利,彼得在军事上全面

---

① 1643年7月,荷兰人弗里斯率领"卡斯特利库"号沿日本本州岛东部海岸线向北航行,过北海道岛后于7月28日发现库页岛南端的阿尼瓦湾,两天以后,弗里斯绕过库页岛的东南边角阿尼翁湾后,调转船头向北航进,他在北纬49°线附近发现捷尔佩尼耶湾。之后由于气候原因,他放弃对库页岛的探查,折返往南回日本。实际上,早在1412年,明朝政府就在流入此湾的波罗奈河设立波罗河卫,隶属奴儿干都司,对捷尔佩尼耶湾进行直接管辖。参见 Lensen G. A., *The Russian Push toward Japan*: *Russo-Japanese Relation*, 1697-1875., N. Y.: Octagon Books, 1971, pp. 29-30.

② 1697年3月,彼得一世作为随团军士从莫斯科出发,先后访问里加(时属瑞典)、库尔兰安(时属波兰)、勃兰登堡侯国、荷兰与英国。彼得与同父异母的兄弟伊凡共为皇帝至1689年,此后,彼得独自为沙皇。

③ Богословский М. М., *Петр* Ⅰ: *Материалы для биографии*. Т. 2. Ч. 1-2., М.: Соцэкгиз, 1941 г, С. 367.

④ Полевой Б. П., *Петр Первый*, *Николай Витсен и проблема* 》*сошлался ли Америка с Азией*》// Страны и народы Востока. Вып. ⅩⅦ. Кн. 3., М.: Наука, 1975 г, С. 21-22.

⑤ 林军:《俄罗斯外交史稿》,世界知识出版社2002年版,第31页。

动员本已虚脱的国内人力、物力备战，抓紧火炮生产，同时也积极进行外交。传兵卫"见闻录"中对日本商贸、贵金属、军事的讲述恰巧刺激到沙皇敏锐的神经。因此，首先出于经济上的考量，俄国试图寻找开放土地——堪察加、千岛群岛、萨哈林或日本，并努力将之再联合。到新的土地上找寻财富，最主要的是找寻定期被卖到西欧国家换金子的毛皮和贵金属以积累战争资本。在早经发掘的地区毛皮所剩不多的情况下，寻找这些财富需要向"新疆土"移民或抱持贸易目的对"新疆土"进行探访。

对日本的兴趣同时体现出斯拉夫人"向海"的传统。早在1204—1242年，罗斯的诺夫哥罗德王公曾先后战胜进入涅瓦河的瑞典人而获"涅瓦河之王"的称号，伊凡三世曾在芬兰湾南岸纳尔瓦河口建立伊凡格罗德，伊凡雷帝曾尝试占据波罗的海出海口而发动立沃尼亚战争。彼得通过欧洲之行见证欧洲主要国家经过文艺复兴、环球航海、实施重商政策造就的国势强盛，反观落后的俄国，已经到了需要借鉴西方做法而改革自身的时候。

在对外部世界的渴求和欧洲大势的"敦促"下，传兵卫"东来"给俄国带来强烈信号，创造了"千载难逢的契机"。之前，俄国迫于滔滔江水阻隔，苦于无路可循而不敢擅自冒险泛海，漂流民的出现促使俄国"敢于"渡海探险。为留住传兵卫，让其在必要时候为俄国服务，彼得不仅两次接见传兵卫，而且连续下旨给予传兵卫优待。

彼得与传兵卫见面后，政府发布公告："1702年1月8日，根据伟大国君、俄国掌权者彼得·阿列克谢耶维奇的命令，来自雅库茨克的外国人传兵卫在普列奥布拉任斯基受到君主接见。君主令其在莫斯科学习俄国文字，还从俄国小孩中挑三四个人，让他教他们日本语言和文字。君主会赏赐食物和衣服，不多，但足以令他感动。"① 1月20

---

① РГАДА. Ф. 214., Оп. 1., Ед. хр. 1282., Л. 84. (РГАДА: Российский государственный архив древних актов. 俄罗斯古代文献国家档案馆，第214储存单元是专门的西伯利亚衙门资料。

日,西伯利亚衙门规定传兵卫"每日需 5 坚戈的食物,这些钱每个月会从他的工资里付给他"。① 在受洗信仰东正教的问题上,彼得给予他选择自由,并承诺只要他学会俄国语言和文字,教会俄国小孩他自己的语言和文字,就放他回日本。

1702 年 4 月 16 日,彼得下令,"派遣传兵卫去炮兵衙门学习俄语",以便他"可以在学校里教授日语"。② 彼得再次向他许诺回国,只需完成一定任务即可——培养出几个日语翻译。因此,传兵卫的在籍编制从西伯利亚衙门转去炮兵衙门,薪水依然保留。"没有来自莫斯科的命令不得搬走,炮兵之外的官员也不得离开。在学校里有吃有喝,伙食费的这些钱一半用来买面包和饭,即斋戒日买鱼,非斋日买肉煮粥或菜汤。另一部分钱用来买鞋、外衣和衬衫。而教师和学生可以视教学情况得到国家的特别津贴和独立住所。"③ 可见,彼得希望将日语优势运用于俄国军事上,在未来的对日交涉中倘若付诸武力,俄国已然落后于欧洲的军事技术也不至于太过被动,传兵卫的行踪也是被严格保密的。此时起,俄国开始有意识、有目的地培养第一批日本学家,以期与日本建立关系会变得更容易一些。而且,彼得起初给传兵卫布置培养三四个掌握日语的俄人的任务,后来扩大到四五个。但遗憾的是,学习日语的这些人都只是童子军,短期内并未产生"立竿见影"之效。

1704 年 10 月 7 日,俄国公文提到,"根据伟大君主指示和维尼乌斯记录,去年 1 月奉命下发工资给传兵卫每日 10 坚戈,今年 8 月

---

① РГАДА. Ф. 214., Оп. 1., Ед. хр. 1311., Л. 122 об.
② РГАДА. Ф. 214., Оп. 1., Ед. хр. 1291., Л. 12.
③ АСД при СПАМ. Дела штаба генерал-фельдцехмейстера. Св. 15. Л. 208. (АСД при СПАМ:Архив старых дел при Санкт-Петербургском артиллерийском музее. 圣彼得堡炮兵博物馆史料档案室。

和9月共给伙食费3卢布10坚戈"①。显然，传兵卫薪水有所提高，这是奖励他出色完成学习俄语、教授日语的任务，而且，与1702年相比，传兵卫的俄国学生数量也有所增加，其职责扩大也提高了工资收入。

需要指出的是，18世纪初"学校"这个概念还没有获得如今的含义，只是附属存在的一个木制或石质建筑，是炮兵衙门不可分割的一部分（部门或年级）。当时彼得下令在新的火炮场地建造一所学校，教授炮兵和官员外语、数学及工程技术，传兵卫在此教授日语。彼得之所以在炮兵衙门建立一所简易的日语学校，用外语武装军事，不仅与国内军事落后、北方大战前期的军事失利有关，也暗含将来可能以武力协助对日贸易或有效抵抗日本"大炮"的考虑。

见证欧洲文艺复兴奇迹和资产阶级革命的彼得一世意识到建立日语学校对于顺利开展商贸交易的必要性。1705年，彼得堡正式开设日语学校，监管人是参政院，传兵卫继续教授日语。1710年，彼得第二次接见传兵卫，却违背许他回家的诺言，下令M. 彼得洛维奇大公给他施洗，② 取名加甫里尔。彼得以这种方式强调其决定的不容更改，因为按照日本律法，日本人一旦入基督教，就会被取消回国资格。3月17日，沙皇命令雅库茨克"为建立与日本国的重要商贸往来，正如俄国人与中国人之间的买卖一样……打听一下，日本

---

① РГАДА. Ф. 214. Оп. 5. Ед. хр. 756. Л. 2. ; Куликова А. М., *Новый документ о первым японце в России* // Письменные памятники и проблемы истории культуры народов Востока. Ⅷ годичная научная сессия Ленингр. Отд. Ни-та востоковедения АН СССР. Л., 1972 г, С. 33. 除卢布和戈比外，还有其他多种面值单位，面值数值也较为复杂。就面值单位而言，既有单面值单位，又有同一序列面值单位合用的双面值单位，不同序列面值单位并用的双面值单位，甚至还有同序列和不同序列面值单位混合使用的三面值单位。就面值数字而言，既有整数，又有分数，还有代分数。18世纪前后的古俄罗斯面值单位和面值数值有10（десять денег）坚戈等于5戈比；1阿尔滕或（алтын）或1阿尔滕尼克（алтыник）等于3戈比；1格罗希（грош）等于2戈比。

② АВИМ. Ф. 2., Оп. 1., Ед. хр. 48., Л. 302–302 об. （АВИМ：Архива Военно-исторического. музея артиллерии, инженерныхвойск и войск связи. 炮兵、工程和通讯部队军事历史博物馆。

国能寻到什么花样商品，他们还需要什么俄国商品。有了这些商品，生意才能做得更大，他们才会与俄国人开展贸易，以及日本军人有什么样的武器装备、军事上怎么做更便利、有什么途径可以抵达"①。

日语学校建立以后，参政院不止一次向西伯利亚衙门提出要求，"从堪察加再派一个日本人过来"，充实师资力量。② 因此，在卡利戈尔斯科海湾获救的漂流民之一萨里曼（受洗后叫伊万）于1711年被送往彼得堡，任命为传兵卫的助手，传兵卫去世后萨里曼继任日语教师直至1734年。③ 获救的另一个日本人麻科玛则留在雅库茨克，在当地结婚生子。萨里曼与麻科玛是俄方史籍记载的第二批漂流民。在彼得堡禀帖（首份含有该事件相关信息的文献）中提到，"他（萨里曼）肯定传兵卫说的金银矿，从堪察加运来日本人钟爱的河狸皮也确有其事，还说出从堪察加到日本各地的距离。他称自己的国家是江户，位于堪察加海角对面的岛上，盛产金银石，能造粗布和蓝布，国内7个城市都隔得不远，城挨着城。至于国内其他商品，他知道得也不够多，他还不习惯全俄语交流"④。麻科玛在1733年依照安娜女皇指示经托博尔斯克前往彼得堡，⑤ 目的在于确认建立与日关系的可能性，不过很快他就被准许返回家中。⑥ 五年

---

① Ред. Тимофеева А. И., *Памятники сибирской истории XVIII века*, Кн. 1（1700 - 1713）. Типография МВД, СПБ., 1882 г., С. 502–503.
② Сгибнев А. С., *Об обучении в России японскому языку* // Морской сборник,, 1868, дек.; Кобленц И. П., Богданов. А. И, *Из прошлого исторической науки и книговедения*. АН СССР, М, 1958 г, С. 55.
③ Сгибнев А. С., *Об обучении в России японскому языку* // Морской сборник,, 1868, дек.; Кобленц И. П., Богданов. А. И, *Из прошлого исторической науки и книговедения*. АН СССР, М, 1958 г, С. 56.
④ Ред. Тимофеева А. И., *Памятники сибирской истории XVIII века*, Кн. 2（1713 - 1724）. Типография МВД, СПБ., 1885 г, С. 442.
⑤ РГАДА. Ф. 248., Оп. 4., Ед. хр. 164., Л. 1120.
⑥ РГАВМФ. Ф. 212., Ед. хр. 10., Л. 91 - 92.（РГАВМФ: Российский государственный архив Военно-Морского Флота. 俄罗斯军事—海洋舰队国家档案馆。

后，他被任命为翻译随 M. 什潘贝格考察队一起去探险。①

依靠漂流民的日本消息，俄国对日本的认知已逐渐从神话、传说层面上升到更为理性、科学的层面。对急于寻找新大陆的俄国来说，这是价值极高的情报。彼得一世对传兵卫的救助与重用，其主观意图之一就是要借助漂流民，使之成为俄国稳定的情报来源。

萨里曼去世后，俄国首都圣彼得堡就没有真正的日本人了。对日航路开辟之前，俄国只能等待下一批漂流民出现。

三 传兵卫对俄日关系的影响

罗斯国家本身就是中世纪国际交流、冲突与融合的产物，是与外族联系的结果。从国家最早建立的动力和方式来看，贸易与征服无疑是俄国建立过程中的两个关键要素。15 世纪末的地理大发现开启大航海时代，从此人类社会的天平开始从陆权国家向海权国家倾斜。彼得一世在对外政策上继承扩张传统，使俄国获得波罗的海出海口及其沿岸地区，打开通往欧洲的窗口，打下近代俄国的强国根基，俄国由内陆国扩张为有出海口的欧洲国家。彼得一世的改革与外交意味着草原化和东方化的俄国历史宣告终结，海洋化和西方化的俄国历史由此开始，东方问题在俄国外交战略布局的地位有实质性提升。②

在与东方国家日本的早期交涉过程中，采用和平手段"缓慢推进"是一大显著特点。彼得时期，俄国并未有任何探险队到达过日本，但确定了寻求与日本通商、建立贸易关系的基本目标，为 19 世纪的日本政策奠定了基调。这其中，漂流民传兵卫发挥了不可忽视的作用。

在整个国际关系史中，任何一个国家的外交政策首先都是以必须保证本国经济政治安全为出发点。17—18 世纪的主要政治问题是

---

① РГАДА. Ф. 248., Оп. 4., Ед. хр. 164., Л. 1095 об.
② 参见姚海《俄罗斯文明与外交》，社会科学文献出版社 2016 年版，第 126 页。

疆域扩张、以协商为基础的国境线界定、为平息冲突而缔结军事联盟和条约；在经济领域，外贸的重要性愈加显著，彼得一世仿照西欧实行重商主义，力图扩大与东方国家（主要是中国和日本）的商品贸易；而要扩大对外贸易，必须借助外交手段。俄国远东经济远远落后于欧洲部分，派遣的探险队的后勤供给主要由欧洲地区提供，保障远东地区自给自足成为俄国外交面临的迫切任务。于是，有权进行政治交往的考察带着这个目的应运而生。当国家距离遥远时，在达成外交认可之前首先就要找到通往这个国家的道路。

俄国虽然历经数个世纪将领土延至太平洋，但俄日两国不仅相隔汪洋，而且被日本锁国令"人为隔绝"。历史的起承转合看似富有戏剧性，实则受必然性驱动，俄日两国陌生的局面被传兵卫改变，他第一次给俄国带去"鲜活"的日本认识。"传兵卫使俄国人确认，日本并不仅仅是一个'海市蜃楼'"①。

传兵卫极具价值的口述情报必然很快被俄国上层官员知晓，从此，对北太平洋探险与开辟日本新航路被正式提上政府议事日程。在俄国的近代扩张中有三条路线，即由波罗的海通往大西洋、由日本海通往太平洋、由黑海通往地中海，而在由日本海通往太平洋的线路中，日本的地理位置非常重要。② 外交官、船舶专家 Ф. С. 萨尔特科夫曾随彼得出访西欧，是推崇重商主义的重臣。他于1712年向沙皇进言，"乘船探访西伯利亚沿岸四周所能及之处，看看有没有可能找到能被我们纳入统治的岛屿，如果找不到这样的岛，那就看看是否能乘这些船去中国或其他岛上经商"③。可见，他直接将日本（"其他岛"）和中国等同："派几个外国的和俄国的水手上那些船，让他们画出所行的海岸路线，沿德维纳河口到鄂毕河口，再到叶尼塞河口、勒拿河口，最后到一个位于阿穆尔河附近的河口，至阿穆

---

① Знаменский С., *В поисках Японии. Из истории русских географических открытий и мореходства в Тихом океане*, Владивосток, 1929 г., С. 34.
② 李凡：《1855年前的日俄两国关系》，《南开日本研究》2015年，第197页。
③ Салтыков Ф. С. *Пропозиции*, СПБ., 1892. С. 28.

尔河口为止，直到日本和中国之间。"① 1713 年，他上呈《争取国家利益的几点意见》，不仅建议探索从阿尔汉格尔斯克通往太平洋的新航线，还多次提到探索日本航线的重要性，"如果此航路能自由通往中国或日本等地，则可以为陛下的帝国带来莫大财富与利益。英国、荷兰等国船只往返一次东印度需两次横断赤道，赤道附近十分炎热、海上航程过长、船上饮食不足，很多船员殒命。新航路若得以开辟，则有望顺此直达东印度"②。他还提到，"日本国那个纬度带存在优质银矿"③。从奏文来看，俄国既要探索日本通商之路，也要探索一条免于绕道好望角、从东方直通"东印度"的新航路。当时的俄国商船，如果前往日本，虽然可以与英、荷一样走大西洋—好望角—印度洋—马六甲—长崎路线，但航程漫长而险恶。④

漂流民东来以后，由堪察加半岛南下的行动从未间断过。在萨尔特科夫建议下，伊尔库茨克官员开始组建"日本探险队"，彼得一世也试图在北冰洋成立舰队，"用来在大洋上航行，若是大洋能通航，那么不超过两个月就能到达日本海岸，当时英人与荷人花费了半年"⑤。英国航海家乔·佩里曾受彼得私人邀请在俄国就职，其回忆录证明彼得与日本及其他亚洲国家建立关系的活动："我不止一次听沙皇表达派遣使者的意向……，以确认海船是否能从鄂毕河往东穿过新疆土去鞑靼大海，要是在鄂毕河能造去中国和日本海岸的船就好了。"⑥

---

① Цит. по：РТЭ. С. 131.
② ЦГАДА. Ф. 9. отдⅡ., Кн. 13., Д. 958 - 962. Ф. С. Салтыков, *Изъявления, прибыточные государству*.
③ ЦГАДА. Ф. 9. отдⅡ., Кн. 13., Д. 958 - 962. Ф. С. Салтыков, *Изъявления, прибыточные государству*.
④ 参见李文明结项课题《18—19世纪日俄两国岛屿问题的历史研究》，国家社科基金青年课题（13CSS009）。
⑤ Половцев А. А., *Сборник императорского русского исторического общества*. Т. 40., СПБ.：Тип. Императорской Академии Наук, 1886 г, С. 422-423.
⑥ Перри Джон., Переводчик Дондукова О. М., *Состояние России при нынешнем царе*, М., 1871 г, С. 40.

日本漂流民传兵卫作为第一位"特殊使节",开启了陆路毫不接壤的俄日两国交往的新时代。漂流民的日本消息印证了俄国早期对日本"金银无数"的印象,成为"寻找日本"的重要参考依据和有效情报。鉴于日本"遍地金银""有大炮和城墙,军士有火枪"的描述,彼得一世虽未成功发现日本,却确定了对日贸易通商的基本方针。漂流民只是一个小人物,但之于俄国却是具有重大价值的信息源,而这也正是漂流民能在历史文献中被记录的根本原因。通过漂流民口述,俄国不但了解到日本商品、经济资源、矿藏之信息,还了解到日本军队拥有火枪火炮,这让俄国认识到,与日本通商有可行性,也有利可图,但仿效对"西边"的军事进攻,武力"攻取"日本也并非易事。

首批出现在俄罗斯的日本人使俄国获得最初有关日本的较为全面的、很难得的信息,为开设专门学校教习日语奠定了基础,在这些学校里,首批日本人会被当作老师去培养未来的翻译。这为新的千岛群岛探险、日本探险之旅提供了良好的先决条件。

第二节　彼得一世时期南下探险

16—18 世纪正是资本主义兴起、积累原始资本的时期,武力征服与贸易通商是其攫取财富的两大手段。作为欧洲二等强国的俄国当然也不例外。俄国探寻新航路的同时,也是他们进行商业贸易扩张之时。自 15 世纪中期地中海贸易衰落之后,西欧国家想要通往东方、获取东方财富,就必须另辟他途。正如韦尔斯所说,"15 世纪时整个欧洲的商人和船员们都在推测去东方的新路"。深受西方启蒙思想影响的彼得一世,未将传兵卫这个"遥远"的小人物错过,而是充分利用他建立俄国第一所日语学校,培养日语翻译为建立俄日联系打下语言基础;以传兵卫为参照研究日本,为建立俄日联系打下社会基础。自彼得一世接见传兵卫起,俄国开始大规模实地探险,将占守岛、幌筵岛、得抚岛、择捉岛、国后岛等串联起来的千岛群岛岛链当作与日本来往的"演习场"。

这一时期，М. 纳谢德金、И. П. 科济列夫斯基（1711—1713）、Я. А. 叶尔钦（1716—1719）、И. А. 叶夫叶伊诺夫（1719—1722）等为探访日本航路做了诸多关键性的有益尝试。

一 初期小规模探险

1702 年，雅库茨克接到命令，"吸纳外国人入俄国籍，打探通往日本之路，弄明日本武装力量特征、商品多样性和对俄国商品是否有需求，并尝试在朝廷高官——侍奉于沙皇寝殿的内廷侍臣——到达雅库茨克之前，与之建立贸易"①。依此令，1704 年，堪察加长官 В. 科列索夫奉命确定日本边界线，研究临近日本的岛屿是否真实存在，以及这些岛屿到底为哪国所有。1706 年，他派遣 М. 纳谢德金带队伍前往"库里尔地区"（即"堪察加南部岬角处"）。纳谢德金与遥望过千岛群岛的阿特拉索夫一样，确认"从千岛堡寨和这片陆地界限以外的那个地方起，无法采取任何交通方式探访到那块土地，有海船和航行用具，也无处使用，因为附近没有树木，没地方抛锚"②。

1707 年 5 月 28 日，也就是传兵卫直接听命于 М. П. 加加林公爵后被送到雅库茨克的那一年，沙皇下发公文，命令派遣 170 个志愿者去堪察加，让"当地外国人缴纳亚萨克税"③，为之后朝日本挺进奠定了基础。

1708 年，在堪察加最南端的洛帕特卡角，又有一艘日本海船

---

① Ред. Тимофеева А. И., *Памятники сибирской истории* XVIII *века*, Кн. 1（1700 - 1713）., СПБ.: Типография МВД, 1882 г, С. 417–419.
② Ред. Тимофеева А. И., *Памятники сибирской истории* XVIII *века*, Кн. 1（1700 - 1713）., СПБ.: Типография МВД, 1882 г, С. 502–503.
③ Ред. Тимофеева А. И., *Памятники сибирской истории* XVIII *века*, Кн. 1（1700 - 1713）., СПБ.: Типография МВД, 1882 г, С. 464–465.

遭遇海难。当时的堪察加长官是一个贵族军官 П. 奇里科夫，① 他在 1707 年被雅库茨克军政厅派到这里接任阿特拉索夫职位。② 奇里科夫的队伍本来有机会从堪察加人手中"赎出"日本人，但这一伙人在"看到军职人员后不敢与其正面冲突，各自在森林中跑散了"③。

1709 年 8 月，乌第堡寨长官 И. 索罗克乌莫夫奉命寻找通往日本的道路，探访乌第河口对面的岛，弄清楚"有什么人……被谁占领……有什么野兽和其他什么财富"④。1710 年 7 月，索罗克乌莫夫在提交给雅库茨克的报告⑤中，宣布从乌第河对面岛屿的军职人员处获得调查资料，这些资料与日本资料并不相符，反而与有关尚塔尔群岛的资料相吻合。⑥

1710 年 3 月 17 日，彼得一世又发布一个"照此路线尽力行动"的新命令。据此命令，1711 年，雅库茨克长官 Д. А. 特拉乌尼赫特派哥萨克十人长 B. 萨沃斯基亚诺夫去"探访日本国，与之贸易"，"为建立与日本国的重要商贸往来，正如俄国人与中国人之间的买卖一样……打听一下，在日本国能寻到什么花样商品，他们国内还需要什么俄国商品，有了这些商品生意才能做得更大，他们才会与俄国人开展贸易，以及日本军人有什么样的武器装备、军事上怎么做更便利、有什么途径可以抵达，以上所有，请如实告知并记录"⑦，

---

① сост. Дивин В. А. , Черевко К. Е. , Исаенко Г. И. , *Русская Тихоокеанская эпопея*, *Сб. Документов и материалов*, Хабаровское книжное издательство, Хабаровск, 1979 г, С. 447.
② РГАДА. Ф. 199. , П. 533. , Ед. хр. 8. , Л. 5.
③ РГАДА. Ф. 199. , П. 533. , Ед. хр. 8. , Л. 5.
④ Знаменский С. , *В поисках Японии. Из истории русских географических открытий и мореходства в Тихом океане*, Благовещенск：Книжное дело, 1929 г, С. 58.
⑤ Ред. А. И. Тимофеева. , *Памятники сибирской истории XVIII века*, *Кн. 1*（1700 - 1713），СПБ.：Типография МВД, 1882 г, С. 45-70.
⑥ Ред. А. И. Тимофеева. , *Памятники сибирской истории XVIII века*, *Кн. 1*（1700 - 1713），СПБ.：Типография МВД, 1882 г, С. 45-70.
⑦ Ред. А. И. Тимофеева. , *Памятники сибирской истории XVIII века*, *Кн. 1*（1700 - 1713），СПБ.：Типография МВД, 1882 г, С. 502-503.

"尽量造一些船，尽可能千方百计弄清海峡外面的海上土地和人的情况，让他们加入我国国籍，向他们收亚萨克税"，并"将那片土地绘成一幅专门的地图"①。萨沃斯基亚诺夫并未完成这一指示，但对于搭救了1710年在阿瓦恰湾遭遇风暴的日本漂流船来说，倒是多多少少完成了部分任务。

1710年4月，一艘日本船在堪察加半岛希蓬斯基角的阿瓦恰海湾遭遇风暴。这艘船本来有14名船员，载着木材从本州岛中部的和歌山出发去江户城。卖掉木材后，船员用赚来的钱买了清酒、烟草和豌豆。在即将回抵和歌山的前三天遇到台风，帆船倾覆，他们被带到堪察加岸边，最后有10人存活。船员"把他们的东西都抛到海里，坚持了四个月（而早在3月份就有人看到过这艘船）"②。萨里曼、麻科玛、基斯奇等人（上文中提到的第二批漂流民）获得萨沃斯基亚诺夫救助后，与奉命南下"探访日本国"的 И. П. 科济列夫斯基有过一段"对俄国非常有益"的交集。

1712年，贵族军官 В. 伊格纳季耶夫派出以乌第城的 И. 贝科夫和 А. 克列斯季亚尼诺夫为首的10个哥萨克。"在三个所到访过的岛屿中最远的那个岛上过冬之后，有5个哥萨克死掉，其余人在1714年6月沿原路返回。"③

二　И. П. 科济列夫斯基远征

И. П. 科济列夫斯基作为俄国历史上著名的疆土开拓者，被称为"首位发现太阳初升之国"的人。他把获救的日本漂流民带进

---

① Ред. А. И. Тимофеева., *Памятники сибирской истории XVIII века*, Кн. 1（1700 - 1713），СПБ.：Типография МВД，1882 г，С. 542-543.

② сост. Дивин В. А.，Черевко К. Е.，Исаенко Г. И.，*Русская Тихоокеанская эпопея*，*Сб. Документов и материалов*，Хабаровск：Хабаровское книжное издательство，1979 г，С. 449.

③ сост. Дивин В. А.，Черевко К. Е.，Исаенко Г. И.，*Русская Тихоокеанская эпопея*，*Сб. Документов и материалов*，Хабаровск：Хабаровское книжное издательство，1979 г，С. 449.

远征队作为随队翻译,远征队到达千岛第一岛占守岛和第二大岛幌筵岛,向岛上居民征收亚萨克税并使他们归顺俄国。科济列夫斯基依据沿途考察见闻、日本漂流民口述消息、千岛当地居民提供的消息编纂《堪察加角和海岛图绘》与《日本国记述》,于1726年呈报给 B. 白令(《给白令大尉的报告,来自修士 И. 科济列夫斯基,1726 年》),对下一个阶段俄国的太平洋探险发挥了巨大的指引作用。

1711 年,科济列夫斯基与同伴 Д. А. 安菲茨克洛夫大尉一起带领 75 人队伍开始向堪察加以南岛屿进发,执行任务。他们乘坐大兽皮艇和小船从洛帕特卡角行至占守岛和幌筵岛。在占守岛上没有收到亚萨克税,因为"那个岛上没有貂和狐狸,没有海狸作业场和休息地。岛上的人捕捉北海豹,穿海豹皮和鸟羽做的衣服"①。幌筵岛的亚萨克税也收得很不成功。尽管俄国军官号召阿伊努人入俄国籍,但阿伊努人仍回答说,"从未交过税","我们不捕捉貂与狐狸。在你们到来之前的 1 月份,我们在海狸作业场捕捉的海狸已经全部卖给另一块土地上的外国人,你们可以从我们这个岛上看到那块土地,在南面。他们把铁器和其他商品、苎麻、花布运到我们这儿,所以我们现在没有实物税可交"②。9 月返回大列茨克后,③ 他即时向彼得一世提交探险报告,并表达再次前往日本国的决心。④ 这次旅行让科济列夫斯基搜集到"日本国"消息,认为在已发现的列岛

---

① Магидович И. П., Магидович В. И., *Очерки по истории географических открытий. Том III*(1984). *Географические открытия и исследования нового времени*(*середина XVII–XVIII в.*)., М.:Просвещение, 1984 г, C. 109. 参见[俄] М. И. 齐保鲁哈《征服西伯利亚——从叶尔马克到白令》,杨海明译,中国社会科学出版社 2017 年版,第 291 页。

② Берг Л. С., *Открытие Камчатки и Камчатские экспедиции Беринга. 1725–1742*, Издательство Главсевморпути, Ленинград, 1935 г., C. 409.

③ 俄国官员在堪察加的暴行激起强烈反抗,官员内部发生内讧。1711 年,哥萨克起义杀死自己的三名头目,并向沙皇控诉其罪行——霸占国库财产、不执行侦察日本情况的指令、对部下态度恶劣等,并立誓要前往日本探访以抵偿杀人之过。

④ 参见周启乾《日俄关系简史(1697—1917)》,天津人民出版社 1985 年版,第 9 页。

后面可能就是松前国和日本国。①

1712年，西伯利亚衙门下令查明，"如何穿过这片土地，有没有可能与当地居民建立友谊并像同中国人一样进行贸易往来，以及他们是否需要来自西伯利亚的商品"②。科列索夫委托科济列夫斯基测量从堪察加河到洛帕特卡角之间的土地，以及海峡之外的土地，并且"把这一切制成一张图纸，画上到各处的通道"③。科济列夫斯基通过详细询问当地居民和解救的日本漂流民，绘制了一幅"堪察加地区"和千岛群岛的地图——第一幅库里尔群岛地图。他还把在损毁的船上找到的22佐洛特尼克半圆木形和块状红金及所有找到的纸质文件都交到国库。④

1713年，科济列夫斯基带领66人队伍开始第二次探险，目的是"探访从堪察加角开始的海岛和日本国"⑤。队伍配备青铜炮、火绳枪等武器。科济列夫斯基一行经过大列茨克和洛帕特卡角后到达占守岛和幌筵岛，队伍于同年返回。经过一番战斗之后，科济列夫斯基队伍向当地居民征收实物毛皮税，并带回战利品——在幌筵岛上夺得的棉花、丝绸、麻织服装、日本刀和数枚金币。这次远征使堪察加以南、千岛群岛北部岛上的居民归顺俄国。远征的最大成果就是，从原住民手中"缴获"一份包含松前岛的千岛群岛地图，弄清了从堪察加到千岛群岛北部岛屿的大致距离。从原住民、夏塔伊与

---

① Берг Л. С., *Открытие Камчатки и Камчатские экспедиции Беринга*. 1725–1742, Издательство Главсевморпути，Ленинград，1935 г.，С. 451.

② Спасский Г. С., *Монах Игнатий Козыревский* // Сибирский вестник. СПБ. ，1823 г. ，Ч. 2. С. 29.

③ Берг Л. С. ，*Открытие Камчатки и Камчатские экспедиции Беринга*. 1725–1742, Издательство Главсевморпути，Ленинград，1935 г. ，С. 143.

④ Магидович И. П. ，Магидович В. И. ，*Очерки по истории географических открытий. Том III*（1984）. *Географические открытия и исследования нового времени*（*середина XVII-XVIII в.*），М. ：Просвещение，1984 г. ，С. 110. 参见［俄］М. И. 齐保鲁哈《征服西伯利亚——从叶尔马克到白令》，杨海明译，中国社会科学出版社2017年版，第292页。

⑤ Берг Л. С. ，*Открытие Камчатки и Камчатские экспедиции Беринга*. 1725–1742, Издательство Главсевморпути，Ленинград，1935 г，С. 143.

基斯齐等漂流民（获救的日本人）以及来此做生意的他岛居民口中，俄国人还得知当地的地理地貌、民俗物产等情况，以及千岛群岛北部与松前岛、与千岛群岛南端岛屿的大致距离。科济列夫斯基断定，在已发现的列岛后面是松前国和日本国。在缴获的千岛群岛地图中，有众多岛屿的标志，计有占守岛、幌筵岛、春牟古丹岛、舍子古丹、温祢古丹岛、松轮岛、罗处和岛、宇志知岛、计吐夷岛、新知岛、雷公计岛、择捉岛、得抚岛、国后、松前岛和日本岛等岛屿。这些岛屿比后来松前藩所调查的虽然少一些，但大体上还是一致的。① 1714 年，科济列夫斯基把自己的航海日记和探岛日记总结性回禀给科列索夫。据此，俄国对千岛群岛的地理概况有了初步了解。

科济列夫斯基搜集到的群岛土著居民消息可以算作俄国得到的最早的阿伊努人消息。他查明，阿伊努人不仅住在北边岛屿上，还遍布南部的择捉岛、得抚岛甚至国后岛，他们不承认任何政权的统治。科济列夫斯基还宣称，当时日本人被禁止航行到松前北边，他们同库里尔群岛居民的贸易只通过中间人——阿伊努人来进行。这些消息自然鼓舞了彼得一世继续对千岛群岛的考察。②

1726 年 6 月，已更名为伊格纳季修士的科济列夫斯基在雅库茨克与堪察加探险的领队 B. 白令会面时，向其赠予他编纂的《日本国记述》与《堪察加角和海岛图绘》（后世称为《И. П. 科济列夫斯基给 B. 白令的报告》），对探索通往日本的海路提供了实际帮助。③《日本国记述》的基本消息是由堪察加原住民、千岛当地居民以及落难的漂流民的口述消息汇编而成的，包含大量日本消息，重要性上等同于《传兵卫见闻录》。科济列夫斯基在报告中提到 23 个岛

---

① ［日］吉田嗣延等著：《日本北方领土》，吉林师范大学外国问题研究所日本研究室编译，上海译文出版社 1978 年版，第 9 页。

② 转引自［俄］М. И. 齐保鲁哈《征服西伯利亚——从叶尔马克到白令》，杨海明译，中国社会科学出版社 2017 年版，第 298 页。

③ Черевко К. Е., *Игнатий Козыревский-автор «Описания Апонского государства»* // Проблемы Дальнего Востока, 1975 г, № 2, С. 137–139.

屿，第 22 岛是松前岛，第 23 岛是日本岛，由此可以看出，他把千岛群岛与日本列岛视为一个整体岛屿链。

1732 年，参政院奖励给科济列夫斯基 500 卢布，以表彰他在堪察加地区做出的贡献、1711—1713 年"对日本国的探访"以及 1728—1729 年"从勒拿河河口穿越堪察加前往更遥远的日本"的尝试。不久之后，科济列夫斯基就因西伯利亚政府的告密，以"1711年反对堪察加官员"的罪名被免去教职，判处死刑。① 《日本国记述》② 内容如下。

1

该国位于河上的一个大海湾（东京湾），名为江户，全称日本国，当地人叫作日本人。国家离海不远，海船不会驶停在河口，运载各式货物的是单独安排妥当的小船。因为没有冬天，进港、离港从不间断，可在中午往西或往北去堪察加方向、松前和其他城市。石头城有两座，城墙上安放火炮。人们没见过皇帝，出游时人们俯首跪倒在地，未敢直视。他们的皇帝叫作天皇。国内其他统治者都依附于他，为便于管理，派驻其到各自的领地和城市。

2

日本岛周围大海环绕，据说日本人绕行一圈需要一年甚至更久。

前文提到的被俘日本人中，一人上交带有本国文字签名的国家地图，我在其签名之下亲手添加自己的签名。对此，日本人和他的其他同伴都能辨认出来。他们之间互相敌视、争吵、打架的情况越来越明显，更多是关于这幅地图。在我之后，这个外国人没再把各城市以书面形式写下来，而是口

---

① Спасский Г. С., *Монах Игнатий Козыревский* // Сибирский вестник. СПБ., 1823 г., Ч. 2. С. 102.
② РГАДА. Ф. 199 (Портфели Г.-Ф. Миллера)., Ед. хр. 533., Д. 2., Л. 4.

头言说。因为他的同伴们不允许他以书面形式告知日本名字。这个外国人在我之后用地图秘密告知自己国君的称号，而关于这些，其他人后来说很多都忘记了，因为按照他们的信仰，他们不敢在外人面前提到自己皇帝的名字，他们说平头百姓见不到皇帝。

3

日本人从本州岛的广岛至大阪，随行携带货物，特别是木材。卖掉木材后买葡萄酒、香烟、豌豆，然后返回。到达城市前大约三天，台风把他们吹到大海上，船上只有工作人员，据说船主人翻山越岭回到自己的城市。当他们被吹离那片土地时，据说还砍了木材。

4

特别独立领地本州（和歌山）由大阪皇帝的血缘近亲统治，该城拥有丰富的黄金、树木和船舶。其他领地也非常富有。在过去，该城居民到过堪察加，他们的船因风暴被毁坏。

5

大海附近的一处海湾坐落着一个名叫伊夏（京都）的大城市，为特别独立领地，有统治者，类似于天皇。

6

从日本国首都到大阪，走山路只需半个月，而走海路两三个月或一个月才能到，因为航海路线不同。大阪也有皇帝。有人是从别的国家，比如中国来到此国。因为在从南边来的异域人里，据说有一个叫基斯齐的人到过大阪国，并见过别国的商人。大阪国有各种各样的物品，盛产银，能造任何丝织品。

7

在他们的这块土地（日本岛）上，据说山上，矗立着奇怪的修道院，其中有许多教堂和数不清的朝圣者和隐修士，后者的薪资由皇帝派发，朝圣的人们也可以给些香火钱。

8

他们的粮食一年三熟，蔬菜长在地里，果实成熟从不间断。很多人也种烟草，生产并制造。农民用耕牛播种。据说男男女女们会制造丝织品和各种商品。

9

据说日本岛的各个统治者间多年前打过仗，不过现在和平共处。南边的统治者归顺于大阪国，东边和北边则属于日本国。是不是所有石头城的统治者都臣服于该国，我们一无所知，因为被军职人员俘获的日本人完全不懂俄语，他们浓重的口音我也不太习惯。但是据他们讲，日本岛上的各位统治者都接近七十岁，特别是在海岛上的。

10

日本岛上存在着伟大的主宰者，比如教皇，或被称为仁慈的佛教信仰者（天皇）的人，其他统治者都臣服于后者，将其视为上帝或他们的神来崇拜。关于这些如今已不得而知。被俘的日本人住在我这里时还完全不习惯用俄语交流。而正是在画有俘虏日本人所在的河流的地图上，日本人签了他们的名字。

11

有大城市名为宫城，由皇亲统治。海上有岛屿，岛上常聚集着为祷告而来的人们，还带着礼物——金银、东西和许多其他名称的物品。如果有人从这里偷走东西，那他的血管会痉挛，身体会干枯。如果有人无视规定，用脚上的鞋子携带物品，那他一定会被揭发。那些身着专门用来祈祷的衣服的人，据说从那里回来以后就脱下这件衣服，抖掉黏附着的灰尘，再穿上原来的衣服。

12

岛上居民在饮食上不杀牛、不吃牛肉。百姓不允许持枪,除了马刀,连贵族也是如此。那些漂洋过海的商人也不能携带任何枪支。

挑选年龄合适者参军,进行常规训练,教习结束后回去。他们对军事活动非常不熟练,甚至有些畏惧。被俘虏的人在看到流血的人时会以手捂眼,昏倒在地。这说的也是其他人,尤其是日本人。

13

盛冈城靠近海边,其领地子民乘小船往返松前和其他城市,据说这个城市没法绕过去,因为它位于支流处。

14

这一边坐落着广崎城(陆奥),为特别独立领地,在语言上从属于日本国。到这里的人多是从更大的靠西的地方和位于松花江上的中国城市而来,也有从其他领地和贸易城市来的。走海路可到达该国,山路要走两周。

15

海湾附近的岛屿有人放哨,这一点常被忽略。他们监视过往行人,特别是携带枪支和货物的人。监视到这样的人从国内出行时就不发通行证。至于教堂是在这个岛上还是别的岛上,不得而知。到该国沿途有很多哨兵。

16

松前城位于近海一个隶属于日本国的海峡处,据被俘虏的外国人说,这个松前城建成并不久,那些犯罪的人会从日本流放至此。松前城的居民都随身携带枪支以预防危险,城内有大炮和各种枪支、舰艇等武器装备。前面提到的松前和日本岛间的海峡,两岸都紧挨海角。如果有侧面风,水位起起落落,会出现一条水路。有人正是沿此乘船而来，讲一种听不懂的语言，带着很多货物，勉强躲进避风港，有时甚至快被风暴击碎，因为海角对岸也不宽敞。

已提过的这位外国人基斯齐在地图上标出海角对岸朝向堪察加的位置，不过只有半页，另外半页画的是这个海峡的一半。据他说，松前岛和其他岛上的外国人叫它北海道。

这些外国人带着鱼、鲸油和兽皮来到松前城，用自己的语言与当地居民交谈往来，还从松前城来到我们这儿，据说是日本人。

17

从堪察加角到这个松前岛共有大大小小22个岛屿，其中包括支路上的7个岛。那里住着什么人、盛产什么、制造何种商品，为交换手工艺品和果实都卖些什么东西（我们均不得而知）。这些外国人不能以其他货物维生，也许是有人冬季捕猎时遇上意外或在海上遭遇倒霉的大风暴，这意味着每个岛都有名字，岛屿连接处常有乘小船的外国人。

《日本国记述》包含这一时期大量与日相关的信息，几乎都来自原住民和日本"俘虏"，而且从图绘上的签名判断，他们的俄语水平并不像科济列夫斯基认为的那样，反而一点儿也不低。1953年，И.И.奥格雷兹科在研究著述《发现库里尔群岛》时注明其发现1726年《И.П.科济列夫斯基地图》第二个版本原件的日期。[①]1975年《日本国记述》被引入学术领域后，史学家普遍赞同日本的俄国学家村山七郎的观点。早在1971年，村山七郎在全面分析《堪察加角和海岛图绘》中的八千五百多个标记后就认为，《日本国记

---

① Огрызко И. И., *Открытие Курильских островов* // Учёных записках ЛГУ, серия факультета народов Севера. Вып. 2, № 157., Государственное издательство карельской АССР петрозаводок, Москва, 1953 г, С. 190.

述》在重要性上等同于《传兵卫见闻录》，① 是俄日关系史上的重要文献。

《日本国记述》印证了《传兵卫见闻录》中对日本的描述，而且有更具体、更详细的说明。《传兵卫见闻录》指出，"统治者是名为公方殿下的皇帝，在江户城居住。类似于族长的天皇和地位略低于天皇的禁中大人都住在京都"，这仅是对日本政治制度的概括性介绍。至于公方殿下与禁中大人（幕府与天皇）的等级关系，却含混不明。《日本国记述》则对各级政权关系、政治礼仪做出解释，"出游时人们俯首跪倒在地，未敢直视"，"不仅如此，大海附近的一处海湾坐落着一个名叫伊夏（京都）的大城市，为特别独立领地，有统治者，类似于天皇"。这就使俄国对日本的政治有了更加清晰的认识，据此能够制定出更合时宜的交涉方针。《传兵卫见闻录》中所没有而俄国最想知道的千岛群岛信息，在《日本国记述》中有所呈现。从此，俄国初步了解到，堪察加与日本国之间陈列着很多岛屿，"松前城位于近海一个隶属于日本国的海峡处"，"从堪察加角到这个松前岛共有大大小小 22 个岛屿"。松前城是日本流放犯人的地方，因为"这个松前城建成并不久，那些犯罪的人会从日本流放至此"。这些岛屿、松前城、日本之间进行着商品交换。可以说，《日本国记述》是对《传兵卫见闻录》的解释与补充，俄国对日本的认识随着疆土扩张的步伐逐渐丰富起来，日本形象愈加丰满。在后来的俄日岛屿之争中，《И. П. 科济列夫斯基给 B. 白令的报告》被俄国用来证明库里尔群岛的开发优先权与所属权都属于俄国。

三 地测专家的勘测

科济列夫斯基远征之后，根据彼得一世的命令，加加林组织成

---

① 村山七郎：『北千島アイヌ語』、吉川弘文館 1971 年版、第 39 頁；Черевко К. Е., *Экономическое освоение Сахалина: история и современность* // Проблемы Дальнего Востока, 1979 г, № 4, С. 128.

立首支官方远东考察队——大型堪察加考察队（Большой Камчатский наряд），雅库茨克军政长官 Я. А. 叶尔钦上校任领队。1716 年 7 月 12 日，彼得在下达给叶尔钦的圣谕中指示，"对堪察加角附近岛屿进行细致考察，寻找金银铜矿和其他矿产、颜料和珍珠"，但是，"如果要同日本人打听与日本有关的消息，最好派一个伶俐人去日本做生意"①。同年，叶尔钦给新任雅库茨克军政长官 И. В. 拉基京寄去文件，嘱咐确保探索堪察加地区的新大陆和新岛屿的顺利进行，并吩咐"派人过来，好去日本做生意"②。这里所说的"伶俐人"显然是日本漂流民，起码也是能懂少许日语的第一批俄国翻译人员。大型堪察加考察队中有 21 名军官和来自莫斯科、托博尔斯克、西伯利亚各地的约 500 名士兵、海员和绘图员。1719 年前夕，考察队终于从雅库茨克抵达鄂霍次克。队伍往北、南、东三个方向前进。因自然条件极度恶劣，粮食等物资运输困难，队员大多数因病、因疲甚至饥饿而死，俄国政府被迫停止这次考察，令野心勃勃的彼得一世大失所望。③

虽然探险目的之一是到日本"做买卖"，但由于资源缺乏，最终没有实现这一目标。不过从雅库茨克出发，经由勒拿河、阿尔丹河、尤多马河过渡到乌拉克河，再沿河到鄂霍次克海，顺着海路继续走到堪察加，这样的一条新路线取代了从前穿过上扬斯克、因迪吉尔卡河、阿拉泽亚河和科雷马堡寨的旧路线，旧路线更长且更危险。新路线为接下来地测专家 И. А. 叶夫叶伊诺夫和 Ф. Ф. 卢任的探险，以及 М. П. 什潘贝格和 В. 瓦尔顿往南至千岛群岛的寻日之旅奠定了基础。

鄂霍次克海与堪察加之间的"海路"通畅后，彼得一世试图继

---

① Федорова Т. С. и др., *Русские экспедиции по изучению северной части Тихого океана в первой половине XVIII в.*, М.: Наука, 1984 г, С. 29.

② Федорова Т. С. и др., *Русские экспедиции по изучению северной части Тихого океана в первой половине XVIII в.*, М.: Наука, 1984 г, С. 29.

③ 参见周启乾《日俄关系简史（1697—1917）》，天津人民出版社 1985 年版，第 11 页。

续探寻位于堪察加半岛东部和东南部的土地。

为精确绘制堪察加南部岛屿地形图，1719 年 1 月 2 日，彼得一世签署命令，命两位地测专家 И. А. 叶夫叶伊诺夫与 Ф. Ф. 卢任"前往堪察加，之后的方向已明示"，并"描绘当地情况，如美洲是否与亚洲相邻，同时也要寻找通往日本的路。对此必须细心完成，不仅南边和北边，还有东边和西边，所有这一切都要完整描绘到地图上"①。

遗憾的是，叶夫叶伊诺夫与卢任在遇到风暴后只完成交代下来的部分任务。

地理专家们登岸千岛群岛最南岛，将当地居民都纳入了俄国管辖之下，而此地的名称是什么，直到现在都没有得到解决。文献中所称的"第五"②岛或"第六"③岛是从占守岛算起。再说新疆土开辟者和航海家们在不同时期对这些岛屿的排序都不同，每次的具体情况是选用谁的排序实在不得而知，问题因此就变得更加复杂。根据俄国学术界的观点，"第六"岛更合乎文献记载。

最合适的方法是根据地理坐标来确定，这个坐标是由两位地测专家借助天文坐标系计算出来的，④与现代精确数据相比存在合理的最小误差。⑤日本历史学家高野明的诸多作品都引用此法。从三座已知岛屿——牟知列岩、舍子古丹岛和春牟古丹岛的简图可以看出，最后一个岛与最南边的岛之间的纬度距离最小，后者靠近日本（北纬 48°50′），当年俄国地测专家就在此登陆。⑥ 见表 2-1。

---

① Полное Собрание Законов Российской Империи：Собрание первое：С 1649 по 12 декабря 1825 года. СПб.：Тип. II Отд - ния собств. Е. И. В. канцелярии，1830. – 48 т.：указ. Т. 5：1713–1719. –1830.

② Сгибнев А.，*Попытки русских к заведению торговых сношений с Японию*（в XVIII и начале XIX столетий）// Морской сборник. 1869 г，№1. С. 41.

③ Полонский А. *Курилы*. СПБ.，1871 г，С. 394.

④ РГАДА. Ф. 9. Д. 66. Ед. хр. 21. Ч. 2.

⑤ *The Colombia Lippincott gazetter of the world*，Ed. by Leon E. Seltzer. N. Y.，1962.

⑥ 高野明：「日露関係史のあけぼの」、『露西亜学事始』、東京、日本エディタースクール出版部 1982 年版、第 79 頁。

2-1　　　　　　　　　三座岛屿对比结束

岛屿	实际经纬度	И. А. 叶夫叶伊诺夫和 Ф. Ф. 卢任的经纬度	俄罗斯地测专家的误差
Харимкотан 春牟古丹岛	北纬 49°7′ 东经 154°32′	北纬 49°0′ 东经 37°40′	+7′ +116°52′
Шиашкотан 舍子古丹岛	北纬 48°50′ 东经 154°6′	北纬 49°0′ 东经 37°40′	−10′ +116°26′
Ловушки 牟知列岩	北纬 48°33′ 东经 153°50′	北纬 49°0′ 东经 37°40′	−27′ +116°10′

叶夫叶伊诺夫与卢任在"第六"岛遇上台风，往南被带到千岛群岛"十个中的第六个"岛（Я. 林德诺）① 或"十个中的第七个"岛（白令）②。С. П. 克拉舍宁尼科夫写过，地测专家"几乎快抵达北海道"③，这点是可信的，因为这个岛出现在彼得一世转交给 И. Б. 戈曼的 1722 年地图的第 16 页。④ Э. Я. 法因贝格与高野明都认为，俄国人叶夫叶伊诺夫与卢任曾抵达千岛群岛，直到国后岛水域。⑤

曾经下落不明的叶夫叶伊诺夫地图于 1945 年被发现，地图向东绘至堪察加，并未画出美洲，向南则绘出 14 个岛屿，统称为日本岛

---

① Санкт-Петербургское отделение Архива РАН. Ф. 21., Оп. 5., Ед. хр. 142., Л. 21.
② сост. Дивин В. А., Черевко К. Е., Исаенко Г. И., *Русская Тихоокеанская эпопея*, *Сб. Документов и материалов*, Хабаровск: Хабаровское книжное издательство, 1979 г, С. 192.
③ Крашенинников С. П., Й. П. Фальск, И. И. Лепехин, *Полное собрание ученых путешествий по России. Том 3.*, Записки путешествия академика Лепихина, 2012 г, С. 1084.; С. П. Крашенинников, *Описание Земли Камчатки в двух томах. Том II*, М.: Наука, Камшат, 1994 г.
④ Полевой Б. П., *Первооткрыватели Курильчких островов*, Южно - Сахалинск: Дальневост. кн. изд-во: Сахалин. отд-ние, 1982 г, С. 34.
⑤ 高野明:「日露関係史のあけぼの」、『露西亜学事始』、東京、日本エディタースクール出版部 1982 年版、第 296 頁。Файнберг Э. Я., *Русско-японские отношение в 1697-1875 гг.*, М., 1960 г, С. 24.

屿。叶夫叶伊诺夫与卢任称千岛为"日本岛",更确切地说,是为了强调他们的航行对于发现日本的重要性,尽管在那里他们并没有遇到日本人。① 他们的地图上画了大大小小共14个千岛岛屿,而不是16或17个。② 因此,高野明合理地指出,这份地图在计算岛屿总数时必定把一些用点来表示的小岛算进去了。③ 卢任因要继续进行西伯利亚地区的测量而留在雅库茨克,叶夫叶伊诺夫则于1722年5月向喀山的彼得一世递交调查报告和地图,"他十分满意他们的尽心竭力,并对他们的成果给予最高肯定"④。

关于彼得一世派地测专家的目的,在国际学术界有两种看法。一种认为,考虑到当时有限的地理知识,彼得一世的目的就是查明美洲大陆是否与亚洲大陆相连。另一种认为,彼得关于探查美洲是否与亚洲相连的公开命令只是一种掩饰,实际目的在于勘察千岛上的矿藏,因为当时的俄国因战争需要大量军费,"尽量搜集金钱,金钱是战争命脉"⑤。这也证明关于日本"金银岛"的描绘确实对俄国产生重要影响。

航海家 А. Я. 布歇曾记述,日本人在千岛群岛寻找银矿,银矿似乎已开采到,但是日本居民将其带回了祖国。Г. Ф. 米勒院士援引其资料则认为,俄国地测专家考察的真正目的其实是寻找贵金属。⑥ К. М. 贝尔院士认为此次考察的真实目的是收集关于日本的情

---

① Кирилоа И. К., *Цветущее состояние Всероссийского государства.*, М., 1977 г, C. 299.

② сост. Дивин В. А., Черевко К. Е., Исаенко Г. И., *Русская Тихоокеанская эпопея*, *Сб. Документов и материалов*, Хабаровск: Хабаровское книжное издательство, 1979 г, C. 436.

③ 高野明:「日露関係史のあけぼの」、『露西亜学事始』、東京、日本エディタースクール出版部1982年版、第81頁。

④ Голиков И. И., *Деяние Петра Великого, мудрого преобразователя России*, М.: Университетской тинографии, 1978 г, C. 347.

⑤ 眞鍋真重:『日露関係史』、吉川弘文館1978年版、第21頁。

⑥ Г. Ф. Миллер, *Описание морских путешествий по Ледовитому и Восточному морю с Российской стороны учиненных* // Сочинения и переводы, к пользе и увеселению служащие, СПБ., 1758 г. Ч. I. C. 323.

报,并非官方宣称的目的,因为沙皇命令中提到一个未指明的探寻方向("之后的方向已明示"),这一方向很显然是单独确定的。①

本书认为,首先,"之后的方向已明示"的文献至今未出现在学术领域,这显而易见不足以证明那个取代官方书面说法的秘密指令真实存在过。其次,此次考察的官方目的同已公布的书面命令中所说的一致。彼得一世时期的地理观念具有时代局限性,去千岛南部和日本的真正线路却受俄国人引自荷兰人和德国人的地理观念的特点所影响,荷兰人与德国人认为,这些岛和"日本大陆或堪察加"有可能与美洲接壤。② 最后,为与日本建立贸易联系而寻找千岛银矿和通往日本之路,这并不是地测专家考察的"附带任务"和"秘密掩饰",而是他们航行的主要目的和期待的结果。这里的航行是指为了弄清"美洲是否和亚洲相邻"、在研究了太平洋水域的"南边和北边,还有东边和西边"之后发生的千岛南部地区航行。说到考察的秘密特征,也并不是考察的主要性质,而是考察的结果,是为了保障俄国经济和政治利益的科考举措。

几乎同时,1722 年 4 月末,俄国驻华商贸代表 H. 赫里斯季安给商贸院寄来有关日本的贸易、地理位置、武装力量和排挤基督教的资料。他在报告中指出,日本的对外贸易是通过鹿儿岛南部港口进行的,"他们金银丰富,除荷兰人,无人与之通商,货物中有用油脂鞣制的皮革"。③

* * * * * * * *

彼得所处的时代正是"在战争铁砧上捶打欧洲的时代",彼得在欧洲"南征北战、四面出击",主要通过武力交涉与军事进攻——

---

① Бер К. М., *Заслуги Петра Великого по части распространения географических познаний о России* // Зап. Русского геогр. об-ва. Кн. Ⅲ, СПБ., 1849 г, С. 234.

② Полевой Б. П., *Петр Первый, Николай Витсен и проблема «сошлася ли Америка с Азией»* // Страны и народы Востока. Вып. XVII, М., 1975 г, С. 24.

③ Ред. Тимофеева А. И., *Памятники сибирской истории XVIII века, Кн.* (1713 - 1724), СПБ.: Типография МВД, 1885 г, С. 374.

南下与土耳其和波斯展开战争，北上大战瑞典——建立起俄帝国。对于遥远且陌生的日本，新生的俄国显然"无暇东顾"，更妄谈武力攻取。尽管所有探险队未成功发现日本，不过从雅库茨克出发，经由勒拿河、阿尔丹河、尤多马河过渡到乌拉克河，再沿河到鄂霍次克海，顺着海路继续走到堪察加，这样的一条新路线取代了从前穿过上扬斯克、因迪吉尔卡河、阿拉泽亚河和科雷马堡寨的旧路线，为接下来的什潘贝格和瓦尔顿的寻日之旅都做了充分准备。

漂流民只是一个小人物，但之于俄国却是具有重大价值的信息源，而这也正是漂流民能在历史文献中被记录的根本原因。通过漂流民口述，俄国不但了解到日本商品、经济资源、矿藏之信息，还了解到日本军队拥有火枪火炮，这让俄国认识到，与日本通商有可行性，也有利可图，但仿效对"西边"的军事进攻，武力"攻取"日本也并非易事。日本虽说是邻国，但距离国家中心莫斯科甚远，况且还"拥有火炮"。事实证明，漂流民所言非虚。自1543年葡萄牙冒险家平托意外漂流至种子岛献上火枪后，日本人在短短六个月内成功复制出600支火枪。1566年，日本火枪保有量已达30万余支，枪支质量也大幅提升，射击精准度、杀伤力、装填速度等都有明显改善，并发明所谓的"连续射击方式"。① 可见，日本在16世纪中叶就已接受西式枪支，在自主生产的基础上迅速完成对火枪的改良，这甚至快于最初发明枪支的欧洲。日本枪支对东亚最大的战争"壬辰倭乱"也产生过直接影响。

欧洲列强的原始资本积累，在新大陆上因某种缘由致使武力进攻不能奏效时，他们不得不满足于通商而开辟商埠，试图通过用欧洲商品低价换取金、银、宝石和香料，对当地居民巧取豪夺。正因为漂流民的"一手"信息，彼得在新生帝国初期便已确定寻求与日本通商的最佳外交方针。利用漂流民的南下探险同时体现出俄国对东方侵略与扩张的本质，如果称俄国向西方的外交为"征战外

---

① 朱京哲：《深蓝帝国》，刘畅、陈媛译，北京大学出版社2015年版，第228页。

交"，那么，向东方的外交不容置疑可以称为"通商外交"。俄帝国时期，封建君主专制无疑是沙皇俄国对外政策的指导思想，其维护国家利益与扩充王朝利益是相一致的，维系家族财富和扩张领土是其外交的核心目标。

通过对漂流民和探险队的历史考察，可以看到，俄国对日本的认识在18世纪已进入直接认识的阶段。随着对日本认识的全面与准确，俄国也逐渐描绘出对日本的政策轮廓。沿着漂流民的南来踪迹，俄国更加坚定地踏上"寻找日本"之路。

第三章　俄国发现日本

彼得去世之后，经历短暂的叶卡捷琳娜一世与彼得二世时期，18世纪30—40年代的安娜女皇掌权十年是俄国发现日本的关键时期，在俄日关系史上留下浓墨重彩的一页。[1] 在贯彻南下探寻日本通商航路的问题上，安娜女皇很好地继承了彼得一世的日本政策，继续实现帝国扩张的抱负。

彼得一世时期的南下探险，尤其是科济列夫斯基远征和两位地测专家的勘测，使俄国了解到沿堪察加半岛南下的千岛群岛岛链的最初轮廓，但在岛链另一端的"日本"似乎仍然是一个"虚幻岛屿"。彼得南下探险为下一个阶段更大规模的探险储备了大量资料、情报与经验。劳民伤财的大北方战争[2]结束后，俄国国力有所恢复，这使后续的两次堪察加探险成为可能。以彼得一世为垂范，继任沙皇敕令下的探险规模渐次升级，探险方向从堪察加往南呈扇形扩展到亚洲东北和太平洋方向。随着海军部下达的任务越来越广

---

[1] 彼得一世之后叶卡捷琳娜二世以前的俄国沙皇有叶卡捷琳娜一世（1725—1727）、彼得二世（1727—1730）、安娜女皇（1730—1740）、伊万六世（1740—1741）、伊丽莎白女王（1741—1762）、彼得三世（1761—1762，继位半年被废黜）/叶卡捷琳娜二世（1762—1796）。

[2] 大北方战争（1700—1721），俄国为夺取波罗的海出海口与瑞典王国进行的争霸战争。双方于1721年8月签订《纳斯塔德条约》，芬兰归还瑞典，而瑞属爱沙尼亚、立窝尼亚、因格里亚、凯克斯霍姆和卡累利阿大部割让给俄国。战争使瑞典失去几乎所有海外领地，失去了北欧大国的地位，从此衰落，而俄国则成为东欧强国。

泛，探险队的规模随之亦越来越大。第二次堪察加探险又称"大北方探险"，正是在这次超大规模的探险中，俄国的两个探险小分队分别"发现日本"，使俄国"寻找日本"之旅得到让俄国上层社会包括政府、贵族、商人"欢欣鼓舞"的成果。

第一节　俄国的太平洋探险

俄国从伊凡三世开始对外激进地拓展领土，彼得一世的历史任务就是争取俄国的大国地位。① 恩格斯谈到，彼得一世"第一个充分估计对俄国非常有利的欧洲形势。他……看到、制定并开始实行无论是对瑞典、土耳其、波斯和波兰，还是对德国的俄国政策的基本原则"②。彼得的计划如下。在欧洲方面，北上与瑞典作战，夺取波罗的海沿岸地区，打通由波罗的海通往大西洋的航路；西进取波兰，巩固俄国在东欧的地位，以便向西欧扩张；南下与土耳其作战，占领君士坦丁堡，夺取黑海出海口，打通由黑海通往地中海的海路。这是俄国对外行动的重点。在亚洲方面，南下征服高加索，征伐中亚细亚，进而争夺西亚与印度，打开通向印度洋之路；向东进军中国北部和西北部大片土地，开辟经黑龙江通往太平洋的道路，拓展俄国在远东的影响力。这一"指向全世界"的计划被往后的历代俄国沙皇奉为圭臬，正如恩格斯所评价，彼得是"向自己的继承者指示种种方针的帝王"③。

1725 年，彼得一世去世后，妻子叶卡捷琳娜一世继位，继续执行他的政策和优先事项。1727 年，叶卡捷琳娜一世去世，彼得二世

---

① 林军：《俄罗斯外交史稿》，世界知识出版社 2002 年版，第 31 页。
② [德] 恩格斯：《俄国沙皇政府的对外政策》，载《马克思恩格斯全集》第 22 卷，人民出版社 2016 年版，第 22 页。
③ [德] 恩格斯：《俄国在中亚细亚的进展》，载《马克思恩格斯全集》第 12 卷，人民出版社 2016 年版，第 637 页；参见中国社会科学院近代史研究所编著《沙俄侵华史》第一卷，中国社会科学出版社 2007 年版，第 133 页。

即位，白令指挥第一次堪察加探险。1729年，彼得二世去世，彼得侄女安娜·伊万诺夫娜登上王位，批准并实施由白令领导的第二次堪察加探险。白令指派的分队什潘贝格队伍与瓦尔顿队伍分别抵达日本。

一 第一次堪察加探险

丹麦籍的俄国海军指挥官 B. 白令是一位卓有贡献的航海探险家，其探险活动与俄国的扩张政策紧密联系在一起。他在大北方战争中战功卓著，此后又参加对土耳其的战争，因才能出众、效忠俄国而深受沙皇赏识。

白令于1681年8月5日出生于丹麦的霍森斯，位于日德兰半岛东部，是波罗的海沿岸的一座港口城市。随着丹麦在与瑞典的战争中接连失利，霍森斯逐渐衰败。1696年，15岁的白令第一次出海，在船上当服务生。1703年，他从阿姆斯特丹海军军校学生团毕业后很快加入俄罗斯海军，获得少尉军衔。他曾在荷兰与丹麦商船上工作，到过印度、印度尼西亚、北美洲和加勒比海地区，在船上实地学习过航海、制图与指挥技术。1697年，既是大北方战争开战之前的年份，也是彼得大帝亲率大使团出使欧洲的年份，彼得一世招募挪威人塞勒斯帮助组建一支新的俄国海军。1704年，白令被塞勒斯召入伍，在俄国海军中步步高升。1707年，白令从少尉晋升为中尉，1710年升为上尉，1715年升为四级上尉，1720年升为可担任指挥官的二级上尉。

1710年，他被派遣到亚速海舰队，参加俄土战争中的普鲁特战役。1711年，彼得亲征普鲁特河失败，俄军陷入土耳其与鞑靼军队的包围中。白令驾驶"芒克"号舰船穿过亚速海、黑海、博斯普鲁斯海峡进入地中海，再一路向北到达波罗的海，坚守至战争结束。白令的领导才能、敢于主动冒险的品质对于他即将指挥的两次长久而艰苦的堪察加探险至关重要。

白令在大北方战争中表现出来的突出能力是在后勤保障方面，

即物资的组织和运输，这是他被选中指挥堪察加探险的原因之一。因为大规模的探险在俄国刚刚开始，而且首次就要横跨欧亚大陆、横跨数千里的西伯利亚而到达太平洋。作为俄帝国十大省份之一的西伯利亚不但面积庞大，而且地形复杂。① 有常年刮风的苔原带、广阔的平原，还有多条山脉——乌拉尔山、阿尔泰山、上扬斯克山等。在诸多山脉之间有多条河流，河水从中亚山区向北汇入北冰洋。山脉与河流将西伯利亚纵向切分成若干地区，交通不便、人烟稀少、气候恶劣。经年累月充斥寒冬与大风的苦寒之地，只适合"关押俄国的政治犯和其他流放人员"。白令的这趟行程就是在几个山系、水系之间完成一连串的艰苦运输，不停地翻越高山、蹚过急流。俄国的政治经济中心远在欧洲莫斯科（后来是圣彼得堡），在乌拉尔山脉以东不可能获得的，却是远航探险必要的几乎所有物资，诸如，重达360磅的铁锚、大炮、枪、索具、制作风帆的帆布和造船用的铁、科学仪器等，都需要借助雪橇、马、鹿、人力、驳船的运输才能抵达港口。"白令的队伍就像一条负重爬行的蛇，沿着险峻的山路蜿蜒而上，翻过大山、蹚过急流，下到鄂霍次克。"② 这足见俄国"寻找日本"的决心与"野心"。

1724年的一天，已经重病的彼得一世与海军元帅Φ.T.阿普拉克辛伯爵交谈时，透露出"皇帝的遗愿"——"我很想找到一条穿过北冰洋到达中国和印度的通道……如今国家已无外患，我们应在艺术和科学方面为国争光，寻找这样的一条通道……或许，我们会比多次尝试通过美洲海岸的荷兰和英国要成功"③。所以，根据政府官方说法，探险的目的是明确亚洲与美洲海岸之间去往日本、中国

---

① 参见［加］斯蒂芬·鲍恩《蓝狐之岛：彼得大帝、白令探险队与大北方探险》，龙威译，北京大学出版社2020年版，第29—30页。

② ［加］斯蒂芬·鲍恩：《蓝狐之岛：彼得大帝、白令探险队与大北方探险》，龙威译，北京大学出版社2020年版，第39页。

③ Frank A. Golder, *Russian Expansion on the Pacific*, 1641-1850, p 133. 转引自［加］斯蒂芬·鲍恩《蓝狐之岛：彼得大帝、白令探险队与大北方探险》，龙威译，北京大学出版社2020年版，第21页。

和印度方向的航海路线。12月23日，彼得一世将手写指令交给伯爵。1725年1月6日，彼得一世签署新探险的命令。沙皇建议"在堪察加或其他地方建造一艘或两艘甲板船"；指示"从四个方位调查堪察加附近的这片陆地，它位于北部，在人们的期待中（因为不清楚它尽头在哪儿），它似乎是美洲的一部分"。因此，"要寻找其与美洲接壤的地方……"① 此次探险由不久前刚被解雇的 B. 白令负责，因为彼得认为，"有一个去过北美洲的经验丰富的领航员对探险是必要的"②。同年2月5日，叶卡捷琳娜一世把这份指示下达给白令。俄国太平洋考察之行的这一指令正切合俄国对外经济政策的总体目标，而且更有具体化的特点，当时这个指令通过外国驻俄大使而被西欧国家所知。

但彼得去世③让白令没有得到更详细的说明，即执行任务时应该使用哪种地图——H. 维岑的还是1722年 И. Б. 戈曼的。在戈曼的其中一幅地图中，堪察加以北的陆地没有名称，而在其他欧洲地图中，"日本"这个传说中的国度或被称为北方大陆，或是虾夷——这一称谓同日本北部的虾夷岛（今日北海道）相同。④

前面已经提到，1726年6月，已经身为修士的科济列夫斯基向 B. 白令赠予过《日本国记述》与《堪察加角和海岛图绘》（后世称为《И. П. 科济列夫斯基给 B. 白令的报告》），对探索通往日本的海路提供了实际帮助。《日本国记述》帮助白令了解到更多日本消息。比对不同的地图后，白令后来依照维岑的地图，并参照《堪察加角和海岛图绘》继续探险，向堪察加以北前进， А. И. 奇里科夫

---

① сост. Дивин В. А., Черевко К. Е., Исаенко Г. И., *Русская Тихоокеанская эпопея, Сб. Документов и материалов*, Хабаровское книжное издательство, Хабаровск, 1979 г, С. 140.

② [加] 斯蒂芬·鲍恩：《蓝狐之岛：彼得大帝、白令探险队与大北方探险》，龙威译，北京大学出版社2020年版，第40页。

③ 1725年2月8日，彼得一世在圣彼得堡病逝，享年52岁。1724年他向白令下达探险指令时已重疾在身。

④ Полевой Б. П., *Петр Первый, Николай Витсен и проблема «сошлася ли Америка с Азией»* // Страны и народы Востока. Вып. XVII. М.： Наука, 1975 г, С. 29-31.

与 М. П. 什潘贝格都参与其中。什潘贝格上尉时年 27 岁，比白令小 17 岁，也是丹麦人。"虽没受过高等教育，或者说文化水平不高，却坚毅、果断和顽强。"① 他在俄国海军中已服役多年，曾驾船去过美洲殖民地。奇里科夫时年 22 岁，俄国人，在莫斯科数学学院和圣彼得堡海军学院学习过。奇里科夫在天文学、制图学、航海技能上都有很深的造诣，是探险队完成航海与绘图工作的关键人物。探险队中包括水手、熟练工匠、驯兽师、海军军校学员、木匠、机械师、外科医生、牧师、测量师、军需官、造船工程师和其他工人。②

1727 年，船队从彼得罗巴甫洛夫斯克出发，沿堪察加海岸向北挺进。1728 年 7 月底，"神圣加甫里尔"号通过阿纳德尔河河口。8 月 8 日，探险队遇见一个坐满 8 个人的大皮筏。即使有堪察加当地人充当翻译，白令也未能获知更北或更远地方的地理状况。"他们不知道陆地向东延伸到多远，但后来他们说，从这里往东走不远，如果天气好的话，在陆地上可以看见一个岛。"③ 探险队向北航行至北纬 65°时，面对的却是一片开阔海域。白令首次自西向东通过一个海峡横穿亚洲和美洲，发现拉特马诺夫岛。这个海峡后来被库克船长命名为白令海峡，但白令寻找堪察加以东陆地的努力仍以失败告终。从白令海峡向东望去，大海汪洋一片，白令因此确信北美洲和亚洲之间确实是被水隔开的。由于那天大雾弥漫，白令没有看到对面的北美洲，因此他也不知道探险队正位于一个狭窄海峡中。这个海峡最窄处只有 35 公里，如果天气晴朗，两岸可以相望。但令人遗憾的是，白令这次没能发现近在咫尺的美洲大陆。大雾使探险队被迫返航。9 月 2 日，经历数天恶劣天气后，"神圣加甫里尔"号驶入堪察加河口。白令想要往南走，沿着堪察加半岛航行，看看这块陆

---

① ［加］斯蒂芬·鲍恩：《蓝狐之岛：彼得大帝、白令探险队与大北方探险》，龙威译，北京大学出版社 2020 年版，第 33 页。
② ［加］斯蒂芬·鲍恩：《蓝狐之岛：彼得大帝、白令探险队与大北方探险》，龙威译，北京大学出版社 2020 年版，第 34 页。
③ ［加］斯蒂芬·鲍恩：《蓝狐之岛：彼得大帝、白令探险队与大北方探险》，龙威译，北京大学出版社 2020 年版，第 48 页。

地向南延伸到多远，船能否直接航行到鄂霍次克。那样的话，探险队就不必翻越堪察加岛上的山区。趁着在岛上过冬，白令向那些在堪察加岛上生活多年的俄国人了解情况时，俄国人"眉飞色舞地讲述神秘东方的荒诞传说，那里有森林和大河，人用大皮筏子，与堪察加这边用的差不多"①。这些描述都使白令浮想联翩。

1729年7月24日，白令与大部分人都回到鄂霍次克。1730年1月11日，到达托博尔斯克。3月28日，回到圣彼得堡。白令、奇里科夫、什潘贝格都获得升职及奖励。首份关于此次探险成果的出版物、1730年3月的《圣彼得堡公报》提到，白令到达北纬67°19′，"当时他发现东北边那里一定有路可走，只要北国结的冰不妨碍通航，完全可以走水路到堪察加再到日本、汉国（中国——作者注）和印度岛"。②

在彼得一世统治后期，由于西伯利亚皮毛资源被开采殆尽，俄国与欧洲贸易下滑。清朝"大清皇帝柔远至意，岂有交易之理"，拒绝让俄国穿过黑龙江走向太平洋。面对贸易上的障碍与俄国的政治利益，彼得把目光投向更远且未知的西伯利亚东部地区。"英国人、法国人、西班牙人或荷兰人染指北太平洋只是个时间问题，他们已然走遍世界上的其他地方。彼得一世想把这份荣耀留给俄国。"为俄国效命的白令"对自己肩负的责任看得很明白，要为俄国未来在太平洋的存在铺平道路"。虽然第一次堪察加探险并未如彼得一世所愿，"船上没有人看见阿拉斯加海岸线"，但客观上还是给俄帝国带来部分政治利益。

探险队在堪察加半岛东部前进200多公里，测绘包括楚科奇地

---

① [加] 斯蒂芬·鲍恩：《蓝狐之岛：彼得大帝、白令探险队与大北方探险》，龙威译，北京大学出版社2020年版，第51页。

② Санкт-Петербургские ведомости. 1730. 16 марта. С. 28.《圣彼得堡公报》（*С.-Петербургскıя Вѣдомости*）是彼得一世创办的俄国第一张报纸，在当时颇为流行，28年后的1756年才有《莫斯科公报》（*Московских ведомостей*）。报纸于1728—1914年名为《圣彼得堡公报》，1914—1917年改名为《彼得格勒公报》（*Петроградскıя Вѣдомости*），1917—1991年再次命名为《列宁格勒真理报》（*Ленинградская правда*）。

区在内的3500公里的海岸线，使欧洲制图学家对"最后一片地理真空"有了新的认知——亚洲与美洲并不相连。彼得一世谋划的是一个远达太平洋的俄帝国，而从欧洲政治中心到太平洋的大片荒野是主要障碍。白令探险队完成的一个主要任务就是绘制出一张从托博尔斯克到鄂霍次克的路线图，细化从鄂霍次克到堪察加半岛的海上航线，然后绘制一张从北边的太平洋沿岸到北冰洋的海图。后面的探险队就能沿着第一次探险的路线，所经过的大片领土将更加牢固地被俄帝国控制。

然而，海军部的部分官员不认同白令的探险成果，质问白令为什么不继续航行去寻找亚洲与美洲之间的陆桥。俄国科学院的部分学者也认为，堪察加半岛外围应该存在一片陆地，以此贬低白令的成就。因此，白令再次向俄国政府提交探航申请。

二 А.Ф.舍斯塔科夫远征

А.Ф.舍斯塔科夫远征同样为俄国"寻找日本"提供了有价值的信息。

1724年秋（9月后），雅库茨克哥萨克首领舍斯塔科夫带着有关堪察加、千岛群岛和日本的地图先后来到圣彼得堡和喀琅施塔得。在呈报给沙皇的禀帖中，他提议再组织一次考察，"挑选"这一地区的新疆土，并表达"想为新疆土阿纳德尔、堪察加和海岛服务的愿望"①。

这张地图是以科济列夫斯基的资料和对当地人的询问调查为基础绘制的。图上并没有出现北方大陆的同义词——传说中的虾夷。这使得太平洋西北区的研究者们在日本和千岛群岛相对于堪察加、北美以及与北美接壤的太平洋岛屿所处的地理位置的问题上仍然迷惑不解。

---

① РГАДА. Ф. 248. Ед. хр. 690. Ч. 240. об. Цит. по： Гольденберг Л. А, *Карта Шестакова 1724 г.* // Использование старых карт в географических и исторических исследованиях. М.： МФГО，1980 г. С. 137.

这张图下方的切口处画着本州岛（日本）和一些城市，即伊势、仙台、盛冈、津轻和熊野市，以及首都江户，江户的"皇帝"在他们的语言里被称为公方殿下。接下来，由南往北依次是北海道岛、国后岛、择捉岛、得抚岛，再到堪察加南端的占守岛。地图还附带如下说明文字："得抚岛上生活着各种各样的动物，居民航行去国后岛。择捉岛人口非常稠密……人们与堪察加做买卖……从北海道乘船至国后岛，能用各式的商品货物，如布匹、锅炉、紫貂皮、狐狸皮，换来鹰和羽毛。"① 日本主岛上的重金属矿山是一个很重要的信息，它在科济列夫斯基的图绘中位于千岛群岛"第六"岛（Райкок）。② 日本历史学家秋月俊幸认为，舍斯塔科夫的地图几乎完全恢复曾经丢失过的科济列夫斯基的"海岛"图绘的原貌。③ 这个观点得到俄日两国学界的基本认可。

舍斯塔科夫提出的远东探险与绘制的地图引起政府高层与显贵的注意，俄国参政院秘书长 И. К. 基里洛夫尤其支持舍斯塔科夫，"他要带回来的只有一条消息，就是有没有与美洲接壤。至于此行真正的兴趣点在哪儿，无可想象。有时他也在努力探索以何种方式寻找新疆土和探寻其他有利情报，他将会为此激动"④。

1727 年 1 月 18 日，参政院在呈给叶卡捷琳娜一世报告中的第三点（尤其是探险的"原因"）提到，"目的是了解东部海域的水路，将来与日本或中韩进行贸易，因为堪察加和乌第湾、拉马河沿岸间的海水较暖，不结冰"⑤。以上面的"报告"为基础，参政院在 3 月 23 日俄国枢密院改革之后提出组织新考察的指令。新考察和第一次

---

① Знаменский С. В., *В поисках Японии. Из истории русских географических открытий и мореходства в Тихом океане*, Книжное дело, Благовещенск, 1929 г., С. 78.

② Дивин В. А., Черевко К. Е., Исаенко Г. Н., *Русская тихоокеанская эпопея.*, Книжное издательство, Хабаровск, 1979 г., С. 452.

③ 秋月俊幸：『千島列島をめぐる日本とロシア』、北海道大学出版会 2014 年版，第 32 頁。

④ Андреев А. И., Экспедиции В. Берлинга // Известия Всесоюзного геогрфического общества. Вып. 2. Л.：Наука, Ленинградское отделение, 1943 г. С. 35.

⑤ РГАДА. Ф. 248., Ед. хр. 666., Л. 7.

白令的考察相比，面对的任务更加广泛。从结果来看，白令与舍斯塔科夫的考察也并不是重复作业，而是相互补充。

前期准备和审批花费近两年时间，舍斯塔科夫带领 150 多人的考察队于 1729 年从鄂霍次克出发向北前往堪察加。他们驾船到达乌第河口外的尚塔尔群岛。① 舍斯塔科夫在柏林河畔被楚科奇人当场击毙，俄军的大量武器、旗帜被楚科奇人缴获。1731 年，沙皇诏令少校 Д. И. 帕夫鲁茨基带领 215 名俄军（其中有 А. Ф. 舍斯塔科夫之子）和 200 多名土著居民顺着阿纳德尔河而下，穿过别拉亚河和山谷冻土带向楚科奇海沿岸前进。同年，帕夫鲁茨基抵达千岛北部，把来自占守岛、幌筵岛、温祢古丹岛的居民都纳入管辖之下，"还包括一个不知名岛"。②

在舍斯塔科夫探险中，当地居民楚科奇人同"入侵者"俄国哥萨克激烈斗争。亚洲大陆东北部的大量海象如同北美大陆上的美洲野牛一样，同时也是楚科奇人的主要食物来源之一。俄国人在大规模猎杀海象的同时理所当然遭到楚科奇人的顽强抵抗。在征服西伯利亚时，俄国借助火器优势降服许多游牧民族和渔猎民族。在楚科奇人面前，俄国也试图运用之前在西伯利亚对付渔猎民族的办法。

在与楚科奇人的第三次交锋中，俄军击杀四百余名楚科奇人。帕夫鲁茨基因"令人满意的战果"被提拔为新一任雅库茨克军政长官。1731 年 7 月 22 日，作为此次"有成效"的考察结果，在有关千岛征税规则的"书面命令"中提到有四个岛屿被命名。③ 1733 年，参议院秘书长 И. К. 基里洛夫在给政府的记录中写道，

---

① Ефимов А. В., *Из истории великих русских географических открытий в Северном Ледовитом и Тихом океанах. XVII － первая половина XVIII в.*，М.：Географгиз，1950 г.，С. 117.

② Сгибнев А. С.，*Материалы для истории Камчатки. Экспедиция Шестакова //* Морской сборник. Т. 100. СПб.，1869 г. № 2，С. 18.

③ Полевой Б. П.，*Первооткрыватели Курильчких островов.* Дальневосточное книжное издательство，Сахалинское отделение. Южно-Сахалинск，1982 г. С. 45.

"往南到日本的所有岛屿实际上都处于无人管辖的状态,其中四个岛被纳入统治,同样,在虾夷岛和得抚岛上,应该讨论让其都不错过俄国管辖,至少也是今后不减少帮助"①。"不错过"实际上隐约体现出沙皇的"占据"之心,占领千岛群岛,就可以"帮助"俄国对日本基地的控制,"帮助"俄国巩固远东和太平洋地区的统治。

虽然遭遇楚科奇人英勇抵抗,但俄国的"勘察"与"探险"并未结束,俄国跨过大海,计划继续向南方和美洲行进。

第二节 日本漂流民广藏与佐藏

在18世纪20年代下半叶和30年代,由于争权夺利以及外国人强势介入国家管理,俄国国际影响力与彼得一世统治时期的最后十年相比已急剧下降,武装力量尤其是太平洋舰队力量异常微弱。国内外总体形势对舰队发展的质量和速度提出更高要求。向外寻求贸易机会、尽快争取远东地区保障对太平洋舰队的补给成为此时愈益急迫之需求。漂流民广藏与佐藏的到来为俄国进一步南下探险带来一线曙光。

继传兵卫与萨里曼之后,俄方史籍可考的第三批漂流民是广藏与佐藏。

1728年,载有纸张、丝绸、大米的日本货船由萨摩藩出发至大阪,船上货物由岛津继丰供给大阪的固定客户,包括政府的一些公职人员。② 次年6月,船只遇险漂至卡扎奇亚河口,靠岸后日本人

---

① Ефимов А. В., *Из истории великих русских географических открытий в Северном Ледовитом и Тихом океанах. XVII-первая половина XVIII в.*, Москва.: Географгиз, 1950 г, С. 129.

② Петрова О. П., *Сведения о Японии, полученные от японцев в петровское время* // Страны и народы Востока. Вып. XVII. Кн. 3. М.: Федеральное государственное бюджетное учреждение науки Институт восточных рукописей РАН, 1975 г, С. 16.

在帐篷里住了 23 天。被堪察加人发现后，"日本人很高兴，把衣物和武器赠给他们"①。两天后，日本人从原地登船离开。令人感到意外的是，"行使 30 俄里后被小船追捕"，堪察加人用箭、矛和日本人赠予的宝剑杀死这些日本人。俄国人为拿走铁器而毁坏大船。一番械斗之后，17 名船员中侥幸活下来的只有萨摩藩大商人之子偨藏和日本航海员的儿子广藏，后者还是小孩子，手臂受了伤。

俄国军官 В. А. 舍斯塔科夫（上文提到的 А. Ф. 舍斯塔科夫之子）到堪察加半年之后见到广藏与偨藏，用公家经费带回阿纳德尔堡寨，移交给航海员 Я. Я. 根斯。当初下令追捕日本船只的 А. 什季尼科夫因"远东恶行"入狱后被处死。1731 年，两个日本人被送到雅库茨克，而后按军政长官 А. П. 普列谢耶夫之命被带到托博尔斯克。1733 年，根据俄国枢密官、著名社会活动家 М. Г. 戈洛夫金口令，两个日本人被带至圣彼得堡。②在夏宫，女皇安娜详细询问两人的遭遇和日本的情况，当时广藏已经能讲一口流利的俄语。③1734 年，安娜女皇下令为两人施洗、随教父姓氏，并命其在东正教修士祭司 Л. 卡纳舍维奇和 В. 斯卡莫尼茨基处学习，广藏改名杰米杨·波莫尔采夫·费多洛维奇，偨藏改名科西马·舒尔茨·伊万诺维奇。次年，17 岁的广藏开始在亚历山大德罗-涅瓦大教堂学习，偨藏因为俄语掌握得还不够好，仍留在参政院。在两人结束修士祭司的课程后，安娜女皇接受戈洛夫金"合理利用日本人优势"的建议，将"向俄罗斯科学院输送日语翻译"的提议以立法形式确定下来。自 1735 年 11 月始，广藏与偨藏被纳入科学院编制，每日领取 10 戈比薪资。与上文提及的《传兵卫见闻录》一致的是，这两位科

---

① Петрова О. П., *Сведения о Японии, полученные от японцев в петровское время* // Страны и народы Востока. Вып. XVII. Кн. 3. М.：Федеральное государственное бюджетное учреждение науки Институт восточных рукописей РАН, 1975 г, С. 167.

② Санкт-Петербургское отделение Архива РАН. Разряд II. Оп. 1. Ед. хр. 206. Л. 82-84 об. （Санкт-Петербургское отделение Архива РАН：俄罗斯科学院档案馆圣彼得堡分馆。）

③ Крашенинников С. П., *Описание земли Камчатки*. 2-е изд. кадемия наук., М., 1949 г., С. 165.

学院新员工对自身遭遇的"陈述"被记载于《关于曾在圣彼得堡科学院工作的日本国两人简报》里（无日期和作者）。①

在戈洛夫金的安排下，广藏与倧藏一直合住，便于练习日俄双语交流。随后，两个日本人接到命令，要从变故发生时的船上挑拣出的"不少东西"中找到日语书，翻译成俄语。命令还提到，选出两个"聪明伶俐"的平民士兵做日本人的学生，给日本人增加每日5戈比津贴，并继续向修士学习教规。② 这明显是考虑到了"白令或其他6人为寻找海路可能抵达过日本，还和日本人做了买卖"的现实语言需求。将从日本国带过来的书籍翻译成俄语，显而易见，就是方便用来培养"急需"的日语专家。这一时期，"彼得一世想与日本建立商贸和政治往来的意图在18世纪第二个25年里，由他的继承人发扬光大"③。"在我们这儿，日语比之前其他东方语种更加幸运。征服堪察加保障了同日本重要商贸关系的建立，彼得大帝也将注意力放在这个国家身上。此时皇帝考虑的是打好和日本稳定贸易的根基，放宽对商人以及同日本有联系的学者的限制，培养本国的日语通。"④

俄国政府的诸多日本法令均受到白令影响。1731年年初，白令建议："……如果抓住机会，和日本人做买卖，日后对帝国好处定不小。"⑤ 1731年7月30日，参政院指令道："找到航行中被毁掉的日本船只，友好地给予各种援助，可以的话，把获救者或他们的船只用自己的船送回日本海岸边，或者放他们去岸边，用我们的友谊

---

① Санкт‑Петербургское отделение Архива РАН. Разряд Ⅱ. Оп. 1., Ед. хр. 206., Л. 11–12.

② РГАДА. Ф. 248., Оп. 4., Ед. хр. 164., Л. 1111.

③ Черевко К. Е., *Россия на рубежах Японии, Китая и США* (2‑я половина ⅩⅦ‑начало ⅩⅪ века., М.: Институт русской цивилизации, 2010 г, С. 133.

④ Пекарский П., *Материалы для истории Академии наук. Т. Ⅲ.*, СПБ., 1886 г., С. 157.

⑤ Федорова Т. С., Глазунова Л. В., Федорова Г. Н., *Русские экспедиции по изучению северо‑западной части Тихого океана в первой половине ⅩⅧ в.*, Книжное издательство, Хабаровск, 1978 г, С. 97.

战胜他们亚洲素来的人烟荒芜，去的人越多，就越可能获得更多消息。"① 不难理解的是，只有日本人或者会日语的俄国人才能"满足当地习俗"，加速培养日语翻译成为此时的要务之一。

与此同时，参政院坚决反对白令"在航行中因为缺少船只而取用日本人的船"②的提议，并下令，在此种情况之下，绝对不能对船表现出任何怨怒，更不能对岸上的人如此。③ 次年2月28日，这一条例被写入白令探险队分队 М. П. 什潘贝格和 В. 瓦尔顿船队的指令中："若发现日本土地，对其进行观察"，"遇到当地居民时，不得向任何人发起攻击或示以敌意"，"在必要情况下，与日本互换礼物"。④ 1738—1739年，当什潘贝格和瓦尔顿分别发现日本岛时，完全遵照参政院的法令，不仅没与岛上居民产生任何冲突，而且还与之进行了以物易物的和平交易。

从对白令的指令可以看出，在对日政策上，俄国采取了一种谨慎与和平友好的方针，试图与之建立经济互惠（通商）关系，而这个政策务必以保证国家安全为前提。俄国之所以执行谨慎与和平友好的方针，除应对欧洲征战而力有不逮、自身国力虚弱外，与漂流民带来的日本消息同样有着密切关系。《关于曾在圣彼得堡科学院工作的日本国两人简报》里提到，"北海道的居民都随身携带枪支以预防危险，城内有大炮和各种枪支、舰艇等武器装备"。我们完全有理由相信，正是由于接触到日本军事情报，俄国才制定出如此谨慎小心的外交政策——不使用武力，而是以"亲切态度"和"稳健步伐"谋求与之通商。这表明俄国将日本视为一个具有较高发展水平、国力并不弱小的国家，而不敢贸然使用武力。

---

① Дивин В. А., Черевко К. Е., Исаенко Г. Н., *Русская тихоокеанская эпопея*., Книжное издательство, Хабаровск, 1979 г., С. 179.
② ПСЗРИ, т. Ⅷ, No. 6042. (ПСЗРИ：Полное собрание законов Российской империи. 俄帝国法律全集。) 参见 РГАВМФ, Ф. 216, оп. 1, д. 27, л. 21-30.
③ ПСЗРИ, т. Ⅷ, No. 6042.
④ ПСЗРИ, т. Ⅷ, No. 6291. 参见 РГАВМФ, Ф. 216, оп. 1, д. 27, л. 109-114.

第三章　俄国发现日本

1736年6月25日，枢密官、地测专家 С. И. 舒尔茨拒绝用两名日本人充当参政院的翻译，而是挑选出日纳内金与费涅夫两位平民士兵作日语学校学生。① 为保证日语教学的顺利进行，科学院院长 И. А. 科尔夫于7月26日签署第126号命令："把日本人和平民士兵一起送到 А. И. 波格丹诺夫处，后者负责供给他们的生活，教日本人俄语，检查平民士兵所学的日语。这样才能使得日本人学俄语、士兵们学日语时都全力投入。至于学俄语和其他方言时需要用什么书，要向雅库茨克衙门提交报告……为了让他们信奉东正教观念和训示，修士们得常去他们所在的武备学校。"② 由此可以看出，在对日政策上，俄国试图利用漂流民与日本建立经济互惠关系，但这个任务必须同保证俄国国家安全相联系。

1736年10月18日，43岁的倧藏去世。广藏去世时是1739年12月15日，时年21岁。从1736—1739年的三年半内，俄国科学院图书馆助理馆员波格丹诺夫在广藏的协助下为日语教学主持编写了几本日语学习教材。其中一本教材上（有关日语语法）题字称："本书完成于1736年，日本人编写， А. И. 波格丹诺夫督审。"③ 另一本则写道："简明语法。日语人名变格……日本人编写，日本人的俄语教师 А. И. 波格丹诺夫监督。1738年。"④ 在《日俄口语》一书中，写的是"1739年，日本人翻译， А. И. 波格丹诺夫督审"⑤。

广藏11岁离开家乡，在俄语方面展现出惊人的才能，俄国政府也发现了这一点。为感谢广藏在日语教学与俄日双语教材上的突出

---

① Санкт-Петербургское отделение Архива РАН. Разряд Ⅱ., Оп. 1. Ед. хр. 206. Л. 11-12.
② Пекарский П., *Материалы для истории Академии наук*. Т. Ⅲ., СПБ., 1886 г., С. 100.
③ Санкт-Петербургское отделение Архива РАН. Разряд Ⅰ., Оп. 4., Ед. хр. 15., Л. 1313.
④ Санкт-Петербургское отделение Архива РАН. Разряд Ⅰ., Оп. 4., Ед. хр. 18., Л. 1321.
⑤ Санкт-Петербургское отделение Архива РАН. Разряд Ⅰ., Оп. 4., Ед. хр. 12., Л. 1322.

贡献，俄国科学院特意发放十卢布丧葬费安葬广藏，由 А. И. 波格丹诺夫签字记账后寄予商贸委员会。① 女皇安娜对广藏表现出极大尊重，她吩咐"画下这位已逝日本人的肖像，如同在《关于这些莫名现身俄罗斯帝国的日本人的简短消息》中的那样，按照他的形象复制出石膏像，收入皇家珍品陈列馆"，"他的遗体按基督教习俗葬在位于海军大厦方向的圣母升天教堂"。② 广藏去世前不久的1739年7月18日，俄国颁布有关日语教学的法令，仿照迄今为止的培养方式专门教授人员日语。③ 8月24日，科学院"在 А. И. 波格丹诺夫的监督下"，又接收三名学生——平民士兵 Д. 捷连季耶夫、М. 涅波罗日尼和 В. 克拉斯内，学生总数由两个达到五个。④ 这就是俄国的首批日本学家，也是掌握日语的外交储备人员，在丰富俄国与日本文化交流内容的同时为俄国的继续"南进"扫除语言上的障碍。

纵观彼得一世至安娜女皇时代的俄国对日政策，俄国几乎都是以和平友好的方式寻求与日本建立贸易关系，甚至在1854年前后两国订立条约期间，俄国也未过分使用武力。

在与东方国家的早期交涉中，采用和平手段缓慢推进是一个显著特点。对拜占庭遗产的继承、地跨欧亚大陆的地缘格局，使俄国外交传统具备并保持了东西方双重特质。在西方是武力攻伐，在东方的日本、中国等地区则是"和平友好"原则，一如参政院下达给白令探险队的和平指令。鉴于俄国政治中心远在欧洲，远东力量虚弱，严寒而漫长的西伯利亚使俄国军事力量难以企及远东基地。因此，在整合边疆战略资源、弥补自身短板的西伯利亚大铁路修筑之前，俄国在远东始终无法也不敢有大规模、高强度的军事冒险行

---

① Материалч для истории Академии наук., СПБ., 1886. Т. Ⅳ., С. 271.
② Санкт-Петербургское отделение Архива РАН. Разряд Ⅱ. Оп. 1. Ед. хр. 206. Л. 87.
③ Иванов П., *Распоряжение Петра Великого для обучения японскому языку* // Вести императ. геогр. об-ва. 1853 г. Кн. Ⅲ. Отд. Ⅷ. С. 4-5.
④ Петрова О. П., *Японский язык в России в первой половине ⅩⅧ в. (по архивным материалам)* // Народы Азии и Африки., М.: наука., 1965 г, С. 177.

动，只能是通过贸易通商、派遣使团等温和手段推进向东的扩张计划。远道而来的漂流民提供的"日本国情"使安娜女皇贯彻了彼得一世开创的对日"和平友好"的通商之策，并将其更加明确与具体化。女皇对广藏与倧藏的救助优待，对广藏的格外尊重，实质是维护俄国国家利益、保障远东安全的利益需求，俄国的扩张目标借助漂流民这个利益工具正在一步步实现。

第三节 白令第二次探险

白令提议组织第二次探险后的12月4日，他被委派执行参政院指令，收集有关在堪察加和雅库茨克执行探险准备工作的相关进展。① 他做出回应并提出自己的建议，"……如果抓住机会与日本人做买卖，日后对俄罗斯帝国好处肯定不小"②。

这个"对日设想"对彼得一世的支持者、前任参政院厅务总监 Г. Г. 斯科尔尼亚科夫－皮萨列夫少将（1686—1747）的思想产生过重要影响。1731年5月10日，皮萨列夫被任命为鄂霍次克港口负责人，他引用白令的"设想"重新提到，"白令船长下令，当日本人靠岸时去找他们。如果找到他们就带来，别惹怒他们，带他们去从前的住所，称一切皆出于友谊，寻找自由贸易的途径。还要观察各岛屿住着什么样的人，有多富足，了解一切好的规矩制度。为此，可以派给船上应有的人，为了解当地习俗做好准备"③。7月30日，参政院再次下达相关指令："如果……在去往日本岛或土地时发现日本国王或其他亚洲统治者统治下的土地，就观察当地居民举止是否

---

① Андреев А. И., Экспедиции В. беринга // Известия Всесоюзного геогрфического общества. Т. 75. Вып. 2., Л.：издательство АН СССР, 1943 г., С. 12.

② Федорова Т. С., Глазунова Л. В., Федорова Г. Н., *Русские экспедиции по изучению северо-западной части Тихого океана в первой половине XVIII в.*, Книжное издательство, Хабаровск, 1978 г., С. 97.

③ Дивин В. А., Черевко К. Е., Исаенко Г. Н., *Русская тихоокеанская эпопея.*, Книжное издательство, Хабаровск, 1979 г., С. 160.

友善……同时，探访他们的生活状况和其他能问的，不要表现出对他们的攻击和不友好，到那里后，沿途直到日本海岸，弄清楚疆土管辖的问题及能否平安通过港口"①，"把遭遇海难的日本人随行带走，在岸边先解释为什么要带流落我国海岸的人到此，他们接受了再做"②。"如果拒绝，就告诉他们在海上会陷入死亡边缘……此时再把他们放到岸边，让他们回自己的所在地。"③

1732年5月，俄罗斯参政院下令为白令的新考察"建造船只，探索美洲和堪察加之间的新疆土、从堪察加海角起延伸至日本的岛屿，以及独立的尚塔尔群岛"，"在已发现的疆土中则重点关注怎么做买卖以及哪儿不受管制、不征税"，"与外国人交往时保持高度警惕，不要告诉他们通往堪察加海岸的路线，使他们在当地人烟稀少的地方没法占据所需的港湾"。④

由这份命令可以看出，在对日政策上，俄国试图与日本建立经济互惠关系，但这个任务必须同保证俄国国家安全相联系。12月，参政院正式批准白令要求的探险计划。这次探险活动需要再一次横跨欧亚大陆，探险队由上千人组成，分为八个小分队，前后持续十年之久（1733—1743），是18世纪规模最大的一次探险活动，史称"第二次堪察加探险"或"北方大探险"。

白令最初的提议是一次规模适中的探险，对第一次探险中无法确定的结论做进一步探索。但海军部对第二次探险的最高旨意却是"向欧洲展示俄国的实力和先进"，所以"计划逐步细化，任务范围越来越大"。白令接到的命令包括安排俄国人在鄂霍次克定居；

---

① Дивин В. А., Черевко К. Е., Исаенко Г. Н., *Русская тихоокеанская эпопея*., Книжное издательство, Хабаровск, 1979 г., С. 128.

② Дивин В. А., Черевко К. Е., Исаенко Г. Н., *Русская тихоокеанская эпопея*., Книжное издательство, Хабаровск, 1979 г., С. 127.

③ Дивин В. А., Черевко К. Е., Исаенко Г. Н., *Русская тихоокеанская эпопея*., Книжное издательство, Хабаровск, 1979 г., С. 129.

④ Федорова Т. С., Глазунова Л. В., Федорова Г. Н., *Русские экспедиции по изучению северо-западной части Тихого океана в первой половине* XVIII *в.*, Книжное издательство, Хабаровск, 1978 г., С. 111-112.

在太平洋沿岸引进并蓄养牲畜；在偏远的前哨基地建立小学和航海学校；为深水船修建船坞；在西伯利亚确定天文位置，以便将来绘制地图；开办矿山、冶炼矿石……①可见，这是一次规模庞大、服务于帝国利益的科学探索，根本不是纯粹的科学研究。组织这样的远航，一是可以培养年轻的俄国海员，为在太平洋地区建立新殖民地提供强有力的海军支撑；二是新建立的海军基地和要塞，可以保护俄国即将与日本建立的贸易关系；三是把牲畜、农业等基础产业引进西伯利亚、堪察加地区，稳固遥远的沙皇政府对边疆的统治——参政院还要求白令在西伯利亚建立邮局系统；四是抢在英国之前经略太平洋，增加与英国争夺近东的筹码。通过这次探险，俄国希望确定北极海岸是否可以成为欧洲商人前往亚洲市场的海上通道。几个世纪以来，英国与荷兰的商业冒险家就曾多次尝试走北极的东北航道，均以失败、遇难告终。探索北极航道应该是这次大北方探险的终极目标。

白令除前往美洲外，需要"另造三艘船，对千岛群岛、日本和东亚的其他地区进行勘察"，因为安娜女皇特别要求白令组建一支"分队"专门执行"日本探航"任务。

经过长达五年的准备工作后，专门用于日本航行的三艘船"大天使米哈伊尔"号、"希望"号、"神圣加甫里尔"号建成。1738年6月，小分队在鄂霍次克做好出海准备。什潘贝格指挥"大天使米哈伊尔"号，B. 瓦尔顿指挥"希望"号，"神圣加甫里尔"号则由海军少尉什赫利特科指挥。②

6月18日清晨5时许，船队出发。7月4日，船队到达大列茨克。7月24日，"大天使米哈伊尔"号行至北纬45°（择捉岛）时，船上只剩下5桶淡水。瓦尔顿则乘"希望"号到达北纬43°19′（北

---

① 参见［加］斯蒂芬·鲍恩《蓝狐之岛：彼得大帝、白令探险队与大北方探险》，龙威译，北京大学出版社2020年版，第110—113页。
② ЦГАВМФ, ф.216, оп.1, д.96, л.166-168.

海道岛），考察研究北海道海岸。① 但考察队由于遭遇暴风雨都没有到达日本国都城，而且彼此间失去联系，他们分别决定停止考察，返回出发港口。8月6日，"神圣加甫里尔"号最先返回大列茨克河；8月18日，"大天使米哈伊尔"号返回；8月24日，"希望"号返回。船队集结于大列茨克后在此越冬。1738年远航虽未能完成探索日本航线的任务，但因途经千岛群岛部分岛屿，也获取了部分相关地理信息。

1739年，"大列茨克"号加入日本航行队伍，四艘帆船于3月21日再出发。这次船员配额稍微有些调整，"大天使米哈伊尔"号仍由什潘贝格指挥，"大列茨克"号由军需官 B. 艾尔特指挥，瓦尔顿指挥"神圣加甫里尔"号。② 正是在这次重新出发的航行中，什潘贝格与瓦尔顿几乎同时分别"发现"了日本。

一 М.П. 什潘贝格发现日本

船队在堪察加过冬之后，于1739年3月21日从大列茨克河口再度出发。这一次，天气对航海非常有利。

6月15日，瓦尔顿在北纬39°29′处落后于其他船只。

6月16日，什潘贝格带领的"大天使米哈伊尔"号双桅帆船上的俄国水手们（大概在北纬39°）"首次见到日本大陆"——本州岛的东北岸（现在的岩手县）附近。③

6月17日，为了解岸边状态、海水深度和海岸地质，什潘贝格派出由艾尔特驾驶的单桅帆船"大列茨克"号靠近岸边。艾尔特一直行驶到距离日本陆地大约2俄里的地方，但并未上岸。艾尔特看

---

① Покровский А. А., *Экспедиция Беринга: сборник документов*, М.: Главное архивное управление НКВД СССР, 1941 г., С. 177.

② Черевко Кирилл., *Россия на рубежах Японии, Китая и США (2-я половина XVII-начало XXI века)*, М.: Институт русской цивилизации, 2010 г., С. 199.

③ Вахтенный журнал М. П. Шпанберга, РГАВМФ. Ф. 913. Оп. 1. Д. 38. Л. 182. Цит. по: Федорова Т. С. и др. *Русские экспедиции по изучению северной части Тихого океана в первой половине XVIII в. сборник документов.*, М.: Наука, 1989 г., С. 172.

到岸上有好多人（日本人——作者注），附近有小船在扬帆前进。①

6月18日，"大天使米哈伊尔"号与"希望"号在北纬38°52′处抛锚，水手们"在靠近大陆西面的不同地方看到扬着帆的小船或日本船，其他船停泊着……其中有四处，看到住所，住所附近很明显种着谷物，叫什么就不知道了，"——什潘贝格在值班日志中写道。"6点钟开始，有两艘小船驶向我们……一艘船上有12人，另一艘有7人。他们并未到我们这里来，在距离大约40沙绳②的位置将船停下来。"③ 这发生在淡路岛东北部，宫城县附近的田代湾处。俄国人打手势邀请日本人上船，但日本人却返回岸边。因为大风原因，"千岛语翻译"没法听到他们说什么。在彼此"以目光交换过问候"后，日本人回到岸边——距离俄船仅一俄里处。

6月21日傍晚，俄船往南行进，途经田津和伊佐两个渔村来到北纬37°30′处，接着向北返回，往田代岛而去。在北纬38°15′处，船队遇到日本渔民。渔民"出海捕鱼时乘船航行到一片开阔海域，田代岛……当他决定原路返回时，一艘巨大的船扬着帆朝他驶来。他以为这船是运送种子的，靠近后立马明白，这是一艘来自国外的船。他看到船上的人在吃东西，因为自己也很饿，就用手势向他们请求要点吃的。他们把正在吃的面包给了他。当时他以为，他们似乎在找他要烟草，所以他把装着烟叶的烟口袋给了他们。于是他们又给他扑克牌——梅花A。朝船里望进去，他看到那儿有40个～50个高高的人。因为当时天渐渐黑下来，所以这位渔夫就返回岸边"④。

6月22日早，"大天使米哈伊尔"号在田代岛海湾处一片海域抛锚。上午，船队遇到航程途中第二个渔民，俄国水手们打手势邀请他上船。这个日本人赠送给水手们14条海鳊和海鲽，为此水手们答

---

① Покровский А. А., *Экспедиция Беринга: сборник документов*, М.: Главное архивное управление НКВД СССР, 1941 г., С. 471.
② 俄制长度单位，1俄里=500沙绳≈1.0668公里。
③ Вахтенный журнал М. П. Шпанберга, РГАВМФ. Ф. 913. Оп. 1. Д. 38. Л. 183.
④ 冈本监辅：『俄日关系史中的北海道』、1898年版、第47页。

谢给他5个银币和印有俄语字母的珍贵头巾。在此之后，俄国人的帆船被许多日本船只包围，大家都争相带来各种商品。日本人"很愿意和我们做买卖，换取呢子、珠串和其他物品，他们用形状为平行四边形或四边形的金币付钱，重量是俄国金币的7/10，纯金的"①。在"大天使米哈伊尔"号这一天的值班日志中，什潘贝格写道："两点钟，我们面前出现海湾……抛锚停泊下来。半夜5点时，日本人乘着小渔船向我们靠近，停在我们船边，我们放渔船上的几个日本人到船上来。这些日本人带来鲽鱼和其他我们在欧洲和亚洲都未曾见过的各种鱼类，还有稻米、烟草、烟叶、大张纸片、黄瓜和别的东西，所有商品中有一部分用来做交易"②，"日本人看到我们对他们友好的欢迎后，又有一些人坐船从岸边来找我们。我们这儿来了许多日本居民，他们用船只带来很多东西，如稻谷、腌黄瓜、又大又新鲜的四季萝卜、烟叶、大张纸片、其他蔬菜和别的东西。这些东西我们都是十分需要的。为此我们用全部善意和友好接待他们，赠送礼物，他们每个人都非常礼貌地接受我们的款待和礼物，接受时还将双手放在胸口处。尽管我们的翻译无法和日本人交流，但是见此情形也非常满意，并承认，日本人非常讲礼貌。他们中一些人的船上带了日本物品，愿意和我们的人做买卖，愿意以物易物。从半夜5点到第二天下午3点，直到我们拔锚起航，扬帆上路"。③

正是在这一天，一支由仙台城（仙台藩的中心）的官方代表、官员千叶勘七郎带领的四人队伍造访俄国船。此人以篝火为信号，

---

① Вахтенный журнал М. П. Шпанберга，РГАВМФ. Ф. 913. Оп. 1. Д. 38. Л. 188. об. Цит. по：Федорова Т. С. и др. *Русские экспедиции по изучению северной части Тихого океана в первой половине XVIII в. сборник документов*.，М.：Наука，1989 г.，С. 173.

② Вахтенный журнал М. П. Шпанберга，РГАВМФ. Ф. 913. Оп. 1. Д. 38. Л. 188. об. Цит. по：Федорова Т. С. и др. *Русские экспедиции по изучению северной части Тихого океана в первой половине XVIII в. сборник документов*.，М.：Наука，1989 г.，С. 173.

③ Вахтенный журнал М. П. Шпанберга，РГАВМФ. Ф. 913. Оп. 1. Д. 47. Л. 46. Цит. по：Федорова Т. С. и др. *Русские экспедиции по изучению северной части Тихого океана в первой половине XVIII в. сборник документов*.，М.：Наука，1989 г.，С. 174.

用伊佐村政府的钟向人们广而告之，通知外国船只来到日本海岸的消息，荷兰神父也是这支队伍中的一员。在日本编年史中，这场会面是如此记载的："为进行调查，官员千叶勘七郎来到船上，靠近船只时他取下帽子，完成各种礼节，礼貌表达他想登船的愿望。他知道这是俄船。他被带进船内，因为他用手势表示，他很希望参观一下。于是海员们带着他上船，邀请他进船舱。船长亲自邀请他，还随身拿了装在银杯里的一杯酒。之后船长向官员展示世界地图，说他们正位于日本海岸边。在船上他没有看到大炮，毛皮倒是很多。他们给官员千叶勘七郎其中的一些，有点像狐狸毛。他们看到沾满油污的雨衣，并表示特别想要这件雨衣。雨衣被转赠给俄国人，随后千叶勘七郎回到岸上。"① 什潘贝格的日记中提到有关这次访问。称来人是显贵政要，"所穿的长袍双肩处和下摆处都绣着刺实植物……当他们来到船舱时，对每个人都深深地鞠躬握手，保持头前倾的姿势，然后跪坐，我们用伏特加和美食招待这位大人"。② 什潘贝格在谈话期间拿出世界地图和地球仪，"他们带着脸色说，他们的大陆叫江户，而不是日本"③。地图上的地理名词北海道、津轻海峡、佐渡岛和能登半岛在这个时候得到逐一验证。

日本官员试图通过手势让俄国人明白，必须离开日本水域。因为什潘贝格这边没有熟练的翻译，无法解释清楚此行的目的。再说，当地政府没有得到中央政府的允许，也不能贸然与之来往。而且，在这之前，仙台藩首领曾通知居民，外国船只来到其管辖地域，并向亘理町长官下达监视的命令。长官遂组织起30名旗本武士和30个平民，定期派他们去岛上值班。长官还提议在前往仙台藩中心仙台城的路上设立警卫哨，以小林近之助为首的军队、武器和弹

---

① 冈本监辅：『俄日关系史中的北海道』、1898年版、第48页；Л. С. Берг, *Всесоюзное географическое общество за 100 лет*, Издательство Академии Наук СССР, 1946 г, С. 176.
② Вахтенный журнал М. П. Шпанберга, РГАВМФ. Ф. 913. Оп. 1. Д. 38. Л. 76. об.
③ Вахтенный журнал М. П. Шпанберга, РГАВМФ. Ф. 913. Оп. 1. Д. 47. Л. 77. об. Цит. по: Дивин В. А., Черевко К. Е., Исаенко Г. Н., *Русская тихоокеанская эпопея.*, Книжное издательство, Хабаровск, 1979 г., С. 125.

药被派发到此地哨所,当地居民的船只暂时禁止出海。什潘贝格察觉到形势严峻,下令起锚。

但很显然,他不知道日本人所做的准备,也没想到可能会发生的武力冲突。俄国科学院院士 Л. С. 贝格曾批评探险队的首领与日本人接近时行为不够果断。结合史料来看,这个评论是有失公允的。贝格说:"什潘贝格在日本海岸边停留一整天,并在同一天急忙起锚,没有靠岸。似乎很难理解他为何如此着急,因为日本人的行为并没有什么危险。"① 根据已经公开的俄国外交档案来看这件事,什潘贝格当时是严格按照海军部 1733 年 2 月 28 日的命令而行动的。命令规定,针对此种情况,"当处于日本岛和其所属岛屿海岸边时,不要过多打扰或者抱什么希望,这样对方就无法编造谎言拦截,也不会召集他们的船发起攻击。但是,对方会以各种要求当托词后退离去,只要关于他们的真实的、证据充分的信息不被探听到。这也是我们想避免的"②。当日本官方代表团启程之后, 79 艘日本船只包围俄队,每艘船上有 8 个 ~10 个日本人,其中两艘船给俄船载来鱼、大米、烟叶、萝卜、腌黄瓜、奶制品、清酒和其他货物,用以换取面包干、酒、衣服和俄罗斯钱币。③

什潘贝格的船队刚起锚,就有人追上他,是当地政府的其他代表、田代浜渔村的村长,身边有几人陪同。村长从一个日本渔民那里得知舰队出现在日本岸边,就想追上船队,"调查清楚"。"村长在船上鞠躬以示问候,一个俄国人赞扬了这一行为。当他发现俄国人的手上全都是油后,所有人都大笑起来……"日本编年史中如此记载,"村长待在船上,哪怕一个角落都查探过,回去后他把所有这些

---

① Берг. Л. С. , *Открытие Камчатки и экспедиция Беринга*, М. -Л. : Издательство АН СССР. , 1946 г. , С. 176.

② Федорова Т. С. и др. , *Русские экспедиции по изучению северной части Тихого океана в первой половине XVIII в. сборник документов.* , М. : Наука, 1989 г. , С. 147.

③ Файнберг Э. Я. , *Русско-японские отношения 1697 - 1875 гг.* , М. : Издательство восточной литературы, 1960 г. , С. 28.

详细呈报给仙台城藩主"。① 日本村长离开船队之后，船队重新起航。傍晚在一望无际的大海上，距田代岛已经很远时，俄国船队遇到两个渔民，这两个人是运载捕获的鱼去仙台城的。第一个渔民分给俄国人烟草，而第二个则分掉抓到的黄色鱼，渔民也因此获得银币和头巾。

日本渔民得到的钱币和扑克牌，以及其他俄国礼品一起从仙台转交至长崎，在荷兰商馆馆长杰拉德·维瑟确认下，日本人得知这是俄国物品，船队来自俄国。② 从日本人那里得到的食品和其他物品——大米、烟草、各种布匹、衣物、金币等，也成为俄国水手们在日本海岸边停留过的证据，后来被转送至彼得一世的珍品陈列馆，即现在位于圣彼得堡的俄罗斯科学院人类学和民族学博物馆。这些东西珍藏至今。

什潘贝格的舰队在从日本海岸回程的途中仔细考察了千岛南部岛屿。有关后来在日本北部边界各岛之间的旅行，什潘贝格在日志中也有详细记载。

他在 1739 年 11 月 19 日给海军部的报告中说道："从此地离开，我们走海路，7 月 3 日到达北纬 44°24′与日本比邻的岛屿，我们给它们取名，一个叫费咕隆岛（Фигурный），另一个叫三姐妹岛（Трёх Сестр），第三个叫齐德隆岛（Цыдронной），它们所处的方位就是航海日志和地图上的这些岛。"③

什潘贝格曾在 7 月 3 日的日志中提到，下午 3 点"我们派出小艇，上面有 8 个人和军需官、试金师傅 C. 卡捷波尔、卢卡金，'大列茨克'号把小艇拖引至岸边取水"④。

---

① 真鍋重忠:『日露関係史 1697—1875』、吉川弘文館 1978 年版、第 47 頁。
② 真鍋重忠:『日露関係史 1697—1875』、吉川弘文館 1978 年版、第 48 頁。
③ Федорова Т. С. и др., *Русские экспедиции по изучению северной части Тихого океана в первой половине XVIII в. сборник документов.*, М.: Наука, 1989 г., С. 191.
④ Вахтенный журнал М. П. Шпанберга, РГАВМФ. Ф. 913. Оп. 1. Д. 60. об. Цит. по: Федорова Т. С. и др. *Русские экспедиции по изучению северо-западной части Тихого океана в первой половине XVIII в.*, М.: Наука., 1989 г., С. 201.

北纬 44°24′这个纬度与国后岛北部相符合，说明俄国舰船在 7 月 3 日曾到过那儿。指挥"大列茨克"号的艾尔特在回忆录里记录，这一天"大列茨克"号于国后岛掉队。这之后，什潘贝格便朝费咕隆岛驶去。费咕隆岛因其蜿蜒曲折的海岸线而得名，人们普遍认为海岸线的形状是色丹岛特有的。为纪念首位到访的欧洲人，该岛后来在航海地图上改名为什潘贝格岛。同一天，俄船分别来到三姐妹岛和齐德隆岛。这两个岛十分符合色丹岛附近千岛小山脉的波隆斯基岛（Полонский）和绿岛（Зелёный），这一片呈现出的就是齿舞群岛（Плоские）的形状。什潘贝格在给海军院的报告中称其离费咕隆岛、齐德隆岛和三姐妹岛几分钟路程。

7 月 4—6 日，为描绘海湾和当地河流，军需官 A. 卡尔图诺夫、海员 M. 彼得罗夫和四个划手、两个阿伊努翻译登岸上岛，大尉 3. 德罗沃谢科夫是为采集植物，试金师傅 C. 卡捷波尔则是"为在这个岛上寻到金属和矿物"。①

"这个地方周围"，什潘贝格在日志中写道，"都是相当平坦的岛屿，也有人存在。那些岛上有森林、清流、野兽、鱼和许多浆果。如果有命令的话，那么就希望能把陛下那上帝一般的仁爱和福祉洒到这片大大小小的岛屿，即从 43°跨到 46°的区域。至于从 46°到最后一个岛的区域，毫无悬念，很快便能受到福泽"②。今天在我们看来，"从 43°跨到 46°的区域"正好是从齿舞群岛到择捉岛的区域，包括齿舞群岛、色丹岛、国后岛、择捉岛四岛，也即俄日领土之争的"北方四岛"。

"7 日，我们在起雾时靠近这些岛，当大雾散去，我们看到一块平坦低地，绿意盎然，只生长着野草，没有树林。为此我们把它称作绿岛（Зелёный）。我们派一个海员和少尉坐小艇前去……他们借

---

① Дивин В. А., Черевко К. Е., Исаенко Г. Н., *Русская тихоокеанская эпопея*., Книжное издательство, Хабаровск, 1979 г., С. 176.
② Вахтенный журнал М. П. Шпанберга, РГАВМФ. Ф. 913. Оп. 1. Д. 60. об. Цит. по: Федорова Т. С. и др. *Русские экспедиции по изучению северо-западной части Тихого океана в первой половине* XVIII *в*., М.: Наука., 1989 г., С. 203.

助工具发现，这个岛位于北纬 43°15′处。"① 在地图上，43°15′这个纬度正好是国后岛屿附近的位置。

"这个月 8 号"，什潘贝格写道，"我们来到当地岛屿（国后岛——作者注），在那里我们发现一块有人烟的地方，我们在那对面停锚……有一艘大兽皮艇朝我们驶来，船上有 5 人，招呼我们上岸，而他们自己则不敢靠近我们的船。出于他们的邀请，我派一艘小艇去岸边，艇上有海军准尉什赫利特科和翻译官、士兵共 12 人，他们随身带一些礼物，以表敬意。什赫利特科乘坐着当地人的兽皮艇驶向我们的船，船上有 8 个人，长得很像千岛人……他们的脚和全身都长有毛发，胡须特别茂盛，又长又黑……当地人说的语言也很像千岛话"。② 当地人通过翻译告知，"这些岛屿中为日本国王统治的只有松前岛，其余岛均不受其管辖"。他们借助罗盘说出四周至少十二个岛屿的名称，"所有这些岛屿都与松前岛有各种各样的商品贸易来往"。这些岛上人很多，为表敬意，俄国船员按照指示赠送礼品……③

7 月 8—23 日，什潘贝格考察了千岛南部的全部地区，7 月 24 日再次来到松前岛。在这里他们见到许多日本船只，其中的一些"往日本去，而另一些则往旁边的海峡去，似乎都载着货物"④。

7 月 25 日，船队重新朝色丹岛返回，之后沿着往北到千岛群岛水域东部的航线前行。

8 月 24 日，什潘贝格回到堪察加的大列茨克，29 日回到鄂霍次克，在那里同"神圣加甫里尔"号和"大列茨克"号会合。另一艘

---

① Вахтенный журнал М. П. Шпанберга，РГАВМФ. Ф. 913. Оп. 1. Д. 60. об. Цит. по： Федорова Т. С. и др. *Русские экспедиции по изучению северо-западной части Тихого океана в первой половине XVIII в.*，М. ：Наука. ，1989 г. ，С. 204.

② Вахтенный журнал М. П. Шпанберга，РГАВМФ. Ф. 913. Оп. 1. Д. 60. об. Цит. по： Федорова Т. С. и др. *Русские экспедиции по изучению северо-западной части Тихого океана в первой половине XVIII в.*，М. ：Наука. ，1989 г. ，С. 210.

③ Дивин В. А. ，Черевко К. Е. ，Исаенко Г. Н. ，*Русская тихоокеанская эпопея.* ，Книжное издательство，Хабаровск，1979 г. С. 192.

④ Дивин В. А. ，Черевко К. Е. ，Исаенко Г. Н. ，*Русская тихоокеанская эпопея.* ，Книжное издательство，Хабаровск，1979 г. ，С. 193.

"希望"号在8月31日才抵达大列茨克,过冬之后于1740年6月抵达鄂霍次克。

二 В. 瓦尔顿抵达日本

还有一次更为顺利的日本海岸之旅,就是瓦尔顿中尉乘"神圣加甫里尔"号的远航。

1739年6月14日晚至15日,这艘船在北纬39°29′落后于其他三艘俄船。瓦尔顿在1739年8月23日给白令的报告中对此解释道,"6月14日中午12点多,恶劣天气弄坏我们船上的前桅帆索和张帆索滑轮,在更换滑轮期间,我们的船只走了一点点路程",接下来,"加上夜晚来临,什潘贝格先生也没有等我们修理,还是继续前进,因为这些船都在上风向"。①

史料记载中,什潘贝格和瓦尔顿相处得并不愉快。什潘贝格曾责怪瓦尔顿"初露苗头,白白浪费时间"②。Л. С. 贝格院士支持什潘贝格对瓦尔顿的指责,不过 Э. Я. 法因伯格认为,因当时航海技术的糟糕状况而导致探险船只互相脱离。③ 俄国学界普遍认为法因贝格的论据更为充分,因为只有在这种情况下,瓦尔顿才可能在经过日本岸边时拥有极大的自主性。

6月16日,"神圣加甫里尔"号上的水手们"看见了陆地",即他们认知中的日本海岸,"太阳高度位于北纬38°29′"。④

---

① Подлинный рапорт В. Вальтона М. П. Шпанбергу о плавании в Японию от 1 сентября 1739 г. см.: ЦГАВМФ, ф. 212, оп. 11, д. 782, л. 366 – 371. Цит. по: Федорова Т. С. и др. *Русские экспедиции по изучению северо - западной части Тихого океана в первой половине XVIII в.*, М.: Наука., 1989 г., С. 180.

② Андреева А. И., *Русские открытия в Тихом океане и Северной Америке в XVIII веке*, М: Географгиз., 1948 г., С. 95.

③ Файнберг Э. Я., *Русско - японские отношения в 1697 – 1875 гг*, М.: Издательство восточной литературы, 1960 г., С. 29.

④ Подлинный рапорт В. Вальтона М. П. Шпанбергу о плавании в Японию от 1 сентября 1739 г. см.: ЦГАВМФ, Ф. 212, Оп. 11, Д. 782, Л. 366 – 371. Цит. по: Федорова Т. С. и др. *Русские экспедиции по изучению северо - западной части Тихого океана в первой половине XVIII в.*, М.: Наука., 1989 г., С. 181.

17 日靠近海岸时，他们发现岸边有 39 艘无旗帜的日本船，每只"都比我们的高大"。

18 日，瓦尔顿的船在附近起锚，之前都停泊在 30 俄丈水深的地方，土壤是粗砂。

"6月19日早"，瓦尔顿在报告中接着写道，"日本船向我们驶来，船的样式照旧，只是小一些，船上的 18 个人身份显贵，他们招呼我们上岸，为此，我派出一艘小船，船上有海员卡济梅罗夫和军需官切尔卡舍宁，为搬水到我们船上，还派出 6 位士兵。我也让他们带去一些礼品，方便友好交流"。①

根据前述资料，在瓦尔顿弥补过失的这段时间内，什潘贝格往南走到日本海岸，甚至更远，到达仙台东南方的水域。同一天，即 6 月 19 日，瓦尔顿同日本人在北纬 35°10′（长崎县，即千叶县）不远处见面——这是根据日本资料而知，比 Г. Ф. 米勒院士（33°48′）②和 А. П. 索科洛夫（34°16′）③的数据更准确一些。此外，瓦尔顿还首次将俄国水手带到日本都城的海岸边。

瓦尔顿陈述道：

> 这一天，海员卡济梅罗夫顺利从岸边归来……向我书面汇报，讲他如何按照我的吩咐乘船去岸边，以及当他靠岸时，岸边迎面而的来一些划桨小船。
>
> 船差不多只有我们的船一半大，每条船上有 50 人或者更多，身穿中国式外袍……同时他们给我们看他们的金子，不得

---

① Подлинный рапорт В. Вальтона М. П. Шпанбергу о плавании в Японию от 1 сентября 1739 г. см.: ЦГАВМФ, Ф. 212, Оп. 11, Д. 782, Л. 366 - 371. Цит. по: Федорова Т. С. и др. *Русские экспедиции по изучению северо - западной части Тихого океана в первой половине XVIII в.*, М.: Наука., 1989 г., С. 181.

② Миллер Г. Ф., *Описание морских путешествий по Ледовитому и Восточному морю с Российской стороны учиненных* // Сочинения и переводы, к пользе и увеселению служащие. СПБ., 1758 г. Ч. I. С. 110.

③ Соколов. А. П., *Северная экспедиция.* 1733 - 1743 // Записки Гидрографического департамента Морского министерства. Ч. 9. СПБ., 1851 г., С. 355.

不承认，他们的金子数量非常之多……当时岸上男性占多数，当地居民非常高兴见到我们，并按照他们的习俗鞠躬致意。我们看到他们的小船上有两个大空桶，这些居民把它们抬到一户人家……再送回到小船上。

海员卡济梅罗夫当时去的就是这户倒水的人家，房主在门口极隆重地迎接他，引他进房间，请他坐下，用瓷具里的葡萄酒款待他和同行的人，又用瓷具上了甜点——桃干，好像是腌渍过的，还有切好的洋萝卜。然后，把烟草和中国式烟管拿出来给他们看。海员卡济梅罗夫又去了另一户人家，那一家的主人也用同样的方式迎接他，请他坐在自己近旁，盛上甜点，用葡萄酒招待，和第一家一样，拿出酿的米酒。卡济梅罗夫也从带的礼品中选了3俄磅的珍珠和85颗珊瑚链珠送给两个主人。在这两家略坐过后，他出去在村子里走了走，村里大约有1500户人家……房子都很整洁，有用瓷砌的花圃。房子的长凳上摆着货物，他在其中看到花粗布（用彩色丝线做成的布匹），棉的和丝绸的都有……他们的家畜有马、鸡；粮食的话，很明显，除稻米和豌豆以外，没有别的；蔬菜水果有葡萄、酸橙、桃干和洋萝卜。当卡济梅罗夫在岸边看到两个各带着两把马刀的人时，他一刻也不敢耽搁……①

我把俄国钱币赠给拖带我们船只的那艘船上的显要人物，送给其他日本人的则是外衣，特别是无袖呢子上衣、带金色扣子的红色紧身外衣、缀有松鼠皮的亚麻布睡袍、漂亮呢子长裤、德国式粗毛线帽和纺绸衫，用来向他们表示我们

---

① Подлинный рапорт В. Вальтона М. П. Шпанбергу о плавании в Японию от 1 сентября 1739 г. см.：ЦГАВМФ, Ф. 212, Оп. 11, Д. 782, Л. 366-371. Цит. по：Федорова Т. С. и др. *Русские зкспедиции по изучению северо-западной части Тихого океана в первой половине* XVIII в., М.：Наука. 1989 г., С. 183.

的友好。①

> 这名显贵同卡济梅罗夫一起来到船上……我们认为这人应该是军政长官,因为岸边有一百多艘船前来迎接他,每艘船上有 15 人,这些人未带任何兵器,我怀着极大热情和友好接待他们,还请他和他的随从喝伏特加和堪察加红酒,他们毫不推辞就喝了。那位显贵人物,他带了大约四分之一桶白葡萄酒,平分给我们……尽管这些人看上去对我们很好,但我还是不敢停留太久,因为我们的船四周围满他们的船,非常多、数不胜数。为此我拔锚起航,而这时这位显贵友好地同我们道别,回到自己船中,向岸边驶去。②

6 月 20 日,"神圣加甫里尔"号驶到伊豆半岛下田湾入口处,此地位于日本首都江户的西南方,但是因为风浪太大,船没能成功靠岸。③

关于接下来的旅程,瓦尔顿在报告中有如下介绍:

> 正是在 6 月 21 日这天,我们的船起锚,穿行于各岛屿之间,直到日本海岸边,我们遇到两艘小船。当他们的船划向我

---

① Подлинный рапорт В. Вальтона М. П. Шпанбергу о плавании в Японию от 1 сентября 1739 г. см.: ЦГАВМФ, Ф. 212, Оп. 11, Д. 782, Л. 366-371. Цит. по: Федорова Т. С. и др. *Русские экспедиции по изучению северо-западной части Тихого океана в первой половине XVIII в.*, М.: Наука., 1989 г., С. 184.

② Подлинный рапорт В. Вальтона М. П. Шпанбергу о плавании в Японию от 1 сентября 1739 г. см.: ЦГАВМФ, Ф. 212, Оп. 11, Д. 782, Л. 366-371. Цит. по: Федорова Т. С. и др. *Русские экспедиции по изучению северо-западной части Тихого океана в первой половине XVIII в.*, М.: Наука., 1989 г., С. 184.

③ Подлинный рапорт В. Вальтона М. П. Шпанбергу о плавании в Японию от 1 сентября 1739 г. см.: ЦГАВМФ, Ф. 212, Оп. 11, Д. 782, Л. 366-371. Цит. по: Федорова Т. С. и др. *Русские экспедиции по изучению северо-западной части Тихого океана в первой половине XVIII в.*, М.: Наука., 1989 г., С. 185.

们时，我通过手势和他们交流，因为不懂他们的语言，无法说话沟通。我通过手势告诉他们，我们的船上需要木柴和水。这些人看到后，一点儿也没拒绝，非常友善，立刻就划到岸上给我们带来木柴和水。为表示感谢，我们赠给他们一磅玻璃珠和缝衣针。他们招呼我们躲进港湾里，因为我们所处的地方非常深，想停锚是不可能的。由于风太小，这两艘船就用缆绳牵着我们的船拖行。此时，还没到港湾，遇到另一艘船，载着15个带马刀的人，他们命令这两艘船停止拖带我们，还对我们挥手示意，要我们从岸边离开。我担心我们会表现出对他们的反抗，于是我们转身离开岸边，驶入北纬34°30′的大海之中……①

6月22日，瓦尔顿停留在北纬33°51′。

6月22日，我们来到一个岛，抛锚停泊。医师佳吉列夫从船上出发，从岸上带回各种草，并对我说，他在这个岛上看见身着白色亚麻长袍的日本居民和牲畜，特别是枣红毛色和淡栗毛色的马匹以及黑色马。佳吉列夫还带回胡桃木枝，这东西我们都不认识，还带了松树枝和两块珍珠贝壳。由此才知道，那里珍珠很多，而贝壳是他自己在岸边捡的。这些草药、树木、贝壳是他特别告知我们的。②

6月23日，瓦尔顿停留在北纬33°28，到达这趟旅途的最南端——和歌山县东海岸边胜浦港附近的伊豆岛水域。"该岛居民来到

---

① Подлинный рапорт В. Вальтона М. П. Шпанбергу о плавании в Японию от 1 сентября 1739 г. см.：ЦГАВМФ，Ф. 212，Оп. 11，Д. 782，Л. 366–371. Цит. по：Федорова Т. С. и др. *Русские экспедиции по изучению северо-западной части Тихого океана в первой половине XVIII в.*，М.：Наука.，1989 г.，С. 185.

② Подлинный рапорт В. Вальтона М. П. Шпанбергу о плавании в Японию от 1 сентября 1739 г. см.：ЦГАВМФ，Ф. 212，Оп. 11，Д. 782，Л. 366–371. Цит. по：Федорова Т. С. и др. *Русские экспедиции по изучению северо-западной части Тихого океана в первой половине XVIII в.*，М.：Наука.，1989 г.，С. 185.

岸边，大声呼唤我们靠岸，但石头太多，无法停锚。"①

6月24日，瓦尔顿沿路返回。

> 6月24日，我们在大海中继续前行，不过方向更偏东，因为我们想看看，东边到底还有没有陆地……②

俄国水手们碰到的这些日本人的名字，以及他们所到访之处的地理称谓，后来都是根据日本史料得出的。关于"神圣加甫里尔"号到访，1739年6月19日的日本史料中有如下记载：

> 在离宫崎县渔村2里（约4公里——作者注）处，出现外国船。恰好那时村子的岸边有位渔民，他发现，从这艘船上来到岸边的有一艘8人小船，来者随身带桶，聚集到岸边，在问过哪儿有水井后，他们从井中汲水。作为交换，他们留下串有17颗石头的项链，并用手势表达谢意，鞠躬离开。之后，来者在水井附近另一个渔民家坐了一会儿，接过烟草开始吸。他们待在那儿时，人们给他们纸，请他们写点什么，但他们没写。"③

> 在隔壁渔民家，他们拿了长在院子里的几捆萝卜，留下一些银币就离开了……④

> 目击外国人到访的人们立刻就去找村长和村长助手，对他们讲发生之事。与此同时，外国人已经登船，村民赶不上了。

---

① Подлинный рапорт В. Вальтона М. П. Шпанбергу о плавании в Японию от 1 сентября 1739 г. см.：ЦГАВМФ, Ф. 212, Оп. 11, Д. 782, Л. 366-371. Цит. по：Федорова Т. С. и др. *Русские экспедиции по изучению северо-западной части Тихого океана в первой половине XVIII в.*, М.：Наука., 1989 г., С.185.

② Подлинный рапорт В. Вальтона М. П. Шпанбергу о плавании в Японию от 1 сентября 1739 г. см.：ЦГАВМФ, Ф. 212, Оп. 11, Д. 782, Л. 366-371. Цит. по：Федорова Т. С. и др. *Русские экспедиции по изучению северо-западной части Тихого океана в первой половине XVIII в.*, М.：Наука., 1989 г., С.186.

③ 郡山良光：『幕末日露関係史研究』、国書刊行会1980年版、第35頁。

④ 郡山良光：『幕末日露関係史研究』、国書刊行会1980年版、第35頁。

因为大船起锚鸣炮后往南而去。①

村长和他的助手拿走外国人留下的项链和钱币,做好详细事件报告,呈交至当地幕府官员手中。②

根据日本史料,6月21日"神圣加甫里尔"号迎面遇到的这艘不让他们入港的船,船上的日本人团队是由日本武士带领的。和这些人一起的还有幕府官员、村长和随从。他们向上级政府报告了"长达13里~14里(日本长度单位)③、船身呈深黄色、有4张帆和30名船员"的外国船只来访事件。

之后,这些从"外国人"那里得来的物品都被幕府官员转送到长崎,以供研究。在荷兰贸易洋行头领的帮助下确认了这是俄国钱币,而项链珠子只是不太昂贵的装饰品。

然而,因为担心会有惩罚,1739年及之后,当地没有一个人提过与俄国人的贸易往来,以及对之产生的好感。④

得知出现在东北部的外国船只来自"莫斯科"后,日本政府暂时并未赋予该事件特殊意义,也没有针对该事件对外交政策做出任何改变。仅仅确定的是,1739年7月13日,幕府发布关于保护海岸线和驱逐海外船只的命令。日本政府在这个阶段采取闭关锁国的政策,犹如鸵鸟一般将头埋入羽翼之下,极力不去关注外国人的存在,尽管外国已经出现在国家海岸边。幕府并没有在意这位期盼与之建立密切政治经济往来的伟大近邻——俄国。俄日两国虽然出现早期的直接接触,但俄国人和日本人对对方的生活方式、相互的经济需求、政治体制和文化,仍然处于互相不甚了解的状态。

俄国人得到日本人礼貌友好的接待,这一点推翻了俄国政府

---

① 郡山良光:『幕末日露関係史研究』、国書刊行会1980年版、第35頁。
② Позднеев Д., *Материалы по истории Северной Японии и её отношений к материку Азии и России*. Т. 2. Ч. 2. Токио, 1909 г., С. 20.
③ 相当于1.82里。
④ 郡山良光:『幕末日露関係史研究』、国書刊行会1980年版、第33頁。

的"亚洲固有的不友善"的说辞。特别是岛上那些普通人民,他们十分愿意同俄国水手贸易交换。尽管幕府法令严厉禁止与任何外来人员交往,但是渔民依然坦诚地表现出友善和热情好客。为回应俄国人的善意,他们尽量与俄国人交换各种各样的物品,并用储备的粮食招待客人们。瓦尔顿的同伴们顺利到访日本海岸,美国历史学家乔治·兰森认为这甚至是一个重大政治成就,他表示这"实际上打破了日本的闭关锁国"[①]。

从什潘贝格和瓦尔顿分别与日本人的交往来看,我们可以得出以下结论。一是探险队严格遵守海军部当初下达的指令——探访他们的生活状况和其他能问的,不要表现出对他们的攻击和不友好。而海军部的长远考虑就是"让建立俄日贸易变得更容易一些",因此沙皇政府采取"和平友好"的对日政策。二是日本生产贵金属,自给自足的经济还没有对建立对俄贸易提出过多要求。三是日本的海禁政策非常严格,看到国外船只来航就会将之"团团围住",但并未实施过激行为,说明日本还并未过多意识到俄国的威胁与危险,只是在俄国船只离开后颁布关于保护海岸线和驱逐海外船只的命令。尽管如此,日本社会中的知识分子却产生了早期的海防思想。

三 俄国内外对"发现日本"的反应

1739年,瓦尔顿和什潘贝格先后向白令提交这次日本海岸探险的报告,白令立刻将之呈报交给海军部。1740年1月初,彼得堡得知,四艘俄国船都到了日本,这在首都引起良好的社会反应。

然而,排除万难开辟的通往日本之路以及与日本人的友好关系,这些为俄日双方贸易构建所作出的种种努力,在俄国政府内部的派系斗争中曾有过不小波澜。

---

① G. A. Lesen, *The Russian Push toward Japan Russo–Japanese. 1697–1875*, Princeton, 1959, p. 55.

彼得二世死后无嗣。1730年1月俄国实际上的最高统治机构枢密院拥立彼得一世侄女、伊凡五世之女安娜·伊凡诺夫娜为女皇。安娜即位后，为防止大权旁落，撕毁协议，废除枢密院，设置内阁，重建独裁。身为库尔兰女公爵的安娜女皇偏爱德国人，重用"德意志人官僚集团"，其宠臣为德国库尔兰公爵 Э. И. 比龙。内阁中存在两大势力，即以海军部部长 Н. Ф. 戈洛文、内阁副总理 А. И. 奥斯捷尔曼、德国旧封建主比龙为代表的旧贵族、特权阶层势力；以内阁总理 А. П. 沃伦斯基、海军部副部长 Ф. И. 索伊莫诺夫为代表的俄国新贵族势力。由于安娜女皇独宠比龙，内阁权力实际上由比龙掌握。安娜还成立秘密刑侦事务衙门，以此取代彼得大帝创建的司法刑讯机关普列阿布拉仁斯基衙门，秘密刑侦事务衙门在最短时间里获得最大权力，而领导这个衙门的，不是别人，正是安娜的情人比龙。

借由女皇"爱护"，旧贵族、特权阶层一直打压俄国新贵族集团。1735—1739年正值第四次俄土战争，1739年"发现日本"似乎也并未完成考察的基本任务——与日本建立贸易往来，因此戈洛文对曾经支持第二次堪察加探险的海军部代表提出批评，指责他们浪费国家财政资源。俄国新贵族代表则决定利用南方考察队"发现日本"的成功进行回击，巩固自己的地位。

1740年1月24日内阁会议上，在内阁总理沃伦斯基操纵下达成关于召见什潘贝格携考察资料来彼得堡的决议。① 2月，彼得堡就收到什潘贝格于1739年11月19日呈给海军部的报告。3月7日，在沃伦斯基的倡议下，内阁通过海军院法案和让什潘贝格继续探索千岛群岛并同日本建立贸易关系的指示。② 法案是由索伊莫诺夫在紧急研究过各种考察汇报、日志和地图之后整理的，对什潘贝格的

---

① Федорова Т. С. и др., *Русские экспедиции по изучению северо-западной части Тихого океана в первой половине* XVIII в., М.: Наука., 1989 г, C.194.

② Федорова Т. С. и др., *Русские экспедиции по изучению северо-западной части Тихого океана в первой половине* XVIII в., М.: Наука., 1989 г, C.202.

"竭诚服务"和"勤勉认真"持肯定态度,并指出,女皇内阁非常满意他顺利实现日本之行,并完成了如下任务。一是找到自堪察加岛出发的交通路线;二是找到直达日本陆地的安全路线,并以友好的态度和当地居民建立友谊,开展贸易。索伊莫诺夫建议,"在一定条件下,把全部资料直接寄至内阁而非海事部门"①,因为海军院院长戈洛文是顽固的旧贵族势力。

1740年8月4日,与考察队不太和睦的鄂霍次克长官斯科尔尼亚科夫-皮萨列夫向参政院提交报告,表示什潘贝格所到之处并不是日本,而是朝鲜海岸。② 皮萨列夫引用什潘贝格的资料,提到这个国家的位置不是在堪察加以南,而是西南方。而索伊莫诺夫于1739年上半年下达给什潘贝格的指令中就包括这些资料。

1739年4月10日,什潘贝格在雅库茨克收到这一年海军部1月24日的法令。随后待勒拿河解冻,他就从此地出发。但是途中,在基廉斯克附近,首都专差、军需给养员A.德鲁卡尔特交给他一项参政院4月14日的新法令,命他返回鄂霍次克。这一突如其来的变故是由于4月12日因旧贵族势力围剿,沃伦斯基和其同盟者被拘禁。因为他们提出了《国务管理法案》,在法案中尖锐评价女皇用人失误,反对比龙和其拥趸的蛮横强权和盗用国家财产。索伊莫诺夫被流放至西伯利亚,但是,他编写的给什潘贝格的指令作为海军部门的法令发出后,并未被废除。该指令就是皮萨列夫呈给海军部的资料,他指出了日志记录、地理测量、1738年地图绘制尤其是涉及日本海岸至千岛群岛的新探险的地图绘制方面的不足。

皮萨列夫的"举报"遭到白令强烈反驳。白令承认什潘贝格的

---

① Покровский А. А., *Экспедиция Беринга: сборник документов*, М.: Главное архивное управление НКВД СССР, 1941 г, С. 160.

② РГАВМФ. Ф. 212. Оп. доп. Ед. хр. 52. Л. 2. Цит. по:海軍佐官のD. Ia. ラブテフとA. I. ナガエフから海軍参議会への上申書。「カムチャツカから日本沿岸まで航海した海軍中尉V. ヴァルトンと海軍佐官M. P. シパンベルグの地図と航海日誌の検証について。」、『日ロ関係史料集:ロシア史料にみる18-19世紀の日露関係』、第3集、岩波書店1998年版、第184頁。

日志和地图存在误差，但在呈给海军部1741年4月18日的报告中坚称，什潘贝格舰队到达日本海岸而非朝鲜。"根据他的日志可以看出"，白令写道，"他是在这些区域附近航行"。①

1740年，新的日本海岸之旅在什潘贝格主导下成行。他坚持要用最快的速度把所有的千岛居民纳入俄国管辖之下，不过这没有实现，因为白令将全部力量都集中于开辟美洲。白令认为，要占领千岛应该任命一位亚萨克税征收人。②

1741年9月，什潘贝格舰队重新研究去日本要穿过的这些地区，这一次他们不是通过千岛，而是通过尚塔尔群岛和乌第河河口。由于秋天来临，还受到"希望"号帆船的航程所限制和船只损坏，什潘贝格在10月9日返回大列茨克。

1742年5月23日，什潘贝格带领由四艘船组成的探险队从大列茨克往南方出发，他们遵守规定，对日本水手态度和善。因为"要是在海上哪怕表示出一点点恶意，都很难在陆地上寻找到友情"③。

6月3日，队伍中的邮船"圣约翰"号于北纬49°18′处把"神圣加甫里尔"号和"希望"号甩在后面，6月13日又超过"大列茨克"号。"希望"号抵达北纬49°21′后就朝千岛群岛返回，8月1日到达北纬50°10′的萨哈林岛，途中（45°34′）穿过一个将该岛和北海道隔开的海峡。④ 沿着萨哈林岛东海岸一直走，9月10日，"希望"号回到鄂霍次克。⑤

---

① РГАВМФ，Ф.216，Оп.1，Д.44，Л.109 – 123. Цит. по：Дивин В. А.，Черевко К. Е.，Исаенко Г. Н.，*Русская тихоокеанская эпопея*.，Книжное издательство，Хабаровск，1979 г.，С.139.

② Полевой Б. П，*Первооткрыватели Курильчких островов. Дальневосттчное книжное издательство*，Сахалинское отделение，Южно-Сахалинск，1982 г.，С.73-74.

③ РГАДА. Ф.248. Ед. хр.54. Л.97. об. Цит. по：Дивин В. А.，Черевко К. Е.，Исаенко Г. Н.，*Русская тихоокеанская эпопея*.，Книжное издательство，Хабаровск，1979 г.，С.136.

④ Дивин В. А.，Черевко К. Е.，Исаенко Г. Н.，*Русская тихоокеанская эпопея*.，Книжное издательство，Хабаровск，1979 г.，С.508.

⑤ Соколов. А. П.，*Северная экспедиция*. 1733 – 1743 // Записки Гидрографического департамента Морского министерства. Ч.9. СПБ.，1851 г.，С.454.

第三章 俄国发现日本

6月21日，什潘贝格和其同伴抵达本州岛东岸的仙台地区。

"尽管我们非常担忧，焦虑不安"，什潘贝格写道，"但在咨询过是否应该继续沿日本海岸往下走以后，我们还是一直走到北纬41°15′。在这个纬度，6月21日我们看到很大的鱼，在我之前航行的认知中，它们生活在日本近海。对此我们遇到的日本人解释说，这种鱼在名为仙台的日本城市对面能找到，从别的地方来该城市的都是为了渔猎"。①

6月22日，什潘贝格决定继续向西南方向航行，然而几天以后却不得不原路返回。6月30日，发现海船有渗漏，俄国船在北纬39°35′的海上掉头，那里离宫城县和福岛县之间的边界不远。

即使是这样，海军院和参政院也没有对有关探访日本的报告进行审定，因为决策者不是安娜女皇下属的参政院，而是女皇成立的内阁。直到三年之后的1746年，俄国再次审定1739年"日本远航"。5月20日，海军部官员 Д. Я. 拉普捷夫与 А. И. 纳加耶夫在报告中指出："综合各方面情况来看，瓦尔顿所到之处不是朝鲜，而是日本岛东岸附近……什潘贝格也曾在日本周边做过停留。"②

这些考察首次开辟通往日本之路，尽管没能成功建立两国之间的政治和贸易联系，但是成为俄日关系的"良好开端"。③

这些发现引起西欧国家极大的兴趣，并获得他们的认可。1740年1月13日，荷兰《阿姆斯特丹杂志》上刊发荷兰总统施瓦茨的一封信，推测什潘贝格已经到达日本（东海岸），并附有日本之旅的地图。1740年7月27日，《法兰西报纸》则宣布什潘贝格发现34个太平洋岛屿，并指出，"岛民尽管非常吃惊，但表现出极大的友谊接待他，这些人和日本人很相像"。

---

① Соколов. А. П., *Северная экспедиция. 1733 - 1743* // Записки Гидрографического департамента Морского министерства. Ч. 9. СПБ. , 1851 г. , С. 509.

② ЦГАДА, Ф. Сенат, кн. 1327, Л. 630-636 об.

③ Бедняк И. Я., Гальперин А. Л., Гришелева Л. Д., Подпалова Г. И., Попов В. А., Топеха П. П., *Очерки новой истории Японии* (1640 - 1917) . , М. : издательсто восточной литературы, 1958 г. , С. 90.

以第二次堪察加探险资料为基础，著名西欧地理学家Д. 昂文、Ф. 布歇、М. 贝林等绘制了各自的地图。①"伴随着对日本的研究，元文时期（1736—1740）什潘贝格和瓦尔顿黑色海船的考察"，日本历史学家高野明如此总结道，"在到过千岛，特别是初次到过南千岛的择捉岛和国后岛后，在不威胁到日本的情况下获得成功"。②千岛南部水域地图现存于俄罗斯国家档案馆，地图上带有那一时期瓦尔顿所做的测绘数据。

尽管在准备、进行北美海岸与日本探险过程中，俄国太平洋舰队得到新海船补充，但国内总体形势还是对舰队发展质量、速度产生负面影响。俄国著名日本学家契连夫科认为，如果条件更有利，特别是航海技术的完善速度能如同彼得一世时期那般飞快的话，那么，从堪察加、从尚塔尔群岛和萨哈林找到通往日本的道路，以及与日本人在他们的国土上建立并巩固早期联系，可能发生得更早。③

* * * * * * * *

什潘贝格与瓦尔顿分别发现日本是俄日关系史上的大事件。俄国从"寻找"日本开始，历经彼得一世、叶卡捷琳娜一世、彼得二世、安娜女皇四任沙皇，历时四十年，终于在1739年将俄国舰船开到日本本土。在这个过程中，"探险"与"日本漂流民"起到非常重要的作用。

彼得一世的南下探险是小规模考察，国家实力的增强、国家利益的需要、对探险目标的认识深化、科学技术的进步等因素，都促使探险规模越来越大。所以，探险船只数量越来越多、结构越来越稳固，抵御暴风的能力越来越强；船上配备的科学仪器越来越先

---

① Новаковский С. Н., *Биографические очерки. Царь - богатырь Петр Великий*, СПБ.：Типография Товарищества "Общественная польза", 1992 г., С. 35.

② 高野明：『日本とロシア：両国交渉の源流』、東京、紀伊國屋書店1971年版、第88頁。

③ Кирилл Черевко, *Россия на рубежах Японии, Китая и США（2-я половина XVII - начало XXI века）*, Институт русской цивилизации, Москва, 2010 г., С. 162.

进；船员的科学素质（天文、水文、地理、语言）大大增强；后勤物资越来越丰富，这就使探险队的路程越走越长。两次堪察加探险都行驶到新的地点，尤其是第二次堪察加探险，到达沙皇俄国有史以来"顺堪察加南下"最远的航程——日本海岸。可见，以科学考察为冠冕堂皇的理由的探险是帝国开疆拓土、寻找海外殖民地的主要手段，是为下一步的侵略扩张甚至战争做准备。政治意图、经商获利不断推动着各个时期的探险活动。在探险过程中，野蛮手段与怀柔安抚齐头并进。俄国在征服西伯利亚过程中采用粗暴杀戮、征收毛皮税等手段对当地人进行殖民侵略和掠夺，对千岛群岛是相对温和的野蛮驱赶的手段，在与日本人交往中则采取相对和平友好的原则。出现差别的原因在于，地缘位置的考虑。西伯利亚紧临俄国本土，千岛群岛紧临远东堪察加半岛、日本处于千岛群岛最南端。从西伯利亚、千岛群岛、日本相对于俄国本土的距离来看，对待遥远的地方，俄国采用谨慎、温和的手段，大大不同于在西伯利亚土地上横征暴敛。这并不是俄国格外施恩，而是俄国国家实力体现和对外政策的隐射，实质上是被"久困西方"的俄国对远东的"力所不能及"。

什潘贝格与瓦尔顿发现日本后，返回途中再次对千岛群岛各项指标做测量，绘制的千岛群岛与日本岛地图已具有近代科学地图的最优雏形。千岛群岛位于堪察加半岛与日本岛中间，为到达日本，必经千岛群岛。经过千岛群岛，极有可能会很快发现日本。因此，"发现千岛群岛"与"发现日本"几乎是必然的"毗邻时刻"，二者存在同步性，也存在些微差异性。正是因为途经日本北部的南千岛群岛，俄日产生了岛屿归属纷争，演变成至今的"北方岛屿"问题。

日本漂流民广藏与偀藏延续脆弱的俄日关系纽带。广藏与偀藏不仅使停摆数年的日语学校重新运行，还使俄国的日本情报越来越丰富、越来越可靠。

传兵卫作为第一位"特殊使节"开启陆路毫不接壤的俄日两国

的交往。18世纪，已吞并西伯利亚的俄国，急于把日本变为稳定远东统治的物资供应基地和太平洋上的战略出海口。但日本的"锁国"在很长一段时间里钳制甚至阻断俄国的"东方构想"，直到漂流民在俄国土地上赫然出现。漂流民的日本消息给俄国提供最有效的决策参考，彼得一世虽未成功发现日本，却制定出贸易通商的对日基本方针；安娜女皇贯彻与日通商的同时，也积极倡导对日"和平友好"的睦邻政策。可见，在俄帝国崛起过程中，漂流民在一定程度上影响了俄国对日政策的制定与调整，使俄国外交的东方色彩更加浓厚。由于两国远隔重洋、俄国国内形势掣肘以及俄国在欧洲的征战，俄国对日交涉在整个18世纪始终处于较为缓慢的态势，但积极利用漂流民开展对日交涉的工作从未停止。

俄国发现日本同时也是世界地理的重大发现，地球上的"地理真空"——亚洲东北部、太平洋北部的地理知识在此时得到圆满解答。第二次堪察加探险中的美洲路线使以前模糊不清的亚洲与美洲地界终于清晰地呈现在地图上。日本岛的发现、北美西岸的发现，使沙皇俄国更加急于将这两块地方尽快变为俄国在太平洋海域的基地，以保障粮食、贸易、海军等必要的后勤补给。

第四章 俄国与日本的初步接触

什潘贝格与瓦尔顿"发现日本"开辟从堪察加沿千岛群岛到日本的道路，第一次把从洛帕特卡角到北海道之间整个千岛群岛岛链、鄂霍次克海西部沿岸地区（包括库页岛东部沿岸和日本部分地区）绘到地图上。因为隔着千岛群岛岛链，俄日两国之间开启以千岛为中心的两国关系新时代。俄国从北千岛逐步南下至中部、南部千岛，逼近日本国境，俄国"南下威胁"使日本逐步加强北部边防。日本以松前藩为基地往北"经营"千岛，与俄国之间的缓冲地带逐渐被压缩。

第一节　以千岛为中心的俄日间接接触

17世纪以来，日本一直致力于向北方扩大疆域和领土。与俄国不同的是，日本没有按照"首次开发应把地理状态印在地图上的规则"并"宣示主权"，而是遵循"以商贸扩大领土原则"。俄国与日本对待领土与商贸二者关系的区别，体现出西方国家与东方世界在类似事务上的不同态度。东西方差别如影随形渗透到俄日关系中。也正因如此，日本从"海防松懈"到"加强海防"经历了一段并不短的时期。

什潘贝格与瓦尔顿的日本发现最终确定整个千岛群岛地图，找到通往日本的水路，甚至完成在日本土地上俄人与日人第一次会面，但是没能成功建立起与当地居民完全而持续的联系。这一时期的千岛群岛，既是俄日冲突的缓冲带，又是俄日关系的演习场，开启了以千岛为中心的俄日关系新时代。

一　18世纪40年代以前的接触

在日本，有关千岛群岛的最早消息是以松前藩取自阿伊努人的资料为基础而确定的。一般认为，阿伊努高层代表（类似酋长）在商贸交换中获得的商品取决于日本政府的态度，所以这似乎也是附庸关系的一种形式，表现出阿伊努与日本名义上的藩属关系特色。在一些日本人看来，这也能说明日本缺乏在上述疆域的法律意识。

1639年，日本实施闭关锁国，任何人不许出国。这一律令成为日本人研究和开发北部地区的最大障碍。至少半个世纪内，日本人到访千岛群岛和萨哈林都带有随机性和偶然性。譬如，1674年来自伊势的日本人被风暴冲到岸边，登陆择捉岛，被阿伊努人赶回日本。松前藩的日本人曾分别于1650年、1669年、1689年和1700年在捕鱼季到访过库页岛。

1619年，耶稣教徒尼古拉·埃利奥特以日本资料为基础断定，日本北方有一个岛，日本人称之为虾夷，但日本地图上未标出。千岛群岛首次正式被记入地图，确切地说是在1700年松前藩呈送给幕府的元禄时期（1688—1703）的国家地图中。这份地图是根据从阿伊努人那里听来的信息所制作的，里面有39个岛被画在同一个地方，"完全没有考虑到相互之间的关系"①，但的确能够区别出国后岛、择捉岛和得抚岛。

根据松前藩记载，松前氏于1644年将松前虾夷地图献给幕府，以供幕府绘制全国地图。现在此图已失传。1677年，幕府巡检使寻访到松前藩所绘制的虾夷图上，在知床角到纳纱布角之间绘有大小

---

① Черевко К. Е., *Россия на рубежах Японии, Китая и США*（2-я половина XVII - начало XXI века, М.：Институт русской цивилизации, 2010 г, С. 167.

39个海上岛屿，其中34个岛标有岛名。与上述1700年松前藩献给幕府的地图作比对，岛的大小、位置、形状虽然不同，但数目相同，顺序与岛名几乎一致。日本记载中，占守岛叫"苦熏古丹"，温祢尔古丹岛叫"努夏古丹"，幌筵岛叫"努边冒西里"。① 可见，松前藩至少在17世纪中叶已经了解到千岛群岛。松前藩在千岛设立定期集市，分为十几个，指定家臣分别负责，并派交易船去各集市，这可能是因为松前藩认为这些地方已属其管辖。② 1715年，松前藩给幕府的报告书中写道："得知虾夷地及库页岛、库尔木塞岛的虾夷人，有五六十名，各处皆头人。但其上无总头矣。"从这段话可以看出，虾夷地有"头人"，但没有"总头"，表明松前氏具有统辖库页岛和千岛群岛的意图。在此前后，俄国人"南下探险"也开始着手经营北部千岛。

俄国人经营北部千岛主要是靠征收实物税"亚萨克税"的方式。经过彼得一世时期一系列"南下探险"，即 B. 科列索夫（1704）、M. 纳谢德金（1706）、П. 奇里科夫（1708）、И. 索罗克乌莫夫（1709）、B. 萨沃斯基亚诺夫（1711）、И. 贝科夫和 A. 克列斯季亚尼诺夫（1712）、И. П. 科济列夫斯基（1711—1713），俄国已经初步了解千岛群岛岛链概况。两次堪察加探险不仅使俄国发现日本，什潘贝格与瓦尔顿在返回堪察加途中还分别仔细勘测过千岛群岛。

这一时期，俄国与日本主要通过阿伊努人为中介进行以物易物。

从堪察加南端的洛帕特卡角乘坐大兽皮艇两三天可以到达第一岛占守岛。南部群岛居民来到占守岛是为购买海狸、狐狸和制箭用的鹰羽毛。堪察加沿岸和其他岛居民去占守岛西边的阿莱德火山岛

---

① ［日］吉田嗣延等著：《日本北方领土》，上海译文出版社1978年版，第6—7页。
② ［日］吉田嗣延等著：《日本北方领土》，上海译文出版社1978年版，第7页。

是为了捕猎海狗和海豹，那里有很多动物。① 幌筵岛距离占守岛仅两俄里，岛上居民用荨麻织布，配有盔甲，武器是弓箭、梭镖和马刀。他们从来自南部岛屿（得抚岛）的库里尔人那里换取丝织品、棉织品、锅、马刀和漆器。② 温祢古丹岛上的居民捕猎海狸和狐狸，也到相邻岛屿去捕猎，有时航行到堪察加半岛买海狸。"许多人会讲堪察加语，因为他们要同堪察加人做买卖和通婚。"③ 下一个岛是春牟古丹岛。库里尔人为做买卖会从北边和南部汇聚到第五个岛舍子古丹岛。计吐夷岛上生长着芦苇，早先库里尔人用来做箭杆。第十一个岛新知岛上人口稠密。米勒院士曾宣称，择捉岛是群岛中最大的岛，上面有许多居民。就语言和风俗来说，与北方库里尔人不太一样。择捉岛的人剃光头，向人祝福时下跪。岛上有森林、林子里有狗熊，有一些河流和舒适的港湾。得抚岛与择捉岛上的居民都在国后岛买布，到北方岛屿上去销售。他们还通过国后岛居民从北海道得到日本丝织品、棉织品和铁器，把荨麻布、皮货、干鱼和鲸油卖给日本人。国后岛居民因同日本人贸易而致富，他们也会经常去北海道。在谈到北海道时，米勒院士根据科济列夫斯基报告分析，日本人在那里建了一座城市，可能是函馆，日本流放犯集中在此，用丝织品、马刀、生铁锅、漆器交换海狸和狐狸。

早在1713年，科济列夫斯基就将在幌筵岛找到的丝绸外衣和荨麻外衣、日本马刀、3枚金币、两名人质、一个名叫沙浦达诺的聪明的堪察加人（是在幌筵岛与择捉岛之间经营日本商品买卖的）一起汇报给堪察加总管。经他查明，阿伊努不仅遍布北部岛屿，而且南

---

① ［俄］М. И. 齐保鲁哈:《征服西伯利亚——从叶尔马克到白令》，杨海明译，中国社会科学出版社2017年版，第293页。

② ［俄］М. И. 齐保鲁哈:《征服西伯利亚——从叶尔马克到白令》，杨海明译，中国社会科学出版社2017年版，第293页。

③ Берг Л. С., *Открытие Камчатки и Камчатские экспедиции Беринга*. 1725–1742, Издательство Главсевморпути, Ленинград, 1935 г, С. 150.

部择捉岛、得抚岛和国后岛也有很多人居住。① 因为当时日本人被禁止出国、禁止海航，俄国同库里尔岛屿居民的贸易只能通过中间人——阿伊努人来进行。应该是这些消息，鼓舞了彼得一世继续对千岛群岛的考察和对日本的寻找。

什潘贝格与瓦尔顿"发现日本"开辟了从堪察加沿库里尔群岛到日本的道路，第一次把从洛帕特卡角到北海道之间整个千岛群岛、鄂霍次克海西部沿岸地区（包括库页岛东部沿岸和日本部分地区）绘到地图上。② 虽然不够准确，甚至不太可信，但"什潘贝格和瓦尔顿航海的结果就是绘制千岛群岛地图，从地理学观点看，这是向前迈进了一大步"③。

二 18世纪40年代之后的接触

俄国根据航海探险结果，从堪察加南端开始按顺序为千岛各岛编号，直至虾夷岛，因而千岛群岛的面貌依次被划入地图。俄国经营千岛群岛以征收毛皮税为主，而且征税极为严苛。通过对千岛各岛调查，俄国人不但了解到，岛上有丰富的海兽皮毛，质量不亚于西伯利亚貂，还探听到千岛物产丰富，蕴藏贵重金属。从地理上看，从堪察加乘船直接南下能够更容易到达千岛。这样，俄国的商人、征税吏、狩猎者等垂涎千岛利益的人便纷至沓来。整个18世纪，俄国人都在利用渔业作业场开发千岛群岛。在政府支持下，俄国官员甚至把千岛居民强行编入俄国国籍实行奴役。为躲避俄国的横征暴敛，千岛北部的居民被迫离开家乡，跨岛南下，但俄国殖民者追踪南下，开始侵入中部与南部千岛。18世纪40年代以前，俄国

---

① ［俄］М. И. 齐保鲁哈：《征服西伯利亚——从叶尔马克到白令》，杨海明译，中国社会科学出版社2017年版，第294页。

② ［俄］М. И. 齐保鲁哈：《征服西伯利亚——从叶尔马克到白令》，杨海明译，中国社会科学出版社2017年版，第302页。

③ Зубов Н. Н., *Отечественные мореплаватели-исследователи морей и океанов*, М.: Государственное издательство географической листы, 1954 г, С. 94.

实物税的收取都没能超过最北边的两个岛。40年代以后，俄国税务官深入志林古丹岛和舍子古丹岛等中部千岛，继而往南直达南千岛。

1744年，俄国收税官 M. 诺瓦戈拉普列内在千岛北部探险中，从由马坎努希岛去过新知岛的阿伊努人口中得知，国后岛南岸的商人有意愿且希望俄国人带着货物去国后岛交易，以改变往常通过阿伊努人进行小规模交易的状况，而直接进行大宗交易。① 这一提议理所当然被传达给西伯利亚总督，乃至海军院，政府随即派出更多税官前往北千岛。

1744年11月14日，日本商人竹内德兵卫及船员17人驾驶"多贺"号从佐井港出发前往江户。28日，"多贺"号遭遇风暴，6名船员死亡。1745年4月13日，11名船员乘小舟离开已无法航行的大船，于5月16日漂至温祢古丹岛。登陆后，竹内德兵卫因病而死，剩余10名船员遇见岛上征税的 M. 诺瓦戈拉普列内与 Ф. 斯洛博奇科夫。日本人建议俄国人直接乘船携呢子、软革、咸鱼和鲸油驶向松前岛，并强调最后一项物品鲸油在日本价值高昂。② 其中一个日本人持有日本签发、日本国内绘制的从北海道岛到本州岛的地图。他告诉俄国人，本州岛有织造厂，新知岛上有开采金银的矿井，而北海道岛东北部的厚岸町湾则总有大型日本船只来此交换日本货物，如河狸和鹰羽。堪察加长官列别杰夫大尉随即将获取的千岛新情况禀报给俄国参政院，参政院下令让西伯利亚衙门的尉官 C. 瓦克赛尔和海军准尉 B. 勒季谢夫为滞留在岸上的10名日本人"提供庇护"，押送"最好的、身份高贵些、思维更灵活的5个人"去彼得堡。

1746年8月20日，参政院下达法令，委托伊尔库茨克省办公厅

---

① Черевко К. Е., *Россия на рубежах Японии, Китая и США*（2-я половина XVII - начало XXI века），Институт русской цивилизации, Москва, 2010 г, С. 163.
② РГАВМФ. Ф. 212. Оп. I. Д. 10. Л. 120-122. 参见程浩《日本漂流民与俄罗斯早期的对日交涉》，《外国问题研究》2015年第2期，第25—31页。

为这些日本人提供行进途中的一切必需品，并向随行官员发出"谦恭待客"的指示。1748 年，五个日本人被送至彼得堡，受洗后分别取名为梅利尼科夫、列舍特尼科夫、斯温因、帕诺夫和切尔内赫。他们被任命为参政院办事处下属的日语教师，取代已经去世的广藏和倧藏。按照命令，他们都被当作老师教俄国人学日语，同时也为未来培养俄语和阿伊努语翻译做准备，以便在建立俄日睦邻友好的政治商贸关系时担任翻译。① 向这五个日本人问询的旅行日志由准尉 А. 弗拉德金和翻译 А. 费涅夫、П. 日纳内金所记录，这份旅行日志同年被转交到海军院。② 在剩下的几个日本人里，更早前通过鄂霍次克去往雅库茨克的是受洗后取名为帕诺夫（去首都的那位帕诺夫的哥哥）、塔塔里诺夫、特拉佩兹尼科夫的人，而格里戈里耶夫被送往大列茨克。

1754 年 7 月，参政院决定要组织一次由西伯利亚省长带领、以研究俄国远东（雅库茨克）地区和太平洋岛屿为目的"新西伯利亚（涅尔琴斯克）考察"，遂下令在航海学院之下设立日语学校。当时，关于与日本的贸易沙皇已经放权，可以由西伯利亚商人自己决定，商业事务中心也在伊尔库茨克，所以，在伊尔库茨克建立了一所日语学校。1753 年梅利尼科夫去世后，另有三位老师加入该校，他们是 А. 费涅夫、П. 日纳内金与另外一个日本人。后来，日语学校搬迁到伊利姆斯克。日语教师塔塔里诺夫、帕诺夫和特拉佩兹尼科夫在这所学校只有一个学生——哥萨克人利亚普诺夫。到 1757 年前，已经有 4 个学生。③ 1761 年，伊利姆斯克日语学校与伊尔库茨克日语学校合并后，学校里共有 7 个日语老师和 15 个学生。到 18 世纪 70 年代初只剩下 3 个学生。其中一人——Е. 图戈卢科夫表现出相当强的能力，后来成为该校老师，被允许保有八等文官官阶。学校教授日语的目的是为千岛群岛的贸易活动培养翻译人才，之后用

---

① РГАВМФ. Ф. 212. Оп. I. Д. 10. Л. 78-82.
② РГАВМФ. Ф. 212. Оп. I. Д. 10. Л. 20-22, 91-92, 96-100.
③ РГАВМФ. Ф. 212. Оп. I. Д. 10. Л. 78-82.

于与日本建立双边关系的谈判。该校后来的一些毕业生对俄日关系的建立与发展确实做出了实质性贡献。日语教师来源有两种。一种是来源于日本失事船只的船员，另一种是日语学校的毕业生。"多贺"号一名船员的儿子 А. 塔塔里诺夫在 1782 年前编纂《俄日词汇》，而另一名船员的儿子 И. 特拉佩兹尼科夫加入 Я. Э. 拉克斯曼的考察活动中。日语学校以这样的形式一直延续开办到 1816 年。

1750—1753 年，占守岛长官 Н. 斯特罗杰夫前往千岛群岛中部岛屿，向从北部千岛迁来的居民征税。在宇志知岛上，他向南来的居民强征毛皮税，但并未能使他们迁往北方臣属俄国。1755 年，斯特罗杰夫向大列茨克办公厅提交关于探险的汇报。1758 年，莫斯科商人 И. 尼基甫洛夫带着雇佣的 40 名猎手往千岛中部行进，到 1761 年离开千岛时已攫取价值为 11 万多卢布的毛皮。俄国的日本学家认为，Н. 斯特罗杰夫极有可能与岛上的阿伊努人进行过物物交换，俄人物品成为俄国商品渗入千岛南部的有力证据。后为日本人所熟知的俄人物品出现在阿伊努人之中极有可能与斯特罗杰夫的千岛中南部之旅相关。松前藩于 1795 年从该藩武士处获取相关报告："我停留于厚岸町期间，来了择捉岛和国后岛的首领。这个首领身穿外国制造的红色绒大衣，手持外国长矛。从他的话里知道，堪察加生活着许多外来者，是那些人带来的红大衣。那儿建有城堡。"①

俄国人对于购买日本商品的兴趣最终使得阿伊努人承担了中间人的角色，他们通过阿伊努人从国后岛和北海道岛（松前）的日本人那里换取越来越多的商品。

"根据当时的俄国人和千岛北部的土著居民的说法，水獭皮和鹰羽被运到新知岛换取日本的织物、剑、漆具、锅和烟草，这些东西是新知岛居民去择捉岛时从国后岛和北海道东北部的土著居民那里获得的。而千岛北部居民，则通过把这些物品换成邻岛居民的商

---

① Полонский А. С., *Курилы* // «Записках Императорского Русского географического общества», СПБ.： Смесь, 1871 г, С. 36.

品而获利。"高野明写道,"国后岛和北海道居民把每年都从同一地方的松前藩商人那里买来的日本商品运到择捉岛,在当地搜集到水獭皮和鹰羽后,又带回松前来挣钱。所以俄国人在北方出现所引起的商贸发展同时也影响着松前藩的贸易。俄国人十分渴望获得日本商品。俄国人以得抚岛为根据地同南千岛居民开展贸易,开启了俄日两国围绕千岛群岛的国家关系的重要时代,这确是事实"①。

三　И. 切尔内千岛调查

18世纪上半期,俄国在北太平洋执行航海调查任务的多为官方人员。И. П. 科济列夫斯基、В. 白令、А. Ф. 舍斯塔科夫、М. П. 什潘贝格、В. 瓦尔顿等都是俄国官员。18世纪中期,欧洲战场让俄国无法从军队抽出力量开展"千岛调查"或"日本远航"。1759年俄国参政院的一份命令中提到,"1759年,三等文官西伯利亚省长Ф. И. 索伊莫诺夫报告,日本与堪察加之间,叫作库里尔群岛的诸岛屿以及其他一些岛屿非常重要"②,但"鄂霍次克港的官有船只数量不足,也缺少足够的人员,因此现在(对这些岛屿)实施调查是不可能的",他因此建议"在现阶段可以允许民间皮毛采收业者使用鄂霍次克与堪察加港口,对岛屿进行调查"③。1761年2月20日,索伊莫诺夫向阿纳德尔地区长官Ф. Х. 普莱尼斯纳中校寄去一封有关俄国企业主组织非官方性质的千岛群岛南部之旅的说明。8月24日,参政院颁布法令《关于允许在东海群岛的堪察加捕猎》,对

---

① 高野明:『日本とロシア:両国交渉の源流』、東京、紀伊國屋書店1971年版、第101頁。
② ПСЗРИ, т. XV, № 11315. 参见「元老院の命令。商人たちに対するクリル列島における獣の毛皮採集の許可について。」,『日ロ関係史料集:ロシア史料にみる18-19世紀の日露関係』、第3集、第223頁。(ПСЗРИ:Полное собрание законов Российской империи. СПб. , Серия 1: 1830; Серия 2: 1830-1884; Серия 3: 1885-1916,《俄罗斯帝国法律全集》)
③ ПСЗРИ, т. XV, № 11315. 参见「元老院の命令。商人たちに対するクリル列島における獣の毛皮採集の許可について。」,『日ロ関係史料集:ロシア史料にみる18-19世紀の日露関係』第3集、岩波書店1998年版、第224頁。

索伊莫诺夫请求准许私人船往日本至北海道岛定期通航的报告作出回应，采纳他的建议，允许"民间皮毛采收业者前往大洋"①。从时间上讲，整个伊丽莎白女王时期，仅在执政初期和在位末期向"千岛"方向派出航海调查船队。由于得到官方许可，1761 年以后，西伯利亚皮毛贸易商人开始参与"千岛"和"日本"航海活动之中。1762 年 7 月 31 日，叶卡捷琳娜二世的公告也证实确有这一许可。②

伊丽莎白统治末期，俄国开始动员民间商人参与千岛调查。1762 年，叶卡捷琳娜二世通过政变成为俄国沙皇，其"开明专制"极大增强了俄国国力，俄国在"千岛调查"方面更为积极、主动。叶卡捷琳娜二世即位后不久，俄国便恢复官方的千岛航海调查。1764 年，女皇发布组建北太平洋远航队谕旨，要求俄国官方组织力量对太平洋上新"发现"的岛屿进行调查与开发。③ 这些新"发现"的岛屿中便包括堪察加以南的千岛群岛岛链。这一时期，И. 切尔内对堪察加至北海道之间的岛屿进行航海调查。

俄国在库里尔群岛的探索随着时间推移一直在持续。首先就是要寻找"逃走的库里尔斯克人"，也就是说，由于逃避缴纳实物税而逃到南库里尔斯克的北库里尔斯克群岛居民。1764 年，堪察加大士 Я. 布京组织秘密探险，于次年去世，所以 1767 年探险由幌筵岛大士 Н. 奇金和他的助手百户长 И. 切尔内带领。1766 年 1 月 25 日，大列茨克办公厅对探险做出说明，所面临的任务除收服千岛南部的阿伊努人之外，还有"若找到乘船来或在其他情况下来的人……就带到大列茨克，一点都不要激怒他们；此外，不管能否同来人做生意，态度都要温和有礼，适当探访"。不过，办公厅在 1766 年 5 月的说明中又下令要"暗访细查，是否与之通商……要取

---

① ПСЗРИ, Т. XV, № 11315.
② Макарова Р. В., *Русские на Тихом океане во второй половине XVIII в.*, М.: Наука., 1968 г, С. 95.
③ 「エカチェリーナ二世から海軍参議会への勅令。太平洋で新たに発見された島々の記録と開発を目的とする遠征隊の結成について。」、『日ロ関係史料集：ロシア史料にみる 18—19 世紀の日露関係』第 2 集、岩波書店 1998 年版、第 17 頁。

决于他们是否有火器和其他武器，以及他们之中是否有日本人……在什么位置，是否乘船，人多不多，买卖些什么，日本物品、他们各种有趣的衣服能否与中、俄商品交换"。1767年春，俄国探险队启程，奇金于途中去世，切尔内和他的同伴于6月11日到达择捉岛，将当地所有居民和两个来自国后岛的阿伊努人纳入管辖，并且和其他岛上一样，将居民们分割划片。切尔内还收到土著居民送来的不少日本礼物，包括来自北海道岛的金币。阿伊努人告诉切尔内，自1754年起，国后岛南端已经出现常驻的日本卫戍部队。"1768年之前，毛发浓密者（即南千岛的阿伊努人——作者注）自由地生活在18岛（即得抚岛），最南边的19、20、21岛（即择捉岛、国后岛、色丹岛及22岛的东部区域），北海道岛（即现在的北海道岛）和厚岸町及与其接壤地区。"千岛历史研究者 A. C. 波隆斯基如此写道，"他们与日本除贸易往来，没有其他联系。以这一说法为依据，俄国政府开始试图统辖这些毛发浓密者，再借贸易和日本搭上线"①。然而，切尔内对当地人和下属都非常残暴，招致很多人反抗。当时俄国官兵和择捉岛的阿伊努人在得抚岛由于打猎的地盘发生过多次冲突，1772年甚至武力相见。切尔内横行霸道使得他名声恶劣，与日本通商的愿望注定无法实现。切尔内本人也因其所作所为被送上法庭，死在审讯结束前。

第二节 以千岛为中心的俄日直接接触

18世纪下半叶和19世纪初，在俄日建立贸易关系的一系列尝试中，商人列别杰夫-拉斯托奇金资助下的安季平和沙巴林远征占据特殊地位。这次远征的一个目的是找到与日本人建立贸易关系的可能性，远征的结果是来自南千岛群岛的多达1500名阿伊努人被纳入俄

---

① Полонский А. С., Курилы // «Записках Императорского Русского географического общества», СПБ．: Смесь, 1871 г, С. 50.

国国籍，甚至通过阿伊努人与日本人建立了非官方贸易关系，即俄日之间以千岛为中心的直接接触。早在1871年，А. С. 波隆斯基在他的《千岛群岛概况》里就仔细研究了俄文材料。① 在苏联和俄罗斯的研究中，安季平和沙巴林的远征也有被提到，但是比波隆斯基的研究简略很多。② Д. 波兹德涅耶夫简短地触及日本方面的情况，他书中的材料间接来自冈本龙之介的文章《俄日关系视角下的北海道历史》，而冈本龙之介的资料本身又基于《通航一览》。日本研究者中，河野常吉③于1916年刊出论文《蝦夷地一件》专门论述1785—1786年远征。在最新日语著作中有两篇 С. 科尔列尔④的文章也提及此次远征。

1772年，М. 别涅夫斯基在堪察加半岛发动暴乱并成为一系列麻烦的制造者，叶卡捷琳娜二世萌生新的远征南千岛群岛的想法，决定"整顿"这个偏远地区。她任命总理 М. 贝姆少校为"堪察加总督"，并委托那里"所有居民点和其余村庄受他总指挥"。⑤ 因此，堪察加管理局再次独立于鄂霍次克，直接隶属于伊尔库茨克办事处。1772年11月28日，伊尔库茨克州州长 А. И. 布里尔向贝姆指示，命令他装备一支远征队前往千岛群岛且一直到达北海道东北端的厚岸，并查明与日本人建立贸易关系的可能性。⑥

---

① Полонский А. С., *Курилы* // «Записках Императорского Русского географического общества», СПБ.：Смесь, 1871 г, Т. 4. С. 369.

② Ред：Алексеев А. И., Макаров Р. В. и др, Сост：Федорова Т. С., Глазунова Л. В. и др., *Русские экспедиции по изучению северной части Тихого океана во второй половине XVIII в.*, сборник документов., М.：Наука., 1989 г., С. 143-185, 190-203.

③ 河野常吉：「安永以前松前藩と露人との関係」、『史学雑誌』1916年第27巻、第662—677頁。

④ コラー・スサンネ：「安永年間の蝦夷地における日露交渉と千島アイヌ」、『北大史学』2002年第42号、第56—79頁；「安永年間のロシア人蝦夷地渡来の歴史的背景」、『スラブ研究』2004年第51号、第391—413頁。

⑤ Сгибнев А. С., *Исторический очерк главнейших событий в Камчатке*（Ⅳ. 1772 г. -1816 г.）// Морской сборник. 1869. № 7, июль（т. СⅢ）. СПБ., С. 1-2.

⑥ Ред：Алексеев А. И., Макаров Р. В. и др, Сост：Федорова Т. С., Глазунова Л. В. и др., *Русские экспедиции по изучению северной части Тихого океана во второй половине XVIII в.*, сборник документов., М.：Наука., 1989 г., С. 143-144.

第四章 俄国与日本的初步接触

按照贝姆的命令，考察队将顺着千岛往日本方向出发，但贝姆没能立即找到能够执行这个命令的人。雅库茨克商人 П. С. 列别杰夫-拉斯托奇金成功说服伊尔库茨克商人 Г. И. 舍利霍夫加入远征。1774 年，两位商贾远征初期，装载财物的船只在堪察加沿岸撞毁。第二年，参政院在给商人的法令中指示，"要将住在此地的日本翻译、贵族安季平和学生 И. 奥切列金派到现在这艘船上，与日本人见面时可充当翻译"。于是，会日语的伊尔库茨克贵族安季平被任命为远征指挥官。当由商人组成的"千岛"航海队建成后，А. 布里尔任命安季平为此次"远航队"队长。① 之所以派遣安季平，一方面是因为他出身于西伯利亚的俄国贵族家庭；另一方面也是因为他是为数不多的从伊尔库茨克日语学校毕业的贵族子弟。②

在贝姆传达给安季平的 25 条指令中，第 9—13 条跟与日本人建立贸易关系有关。根据指令，俄方试图在确立边界和设立海关后，与日本建立睦邻和贸易关系，"就像当时跟欧洲国家那么做的一样"。在安季平收到的指令中俄国特别指出："按照当地居民的习惯和喜好，日本人一般会购买油、干鲟鱼、海狸、黑色海豹、鹰尾，为此他们会运来酒、烟叶、储粮、长褂、银质图章，还有马刀、刀子、斧子，有脚的青铜锅和铁锅会卖给毛发浓密的千岛人，同时也出售给安季平你本人。国家和民族的收益将取决于与日本人的结交情况和他们的买卖喜好，你们全体人员一定能取得利润。"③ 至于南千岛的阿伊努人（"毛发浓密的千岛人"），俄国

---

① 「M. K. ベムからクリル列島遠方部遠征隊長 I. M. アンチーピンに対する通達。航海の準備と任務について。」、『日ロ関係史料集：ロシア史料にみる18-19世紀の日露関係』第2集、岩波書店1998年版、第51頁。

② 「ボリシェレツク政庁から商人 G. I. シェリホフと P. S. レベジェフ=ラストチキンへの命令書。クリル列島遠征に向けての準備について。」、『日ロ関係史料集：ロシア史料にみる18-19世紀の日露関係』第2集、岩波書店1998年版、第49頁。

③ Ред: Алексеев А. И., Р. В. Макаров и др, Сост: Федорова Т. С., Глазунова Л. В. и др., *Русские экспедиции по изучению северной части Тихого океана во второй половине XVIII в.*, сборник документов., М.: Наука., 1989 г., С. 291.

当局不知道他们有没有归谁管辖，因此下令，即如果他们不归谁管辖，那么就设法使他们加入俄国国籍，同时调查建立贸易关系的可能性。换句话说，俄国人知道阿伊努人和日本人之间有贸易关系，但不知道"他们一方在政治上是否依赖另一方"。因此，俄国人把阿伊努人和日本人看作独立的贸易伙伴。此外，贝姆在给 A. 布里尔的信中写道："派遣尼古拉（"圣尼古拉"号船，远征队乘坐前往得抚岛的船只——作者注）将毛人带入俄国国籍、与日本人建立往来，比渔猎更重要。"也就是说，俄方与其说把南千岛群岛的阿伊努人看作贸易伙伴，不如说把他们看作带入国籍的对象，从而把日本人当作贸易伙伴。

1775 年 6 月 24 日，"圣尼古拉"号从彼得罗巴甫洛夫斯克起航，M. 贝姆认为此次考察的政治意义十分重大，特意从府邸出发为舰船送行。然而 6 个星期之后，船在得抚岛停靠时被困在暴风雨中撞毁。大陆上的人直到 1776 年 7 月才得知此事，当时远征队的几名成员乘坐兽皮艇已到达离堪察加半岛最近的岛上。列别杰夫-拉斯托奇金遂派遣以 Д. Я. 沙巴林为首的两艘装载着粮食的兽皮艇前往得抚岛。一年以后的 1777 年 9 月，他成功得到政府的船只"圣纳塔利娅"号双桅帆船，从鄂霍次克出发前往得抚岛去救援和帮助远征队，领航员是 M. 佩图什科夫，任务是"每年一次，尽量将俄国船和日本船聚集在一起做买卖"①。

在得抚岛过冬以后，由沙巴林负责的小队于 1778 年 5 月 31 日乘坐兽皮艇驶向厚岸町。安季平未参加这次航行，留在得抚岛。6 月 19 日，远征队成员到达根室东边的纳釜府，遇到日船。通过千岛翻译奇金与日本人建立联络以后，沙巴林第二天亲自去日本人那里谈判。针对沙巴林有关贸易的提议，日本人回复说他们不能未经天皇允许就开始贸易，并戏谑俄国人"难不成为了友谊第一次见面就要送礼物"。即便如此，双方约定"在日本君主颁布法令之前，俄国

---

① АВПРИ. Ф. Российско-американские комании. Д. 32. Л. 1–3.

及日本船去第 20 岛"①，即国后岛。日本人还邀请俄国人在 1779 年 7 月 20 日之前到达那里。第二天，沙巴林给日本谈判代表赠送各种面料、靴子、器皿和其他商品。日本人向俄国人询问船只失事后去俄国的同胞，之后沙巴林和他的同伴被允许登上日本人的船并进行参观。6 月 24 日，俄国人告别日本人并返回得抚岛。

8 月 29 日，沙巴林和安季平乘坐"圣纳塔利娅"号一起回到鄂霍次克，并告知当地办事处远征的结果。列别杰夫-拉斯托奇金渴望履行与日本人在下一年见面的承诺，购买了很多商品和物资。9 月 7 日，由沙巴林率领、安季平作为翻译的轮船重新从鄂霍次克出发前往得抚岛。1779 年 1 月，列别杰夫-拉斯托奇金在远征队成员与日本人再次见面之前出发去圣彼得堡，向总检察长 А. А. 维亚泽姆斯基公爵报告远征结果。伊尔库茨克州州长 Ф. Г. 涅姆佐夫向公爵申请给予列别杰夫-拉斯托奇金与千岛群岛人和日本人进行贸易的垄断权，他引证沙巴林在与日本人谈判中的成就，以及将 1500 阿伊努人从择捉岛和国后岛纳入俄国国籍的贡献。他在给公爵的信中写道："沙巴林在上面提到的第 22 岛上与日本人见面，互相赠送礼物，并商定每年夏天尽量在名为国后岛的第 20 岛上见面"②，也就是说，以伊尔库茨克州州长为代表的俄方认为与日本人的贸易问题实际上已经解决。然而，至于申请书的处理，在 1779 年 4 月 30 日的最高法令中禁止向被纳入俄国国籍的毛发浓密的千岛人征收毛皮贡税，并证实 1762 年宣言中关于禁止垄断的条款。③ 也就是说，叶卡捷琳娜二世

---

① Ред: Алексеев А. И., Макаров Р. В. и др, Сост: Федорова Т. С., Глазунова Л. В. и др., *Русские экспедиции по изучению северной части Тихого океана во второй половине XVIII в.*, сборник документов., М.: Наука., 1989 г., С. 168.

② Ред: Алексеев А. И., Макаров Р. В. и др, Сост: Федорова Т. С., Глазунова Л. В. и др., *Русские экспедиции по изучению северной части Тихого океана во второй половине XVIII в.*, сборник документов., М.: Наука., 1989 г., С. 180.

③ Ред: Алексеев А. И., Макаров Р. В. и др, Сост: Федорова Т. С., Глазунова Л. В. и др., *Русские экспедиции по изучению северной части Тихого океана во второй половине XVIII в.*, сборник документов., М.: Наука., 1989 г., С. 183.

（А. А. 维亚泽姆斯基对其转达这个请求）因担心引起西伯利亚其他商业集体的不满，拒绝将垄断权给予一个公司。

1779年春天沙巴林和安季平出发去跟日本人见面，6月24日到达纳釜府。7月5日，从厚岸町过来的千岛人告诉俄国人在那个港湾有正在等待船只的日本人。7月13日又有千岛人过来转告俄国人来自日本人的信号，让他们不要再继续前进，而是在纳釜府等待。俄国人等到8月21日，之后决定自行前往厚岸町。8月26日，沙巴林和安季平与日船船长见面，船长转交给他们来自"松前藩首领"的信，当中写道：

> 如果哪个国家的人有什么需求，或者对我们有什么希望，就在来年等候首长派船去国后岛，岛上有个不大的海湾，派来的人乘船到达以后，他们想做什么就进行谈判，虽然今年夏天从松前藩有船跟来，但天气很差不允许，时间已经晚了，他们打算返回，而外国人最好不要去厚岸，因为厚岸的土地是我们的，而且毛发浓密的千岛人的居民首领从我们这里获得各种各样的连衣裙、黍米、烟草和其他东西，而我们从他们那里得到油脂、干鳕鱼、贝壳和别的需要之物（没有什么好东西）。我们使用船只运输。如果在谈判中有意愿跟他们贸易，那么将允许他们开船去我们更远的城市进行贸易。[①]

此后，沙巴林和安季平又在厚岸町停留了几天，一点点地与日本人进行贸易交换。9月2日，日本船长请来安季平和千岛的翻译奇金并对他们说：

> 我邀请你来是因为你知道我们的谈话，而且你来自政府那边，我们在自己的地方也有代官，有部队长官，给你们最好的

---

① Полонский А. С., *Курилы* // «Записках Императорского Русского географического общества», СПБ.: Смесь, 1871 г, Т. 4. С. 460.

建议是，我们已经成为熟人，您也谈了自己的事，我会把您的事转告给首领，并允诺下年在国后岛见面，那时候再加深彼此友谊。而今年你们等不到什么了——秋天来了，会赶上下雪，您那儿离得也不近，离开这儿吧，不要在这里和国后岛上过冬，要是我们首领听说我允许你们在这儿常住，他会发怒，这对我们没好处，未来会失去友谊，你们也别认为我很坏或者对你们生气，我还希望我们的友谊能进一步。而且明年我们也跟首领一起见面，而现在请听我的，明天就离开这里，并且我去过别的地方，奥兰多、长崎，在中间周旋大概6年，如果哪里没有吩咐，人们就不住在那里。①

听到这些以后，俄国人开始准备离开。9月3日早上安季平和沙巴林去跟日本船长告别。船长跪下跟他们说：“如果你们离开，那过河的时候不要顺路去停着的船那里，那里什么都没有，我会把我们的谈话带给首领，我是奉他的命来跟你们见面的，真的希望我们明年6月可以在国后岛见面。”然后船长把手伸给安季平和沙巴林，他们亲吻他的手并送给他靴子和一块红色呢绒。船长表达感谢以后说：“明年我就有旅馆了，而现在什么好东西都没有，因为我的船来这里是跟当地人做贸易的，而跟你们谈判和做贸易得有指派的首领，但天气阻挡他们，迟了他们可能返回，以后再专门为你们而来。”②

此后，俄国人向船长转交用俄语和日语写的想在下一年向日本人购买的物品清单。船长把清单递给翻译，翻译读完后船长同意了。告别之后俄国人就去了自己的兽皮艇。但是那个船长很快就派

---

① Ред：Алексеев А. И., Макаров Р. В. и др, Сост：Федорова Т. С., Глазунова Л. В. и др., *Русские экспедиции по изучению северной части Тихого океана во второй половине XVIII в.*, сборник документов., М.：Наука., 1989 г., С.193.

② Ред：Алексеев А. И., Макаров Р. В. и др, Сост：Федорова Т. С., Глазунова Л. В. и др., *Русские экспедиции по изучению северной части Тихого океана во второй половине XVIII в.*, сборник документов., М.：Наука., 1989 г., С.194.

来日本人跟他们说，前一天从松前来了一艘载着官员的船只，正是被派来跟俄国人谈判的，并吩咐他们等待召唤。9月5日船只到达厚岸町港，而已经到达的官员9月9日才召唤安季平和沙巴林前去谈判。日方有三名刚刚从松前到达的官员参加谈判，还有一个官员就是之前跟俄国人接触过的那个。这次他们第一次知道他的名字——柴田甚兵卫。

对俄国人关于建立贸易的问题日本官员回答道："有个叫萨穆尔的地方，那里有他们的神认识俄国人并禁止贸易，为的是让俄国人不要去国后岛和择捉岛，如果俄国人需要黍米和红酒就派毛发浓密的千岛人从得抚岛过去，日本人承诺通过他们搞到上述东西，而自己至今为止没有去过；如果俄国人想要从事贸易，那么有一个地方叫长崎，人们从各方到来进行贸易。而现在为不耽搁太久，他们应该立即出发回自己的船。"①

除了允许从得抚岛派遣毛发浓密的千岛人前去获取大米和红酒，没有得到任何结果。9月13日，俄国人离开厚岸町，同月30号返回得抚岛。1780年1月8日发生剧烈地震，每天重复"七八次"，因此远征队没能离开得抚岛。6月18日发生最严重的一次地震，海浪上升，居民建筑和财产尽数被毁，而准备出发的船舶被抛入岛屿深处400米。安季平和其他14个人乘坐兽皮艇出发去堪察加半岛寻求帮助，而沙巴林和其余52个人则留在得抚岛。1781年春，安季平被派去伊尔库茨克汇报事务。列别杰夫-拉斯托奇金也跟伊尔库茨克州州长克利奇卡见了面，并向他请求让政府的船去救留在得抚岛上的人。克利奇卡提供船只以后向维亚泽姆斯基公爵报告此事。在这次报告中他提出鄂霍次克首领祖博夫想要加入与日本人谈判的愿望："除了他的一些刁钻古怪的愿望和花费，特别是根据他无节制的状态，不该希望他能在遥远的地方得到任何好处，也不能让

---

① Полонский А. С., *Курилы* // «Записках Императорского Русского географического общества», СПБ.：Смесь，1871 г, Т. 4. С. 461.

他在贵族安季平那里单独和日本人见面。"①

于是,安季平和沙巴林的谈判最后没能跟日本人建立合乎要求的贸易关系,然而俄国人有没有利用日本人提出的在需要大米和红酒时可以派毛发浓密的千岛人从得抚岛过去的决定呢?根据波隆斯基的研究,安季平和沙巴林走后留在得抚岛上的 52 个人直到 1782 年 5 月都在徒劳地试图把被海浪抛到岛上的船只拖到水里。其间他们也去渔猎,然而"因为地震连海狸都走了",而"在没捕到海狸的时候也没搞到粮食"。最后,1782 年夏天,沙巴林乘坐两艘兽皮艇回到堪察加半岛并"带来猎物,即 61 只海狸、97 只狐狸、几只猫、水獭、黑貂和毛皮;1 只黑貂、2 只水獭和 3 只狐狸是 1781 年由国后岛上的异族人头子送来的"②。当然,这两段话对于得出清楚的结论是不够的,但是,俄国人很可能在 1779 年秋天离开厚岸町,直到 1782 年春天都在试图从择捉岛和国后岛的阿伊努人那里获得粮食,甚至从后者那里收取毛皮税。

1784 年 7 月,沙巴林为救"圣纳塔利娅"号船重新回到得抚岛,然而这一次也因为与工人的意见不一致而未成功,1785 年他彻底离开得抚岛。总的来看,这两年俄国人与阿伊努人和日本人来往的任何证据都没有留下。列别杰夫-拉斯托奇金采取的把阿伊努人带入俄国国籍和与日本人建立贸易关系的所有措施也以此终结。他本人把事业转到阿留申群岛,其他商人也失去对千岛群岛的兴趣,直到 1795 年,俄美公司重新在得抚岛上建立定居点。

普遍的观点认为俄日建立贸易是为保障俄国的远东居民点,尤其是保障鄂霍次克和堪察加的粮食供应。但西伯利亚商人的真正愿望是销售毛皮制品,跟俄国人在恰克图与中国清朝实行的贸易相似。

---

① Полонский А. С., *Курилы* // «Записках Императорского Русского географического общества», СПБ.: Смесь, 1871 г, Т. 4. С. 463-464.
② Полонский А. С., *Курилы* // «Записках Императорского Русского географического общества», СПБ.: Смесь, 1871 г, Т. 4. С. 465.

至于日方对上述事件的叙述，除几个例外情况，基本上重复俄方版本。在《通航一览》中关于沙巴林远征队的叙述见下文。

"安永7年6月9日（*1778年6月22日——作者注*）在纳釜府当地出现两艘外国船，伴随着一艘阿伊努船。当地人从千岛群岛上岸并报告俄国人的到来和他们想要跟日本人见面的愿望。当时在纳釜府的官员有松前藩的荒田大八和工藤西卫门，还有翻译官临惠门。会谈在第二天进行，荒田大八回复俄国人，他无权同意或者拒绝，他有义务向藩地当局报告该提议，得到答案后，要求他们下一年到择捉岛来。*12号（6月25日：作者注）*俄国人从纳釜府起航。"

下一年，即安永八年（1779年——作者注）夏天，松前藩官员去给俄国人回复，他们当时迟到了。没有耐心在择捉岛等待的俄国人越过国后岛到达厚岸町。日本人直到第7个月（8月——作者注）才抵达那里并给出答复："对外贸易仅限于长崎港，因为在别的地方完全不允许，不论请求多少次，都不会允许。将来过海和到这里来都是没用的。"他们把一年前俄国人送的东西还了回去，在补给了燃料、水和大米之后，俄国人无奈地离开了。①

根据事件的直接参与者翻译官临惠门的说法，我们能更详细地获取一些当时的场景。1785年他向幕府官员提交过一份报告。

当我和运输官员荒田大八及船舶监督人工藤西卫门到达属于虾夷低地贸易区承包人日代的纳釜府的时候，贸易事务所管理人兵吉去世了，在那里值班的有正三郎和其他三人。当时，9号晚上，来了两艘船，像是阿伊努人和外国人在船上，还有一艘载着择捉岛阿伊努人的船作向导。他们靠岸并开了几枪。阿伊努人不知道这是什么，特别害怕和激动。很快从向导船上下

---

① 林熀：『通航一览』、大阪、清文堂1967年版、第84—85页。

来择捉岛的阿伊努人，并告诉当地阿伊努人不会有任何战斗，只是俄国人想跟日本人见面。所有人才安静下来，甚至从事务所里安静地走出了阿伊努人，他们交谈后沉默下来。随后俄国人到岸上开始建造小屋。然后俄国人的翻译过来了，是个来自新知岛的阿伊努人。他说，得知日本人在虾夷的土地聚集后，俄国人想跟他们见面，因此他去找了运输官员大八。当时他又一次请求，说道，俄国人知道日本人在这里，他们自己从远方航行来到他们不熟悉的工作地，因此他们见不到日本人就不能安心，尽管时间已经很晚了。在坚持不懈地请求之后，他们自己去了事务所。然后大八与他们见面，他们很快就返回临时小屋。那天晚上四五个配枪的俄国人在看守小屋，那时候我半夜去找阿伊努人并肯定地说，我们不会对俄国人做任何不好的事情，让他们安静地休息。然后看守离开。第二天早上俄国人和阿伊努人又一次从新知岛过来并说道，他们想与日本人做贸易，还带着自己的商品，并表达强烈要求。八大回答他们，由于他完全不能处理外贸事务，他应当回到松前汇报给主人。而如果他能够在那一年回去，那么就只能在第二年夏天在择捉岛给出答复，因此俄国人现在最好快点回家。12号俄国人离开纳釜府。至于俄国人赠给松前藩主的礼物和信件，也都是大八接受并转交的，我什么也不知道。

安永八年，为向俄国人转告答复，松前派遣了运输官，俄国人应当在他之后到达。同年，由于没有顺风，官员们迟很久才到地方，因此已经在择捉岛等待的俄国人在没有任何消息的情况下出发前往国后岛并继续等待，但是仍然没有任何消息，后来他们转移到纳釜府又开始等待，但那里也没有消息，这时候他们继续前进并到达厚岸町贸易区的缇苏施康，又开始等待。与此同时，朝里、松井、工藤西卫门，以及监督者柴田和文乐，翻译西卫门和我于4月29日离开松前并在佐井港靠岸，但是直到8月4日都没有顺风，之前我们就停留在佐井港，而同一天我们离开并在 7 日到达厚岸町。因为那里通知我们说，没有等到我们的俄国人逐渐向深处前进，包括我在内的所有官员出发去了上面提到的缇苏施康。俄国人等了这么久，很明显，他们对贸易非常渴望。我们跟他们见面并转告他们，跟外国贸易的地方仅限于长崎港，而在其他地方是国法禁止的，未来他们再来也是没有用的。然后我们把去年收到的礼物和信件还给俄国人。此外，认为俄国人海上回程可能需要很长时间，日本人转交给他们 15 袋大米的补给，另外还有红酒、烟草和吸烟管。俄国人作为回礼送给三位运输官三卷糖，两位监督人每人一卷，甚至也要送我们礼物，但我们拒绝了。当时他们说我们一定要收下礼物，因为礼物不算贵重，我们就决定收下。此后俄国人立刻离开了那里。①

在对比俄文和日文资料时最惹人注目的是日期不符。根据俄文资料，俄国人 6 月 19 日晚上到达纳釜府，6 月 24 日离开，也就是说在那里停留 6 天，算上到达和出发的两天。上面的叙述里说俄国人 6 月 9 号（儒略历 6 月 22 日）到达，12 号（6 月 25 日）离开，因此在那里度过 4 天。很难推测为什么会出现这样的不一致，然而根据标出日期的报告，沙巴林详细写了每天他都干什么，因此怀疑他故意修改日期是没有任何根据的。日文资料是在事件发生 7 年后才在给中央政府代表的报告中做记录，因此很多事实可以被修改。

从这种意义上来说还有一处不一致也值得注意。那就是在 1778 年跟俄国人来往过的日本官员的名字。翻译官临惠门说当他"和运输官员荒田大八及船舶监督人工藤西卫门到达……纳釜府的时候，贸易事务所管理人兵吉去世了，在那里值班的有正三郎和其他三个人"。那时候俄国人已经到了，正是指定的官员从最开始跟他们进行谈判的。另一个资料是"关于俄国人第一次到阿伊努人的松前土

---

① 林耀：『通航一覧』、大阪、清文堂 1967 年版、第 85—86 頁。

地承包区的记录",这个资料由象二郎和喜多卫门写自1780年,象二郎管理着择捉岛地区,喜多卫门管理国后岛地区,资料中写道,首先与俄国人交谈的正是象二郎和喜多卫门。他们告知对方自己国家的名称和他们来访的目的,而在得知俄国人的到来之后,大八和工藤才到达纳釜府。①

根据沙巴林的报告,6月20日出席谈判的有36个日本人和200个左右阿伊努人。日本方面谈判的领导是日本"船舶长官"肥及和岗立。谈判结束后沙巴林邀请日本人去自己那里,于是那天去了肥及、岗立和另外8名日本人,而且前两个人每人有两把军刀,另外的人每人一把军刀。谈话中日本人说岗立得到一千两百"红票子",而肥及得到五百"红票子","而他们在长崎有住所,从远在500俄里外的祖国坐了15天船"。尽管这两个日本人有马刀,然而他们的长崎县出身暗示着他们不是松前藩官员,而是飞驒市贸易行的员工,这个贸易行由择捉岛贸易区负责。此外,肥及这个名字跟"兵吉"非常相像,而翻译官临惠门说兵吉是贸易事务所管理人,在松前藩官员到达前不久去世了。俄国人会不会已经和这个贸易事务所的管理人兵吉(他之后有可能真的去世了)见过面了,而松前藩的官员荒田大八和工藤西卫门描述得好像跟俄国人见面的正是他们一样?把日期往后改有可能也是一样的原因。

至于俄国人1779年在厚岸町的停留,需要指出的是,根据俄文资料,安季平和沙巴林两次从日本人那里得到关于建立贸易关系的答复,即8月26日从转交给他们"松前藩首领"的信的日船船长那儿,以及9月9日从另一艘船的船长那里。如果想办法把这些情报和日文资料做对比,那么我们会发现,被指派转告俄国人答复的松前藩官员"第8个月的第7日"到达厚岸町,也就是说儒略历的9月5日。这意味着8月26日跟安季平和沙巴林见面的不是专门被指派来谈判的松

---

① 「安永七年松前蝦夷地請負場所魯西亞人始テ渡来の記」、『飛驒屋武川家文書』旧記0517－A7——9。

前藩官员，而是安季平在工作日志里称为"daikwan"（有可能是日语的代官）的某个其他人。在1779年9月3日的记录里安季平传达这位"首长"说的话，当俄国人已经动身离开的时候，他说："明年我就有旅馆了，而现在什么好东西都没有，因为我的船是来这里跟当地人做贸易的，而跟你们谈判和做贸易的是指派的首领，而天气阻碍他们，因为迟了他们可能返回，以后再专门为你们而来。"① 显然，这是身在厚岸町的飞骅屋的商行人员，所以在与俄国人的私人对话中允许自己独立作出在国后岛进行贸易的承诺。

　　除此之外，还应该注意被松前藩派去跟俄国人谈判的日本官员的名字。根据日本翻译官临惠门的讲述，除了他以外这个队伍里的官员还有朝里、松井、工藤西卫门，以及监督者柴田和文乐及另一名翻译西卫门。他们所有人都是第4个月29（5月21日）离开松前，第8个月7日（9月5日）到达厚岸町的。然而在安季平的工作日志里我们找到其他信息，即9月9日跟日方谈判的时候出席"3个日本人，其中一个坐在上面，是在岛上跟我们见过面的前首长代官，那时他的名字是柴田甚兵卫，还有两名新首长"，以及"两名懂毛发浓密的千岛人的谈话的日本翻译官，一个是之前的，另一个是刚刚跟首长们到达的"。②

　　安季平提到的名字"柴田甚兵卫"，那个在松前藩的官员到达之前跟俄国人交流的"代官"，非常像翻译临惠门列举的名字中的其中一个——"Shibata Kambe"（柴田勘兵卫）。顺便说一句，在名为"安永八年鲁西亚人应接书"的来源里这个名字记载为"Shibata Jimbee"（柴田甚兵卫），③ 这个发音跟俄语来源的资料相近。读音

---

① Ред：АлексееваА. И.，Макаров Р. В. и др，Сост：ФедороваТ. С.，Глазунова Л. В. и др.，*Русские экспедиции по изучению северной частиТихого океана во второй половине XVIII в.*，сборник документов.，М.：Наука.，1989 г.，С. 194.

② Ред：АлексееваА. И.，Макаров Р. В. и др，Сост：ФедороваТ. С.，Глазунова Л. В. и др.，*Русские экспедиции по изучению северной частиТихого океана во второй половине XVIII в.*，сборник документов.，М.：Наука.，1989 г.，С. 196.

③ 『安永八年魯西亜人応接書』、旧記0007。

的不同很容易用记录人名时使用的汉字"勘"和"甚"的相同之处来解释。如果在这种相似性基础上假设说的都是同一个人,那么日本翻译官临惠门的信息可能会被怀疑。有可能他是想以此来说服幕府官员(他在 1785 年把消息传达给这些人)——在 1779 年俄国人只跟松前藩官员见了面,没有其他人给他们有意建立贸易关系可能性的理由(甚至是通过千岛群岛的阿伊努人)。

在俄日关系历史中,1778—1779 年的谈判是第一次也是最后一次阿伊努人跟俄国人和日本人一起发挥积极作用的一段。在关于这次谈判的文章中,科尔列尔指出阿伊努人在谈判中发挥的两个基本作用——翻译官和资料提供者。① 1778 年第一次见面时和沙巴林一起出席的有懂日语的奥切列金和某个彼得或者费奥多尔(根据日文资料)。可是沙巴林嘱咐奥切列金隐瞒懂日语的事(任何场合下),通过千岛阿伊努人尼基塔·奇金用阿伊努语进行交流。1779 年会日语的安季平和沙巴林一起到来,安季平在工作日志里写道自己跟日本人用他们的语言交流了几次(日本"代官" 9 月 2 日对他说:"我邀请你来是因为你知道我们的话。"②)。然而 9 月 9 日与松前藩官员的谈判是以阿伊努语进行的,日方由日本人翻译,俄方由千岛人翻译。"日本人通过毛发浓密的翻译官告诉探子(沙巴林),我们将通过一个毛发浓密的翻译官在我们这儿询问,最好听着,探子同意了"③,安季平写道。也就是说选择阿伊努语作为交流语言,以便在场但不懂日语或俄语的南千岛群岛和北海道东端的阿伊努长老能够理解会谈的内容。

---

① コラー・スサンネ:「安永年間の蝦夷地における日露交渉と千島アイヌ」、『北大史学』2002 年第 42 号、第 69—70 頁。
② Ред:Алексеев А. И., Макаров Р. В. и др, Сост:Федорова Т. С., Глазунова Л. В. и др., *Русские экспедиции по изучению северной части Тихого океана во второй половине XVIII в.*, сборник документов., М.:Наука., 1989 г., С. 193.
③ Ред:Алексеев А. И., Макаров Р. В. и др, Сост:Федорова Т. С., Глазунова Л. В. и др., *Русские экспедиции по изучению северной части Тихого океана во второй половине XVIII в.*, сборник документов., М.:Наука., 1989 г., С. 197.

至于千岛群岛的阿伊努人作为资料提供者指的是，正是通过跟他们的交流使俄国人意识到和日本人建立贸易关系的可能性。针对日本官员关于是什么把俄国人带到得抚岛和厚岸町的问题，他们回答道："起初我们俄国人为了从效忠的千岛人那里收取毛皮税而来到这儿，并从来过这儿的人那里得知你们的船，得知你们来这儿并在附近和千岛人交易，出发时我们的首领得知此事，呈报给了沙皇。"①

除了"被动的"功能——翻译和资料提供者以外，科尔列尔还指出某些南千岛群岛阿伊努人在谈判中的积极参与，尤其是国后岛阿伊努人的领袖特苏吉诺。② 1773年，特苏吉诺对日本贸易行飞驒屋的船只发起袭击，之后把派遣日本船只去国后岛的时间推迟到1781年。后来特苏吉诺跟俄国人亲近起来并组织他们1778年的纳釜府之行。在一个关于俄国人和阿伊努人关系的日文资料里说道，俄国人想要跟日本人打交道，而跟阿伊努人和特苏吉诺特别不亲近，认为他们跟动物一样，因此不可靠。结果特苏吉诺不仅没能跟俄国人调整好关系，而且因为把俄国人带到纳釜府而遭到日本人责备。③

另一个消息来源说，当特苏吉诺和"远方岛屿的野蛮人"一起到达择捉岛时，他请求以海獭毛皮为交换卖给他大米。然而择捉岛的阿伊努人拒绝卖给他多于糊口的大米，推脱说根据日本人公布的规则，他们现在只定量出售。后来特苏吉诺对自己的行动（袭击日本船只和给俄国人带路）感到后悔，道了歉并请求恢复派遣贸易船只去国后岛。④

---

① Ред：АлексееваА. И.，Макаров Р. В. и др，Сост：ФедороваТ. С.，Глазунова Л. В. и др.，*Русские экспедиции по изучению северной частиТихого океана во второй половине XVIII в.*，сборник документов.，М.：Наука.，1989 г.，C. 197.

② コラー・スサンネ：「安永年間の蝦夷地における日露交渉と千島アイヌ」、『北大史学』2002年第42号、第71頁。

③ コラー・スサンネ：「安永年間の蝦夷地における日露交渉と千島アイヌ」、『北大史学』2002年第42号、第71頁。

④ コラー・スサンネ：「安永年間の蝦夷地における日露交渉と千島アイヌ」、『北大史学』2002年第42号、第71頁。

然而特苏吉诺的行动可能是因为他想保留国后岛独立和独立贸易经营的意愿。1768年俄国百夫长切尔内在择捉岛跟包括国后岛在内的阿伊努人见面，他在这里"收到很多日本物品"，并将"两个王子和两个从第20岛（国后岛）来的游客"带入俄国国籍。① 就是那时候，俄国渔人和择捉岛上的阿伊努人为在得抚岛上捕猎海獭起了冲突，到1772年甚至发展为双方都有人员牺牲的武装冲突。然而，正如日本消息所示，1773年或1774年，和平再次降临，俄国人和择捉岛阿伊努人之间恢复贸易。

国后岛的首领特苏吉诺在继续跟俄国人接触的时候大概意识到他们需要大米、烟草等日本商品，所以决定供货。引人注目的是，尽管1774年他抢劫完飞騨屋的船之后，也就不允许与日本人直接贸易了，但他未拒绝船只前往择捉岛和厚岸町购买日本商品。安季平远征队的成员们于1775—1779年出现在得抚岛上，他们跟特苏吉诺也建立了定期往来。就像已经说过的那样，特苏吉诺在俄国人得以出发去厚岸町与日本人直接见面这件事上扮演了重要角色。他可能是想向日本人展示自己与俄国人的关系，从而指出国后岛的阿伊努人有不亚于松前藩作为重要贸易伙伴的价值（然而需要注意的是，根据日本翻译官临惠门的报告，俄国人的向导是择捉岛的阿伊努人）。② 从这种意义上说，日本人和俄国人谈判结束后决定通过国后岛的阿伊努人开展贸易关系的决定是非常合理的。

关于特苏吉诺在1778—1779年俄国人同日本人谈判期间，以及他在两次会面中的实际想法虽然不得而知，然而从谈判的结果中——口头约定通过国后岛的阿伊努人进行贸易，能猜测到他的促进作用。从这种意义上来说，值得注意的还有上面提到过的来自"松前藩首领"的信，1779年8月26日该信被转交给安季平和沙

---

① Полонский А. С., *Курилы* // «Записках Императорского Русского географического общества», СПБ.：Смесь, 1871 г, Т. 4. С. 409-420.
② 『クナシリ・メナシの戦い』、根室、根室市教育委員会1994年版、第11頁。

巴林。在这封信中能看出国后岛和厚岸町的某种对比，即当国后岛可以充当谈判地点时，去厚岸町是不被允许的，提到此地就好像在说日本领土一样。后来，1779年9月9日在跟日本官员谈判时针对建立贸易关系的提议谈道："为了不让他们去国后岛和择捉岛，如果他们需要黍米和酒，那么就派得抚岛上毛发浓密的千岛人去那里，日本人答应通过这些人转达，而他们自己绝不能去。"禁止俄国人去国后岛和择捉岛引发了一些问题，因为就像前面提到的那样，自1773年起日本人就不去国后岛了，直到1785年前也根本没有证据证明日本人到过择捉岛（1692年遇险的船只除外）。宣布这个禁令有可能是因为特苏吉诺或者南千岛群岛其他阿伊努长老的请求——为了保障自己独立于俄国人和日本人。

1781年特苏吉诺向飞驒屋道歉并请求恢复派遣日本船舶去国后岛。川上淳解释说，与俄国人的贸易未满足国后岛阿伊努人的期望，而他们对日本商品需求非常高。① 然而并没有解释为什么特苏吉诺请求日本船只过来，而不是像之前那样自己前去厚岸町进行贸易。

在安季平1779年9月9日的工作日志中，他针对与千岛人的贸易这样写道："……我们去千岛人的得抚岛，那里来往并居住着效忠我们的第16岛新知岛的千岛人，我们从他们那里收取毛皮税上交国家并从事绣花连衣裙和其他商品贸易，我们在那里有过冬的船只，我们用网捕捉海狸，用海狸皮做衣服，而没有跟毛发浓密的千岛人有任何的贸易和物品交换。"② 也就是说，根据他所说，那时俄国人跟国后岛的阿伊努人没有固定关系。

然而厚岸町首领伊香户井和纳釜府首领善子把与俄贸易关系告

---

① 川上淳：『近世後期の奥蝦夷地史と日露関係』、札幌、北海道出版企画センター、2011年版、第78—79頁。
② Ред：Алексеева А. И.，Макаров Р. В. и др，Сост：Федорова Т. С.，Глазунова Л. В. и др.，*Русские экспедиции по изучению северной части Тихого океана во второй половине XVIII в.*，сборник документов.，М.：Наука.，1989 г.，С. 198.

知了1785—1786年的日本幕府远征队成员。根据他们所说，俄国人每年都来得抚岛并卖给阿伊努人丝绸、棉花、糖、药和其他商品，而阿伊努人作为交换给他们大米。青岛俊藏在关于1789年阿伊努人起义的报告中说，俄国人在1786年后才停止前往得抚岛，这跟俄文来源的资料相符。根据该俄文资料，1784年沙巴林和11个工人为把被抛到岸上的船放回水里而到过得抚岛并停留至1785年（日本人1786年在择捉岛上见到的那三个俄国人有可能正是这批人之中的）。

基于以上所述，我们可以假设特苏吉诺在1781年请求派遣日本船只去国后岛，为的是从日本人那里得到比他自己从厚岸町能运来的数量更多的大米，然后把大米卖给得抚岛上的俄国人。因此俄国人和南千岛群岛以及北海道东边的阿伊努人在一定程度上的定期接触很有可能是借助安季平和沙巴林远征队在1780—1781年建立的，并持续到1785年。

沙巴林和安季平的远征队在俄日来往史上成为重要里程碑。首先，俄国人第一次与日本官员（即使不是中央政府的，而是松前藩的）见面，并声明进行贸易的意愿。其次，就像河野常吉在文章中指出的那样，正是在这次远征后日本人（松前藩的代表）第一次获得第一手关于俄国和俄国人的详细真实信息（尤其是研究者指出，松前藩得知经历轮船失事的日本人在俄国教授日语的时间比幕府从荷兰1781年的报告中知道的时间早三年）。①

关于安季平和沙巴林远征队的传闻逐渐在松前藩流传开来，很快传到江户。不过幕府不是从松前藩报告中得知俄国人的到来的。松前藩当局没有报告此事显然是因为担心失去与阿伊努人的贸易特权。考虑到当时几乎未知地出现在北部边界的国家，仙台市一位名叫工藤平佑的医生发出了警报。

---

① 河野常吉:「安永以前松前藩と露人との関係」、『史学雑誌』1916年第27卷、第670—671頁。

第三节　日本对俄国的早期警戒

18世纪，日本出现第一轮研究俄国的高潮，工藤平助、林子平、本多利明等经世学家亦精通兰学，国内甚至可见"兰俄合流"趋势。幕府对北部地区的两次大规模勘察与开发（"虾夷地考察"）也集中在18世纪下半叶，即1785—1786年与1798—1799年。由于社会危机（"天明大饥馑""信浓浅间山火山爆发"）与俄国南下的内外双重压力，日本社会内部开始重视并加强海防的近代国家意识萌芽，在一定程度上指导了幕府对北部地区的开发。随着俄国在千岛群岛南下的深入，日本在加深对俄国认识的同时，也加强了对俄国的警戒。

一　日本对俄国认知的深化

有关俄国的信息不仅以偶然的方式传入日本，而且还通过"官方"信息渠道传入。比如，17—18世纪由长崎的荷兰商馆人员转送给日本政府并在日本国内传播的年刊《所听记闻》。1705—1799年《所听记闻》中共有22次提到莫斯科人。最早关于俄国的描写始于1705年，18世纪70年代变成"莫斯科国"，1776—1799年改称其"留斯"（提到13次），1806—1846年称其为"俄罗斯"（提到17次）。①《所听记闻》主要内容有俄国参加北方战争、荷兰船只在圣彼得堡、中国驻俄大使馆、什潘贝格航行到日本、俄国与瑞典之战、俄国参加七年战争、某俄国统治者（可能是彼得三世）去世、俄国与堪察加冲突（但不十分清楚这个冲突具体是什么，记闻记录的是1765—1769年的事）、俄国政府想雇用荷兰海员探索东部海域、М. 别涅夫

---

① Бартольд В. В., *История изучения Востока в Европе и России：Лекции，читанные в университете и в Ленинградском институте живых восточных языков*. Л.：Ленинградский институт живых восточных языков，1925 г，С. 90.

斯基及其经历、俄土战争、俄国准备建造军舰、走海路抵俄的日本人以及日本人教授日语。这个记闻中最引人注目的当属与日本相关的一些实例。然而，什潘贝格的航行路线只能推测出日本是俄国的目的地；俄国与堪察加的冲突也未必能引起日本人注意，即便能，日本人也不知道后者的名称，更不知其地理位置；而关于 M. 别涅夫斯基以及教俄国人日语都是后来发生的事。这些事情也是应日本政府要求才得以出现在《所听记闻》中。当时幕府下令，若靠岸的外国人还要继续前进，则将其逮捕。1739 年什潘贝格船队到访日本，俄国人给日本渔民的钱币由荷兰商馆鉴别出自俄国，幕府责令查问钱的来路，此后俄国才开始进入日本统治者的视野。然而，比这更严肃的行为，比如询问关于俄国的情况，却没有发生。可以说，日本当局把俄国船只的靠岸看作偶然事件。

接下来的一件事，即 M. 别涅夫斯基从堪察加出逃，1771 年到达日本沿岸，极大地激发了日本统治者和思想家对俄国的兴趣。他给长崎的荷兰商馆写了一封信。信中写道，俄国在库里尔群岛上建设防御工事并准备夺取日本北方岛屿。荷兰人应日本要求把这封信译成日语，并向荷兰东印度公司董事会提交对别涅夫斯基身份和经历的调查，于 1772 年把调查结果告知了日本。

在信中别涅夫斯基提到两个关键的地理名词，堪察加和千岛群岛，俄国这个国家被译成"罗斯"。至于库里尔群岛，译者"研究了荷兰人手中的地图，但并不明白这个名称指的是哪个地方"。因为当时日本的一些著名世界地图上俄国被称为莫斯科国，仅仅是欧洲的一部分，因此靠近日本的俄日交界地带（堪察加与库里尔群岛）只能让日本人一头雾水。① 很显然，18 世纪 70 年代末的日本政府为准确了解这个地域广阔的新邻居，单单从荷兰人口中获取关于俄国和堪察加的信息显然已经不够。此时松前藩首次发挥"信息

---

① Ермакова Л. М., *Вести о Япан-острове в страодавней России и другое*., М.: Языки славянской культуры, 2005 г., С. 67.

之窗"的作用，1778年该藩居民第一次在阿伊努人居住地见到俄国人。

1778—1779年俄国考察团成员沙巴林与松前藩代表举行会面和洽谈，其间，俄国人和日本人收集对方各方面的信息。日本人把俄国人的服饰画下来，记录下俄国人讲的话。后来这些信息至少在两本著作中得到体现。第一部著作的作者是藩主之子松前广长。他在《松前志》中用几行字描写俄国和堪察加，介绍其地理位置，描写俄国人外表，并把俄国人与荷兰人相比较，说他们来自鄂霍次克港。俄国人到来的消息很快传至松前藩之外。1783年，一部融合当时日本所了解到的所有关于俄国资料的著作问世，即仙台藩医生工藤平助在研究荷兰地理著作之后撰写的两卷本《赤虾夷风说考》（《红色虾夷的资料研究》）。工藤平助听说别涅夫斯基和俄国人来到北海道的消息后决定对该课题做深入研究，他的书中包含最详细的俄国地理位置、俄国历史重要阶段、与他国的贸易关系以及西伯利亚和远东开拓等资料。书中公布松前藩公国与俄国人的会面以及公国同俄国签订的秘密贸易协定，建议开发虾夷岛。通过对这些信息的分析综合，工藤平助得出结论并认为，走私贸易正在增加①，俄国人想与日本开展贸易，建议日本政府应同意与之通商，以便将来更好地了解俄国人及其计划。通过熟识的官员朋友、勘定奉行松本秀持推荐，工藤平助的著作被呈交给田沼意次。尽管工藤平助本人对别涅夫斯基的说法持不信任态度，但是别涅夫斯基的书面警告还是引起田沼意次（1719—1788）的切实担忧。这本向幕府提出俄国警示的著作在一定程度上惊醒幕府统治者，田沼意次接受建议并计划对松前藩与俄国人的交往进行审查。可以说，《赤虾夷风说考》是日本第一部以近代眼光去看待俄国这样一个欧洲国家，对西方扩张产生初步认知的著作，日本由此产生海防思想的萌芽。之后，日本陆续出现一系列关于俄国、关于日本北方领

---

① 深谷克己：《岩波日本史》第六卷《江户时代》，梁安玉译，新星出版社，第124页。

土以及国防安全的著作。

著名思想家林子平（1738—1793）也提及别涅夫斯基到访。在《三国概论》中，他推测俄国人有侵略千岛群岛的意图，预言俄国对千岛群岛的推进将会夺取所有虾夷土地，并提出了相关措施，如提前向北移民，对虾夷岛经济开发，开采贵金属矿场，将该岛并入日本版图等。① 在第二本著作《话谈海洋国家战事》中，林子平引证别涅夫斯基事件，谈到必须对日本军队进行改革以应对欧洲国家强大的舰队，未来日本也一定要建设独立军舰，改建日军以反击外国军队入侵。他在这两本著作中谈到俄国开拓者时不吝贬低之词，也正因如此，他获得日本首位"反俄思想家"的称号。而且，作者遣词造句中也流露出更丰富的消息，他认为，"别的国家尤其是中国，也有这样的侵略意图"②。1787 年，居住在江户的日本剧作家山东京传的剧本、风俗小说《无粹子部屋》，更使莫斯科国家的名字广为知晓。

18 世纪 70 年代以前，日本国内普遍认为，俄国人沿千岛群岛南进时，如同荷兰人对日本人做的那样，也就是努力建立睦邻友好、互惠互利的贸易关系。当《松前述》《赤虾夷风说考》《三国概论》《话谈海洋国家战事》一系列著作问世后，幕府接受国内知识分子的建议考察虾夷岛。工藤平助与林子平都积极倡导把日本建设为海上强国的国防理论。

二 M. A. 别涅夫斯基事件

在日本对俄国的早期警戒阶段，M. A. 别涅夫斯基的流亡之旅是不可忽视的重要环节，因为别涅夫斯基直接向幕府提醒俄国不仅存在，而且是切实的对日威胁。别涅夫斯基的信件被日本国内知识

---

① 林子平：『三国通覧図説』、東都書林。1783 年版。第 51 丁上下。早稲田大学総合図書館蔵写本（蔵書番号：ル03 01547）。

② Под рудакцией С. В. Гришачев, *История Российско-японских отношений XVIII—начало XXI века*, Аспект пресс, Москва, 2015 г, С.91.

分子所引用，作为预警俄国的确凿佐证，这增强了日本对来自北方威胁的真正担忧。

别涅夫斯基（1746—1786）是波兰军官、波兰与匈牙利贵族的后裔、波兰独立运动的参与者。1769 年，他在卡缅涅茨-波多利斯基①城外被俄国人俘虏后被流放到喀山，后逃到彼得堡。在彼得堡参与反政府阴谋败露后，他试图乘坐荷兰海船逃往国外，却被荷兰商船船长当作造反者出卖给俄国政府。1770 年，他再次被发配到堪察加的大列茨克。在大列茨克，他利用船员、工人和政治流放犯的不满情绪策动暴乱，纠集约 70 人（以俄人为主）准备先逃往日本海岸，接着去欧洲。别涅夫斯基一行逃跑乘坐的是平底帆、货船"圣彼得"号，由经验丰富的航海家、鄂霍次克港航海长 M. 丘林领航，副手是近卫军大尉 П. 赫鲁晓夫，这个赫鲁晓夫曾在 1762 年参加过反对叶卡捷琳娜二世的起义。队伍中有大尉 И. 斯捷潘诺夫和 B. 帕诺夫、上校 A. 布图尔林、听差 A. 丘洛什尼科夫、办事员 И. 留明和 C. 苏杰伊金、被流放的瑞典人 A. 维布兰特等人。除充足的粮食储备，船上装有 126 箱公家的兽皮（紫貂皮、河狸皮和狐狸皮）以及大量钱财。这些逃犯在堪察加劫掠 6500 官方卢布，以供商贸活动。

1771 年 7 月 18 日，"圣彼得"号船抵达德岛，此处位于本州岛上的贸易中心——大阪城对面，比瓦尔顿当年到达的地方还要往南许多，也是俄国自 1739 年以来 32 年内到达的最南地界。7 月 19 日，岸边的日本人打手势让他们不要靠岸，因为，如果俄国人上岸，当地人会被处死。然而，别涅夫斯基还是同斯捷潘诺夫和维布兰特以及一些同伴开船驶向岸边。日本人继续用手势告知说可以在一个半岛附近补充淡水储备。"这个半岛在别涅夫斯基的回忆录中有

---

① 位于德涅斯特河左岸支流莫特里奇河畔，离基辅西南 343 公里，现为乌克兰西部历史名城，有建于中世纪的土耳其城堡。1062 年见于史籍，为历代军事要塞，曾属立陶宛、波兰和土耳其，1793 年随乌克兰并入帝俄。卡缅涅茨-波多利斯基中"卡缅"（камень）在古斯拉夫语中意为"石头"，而"波多利"（подоль）则系乌克兰史称"波多利亚"的地区。

一个神奇的名字'黑瓦萨'，他在那里似乎受到日本大公的殷勤接待。"① 按这位日本官员的命令，俄国海船被三艘日本船只拖到岸边。船员们邀请日本官员和神职人员上船，并向日本人赠送礼物。傍晚，日本人运来大米和水。

小事员留明回忆道："这些日本人来到船上后就解释，我们应该像荷兰人一样去长崎，它位于五十多俄里远的大岛以外的一个岛，他们只同荷兰做生意。我们赠给日本人紫貂皮和其他东西，请他们喝俄国伏特加酒；礼尚往来，他们给我们运来稻米、水和日本酒……，一袋盐。别涅夫斯基立刻给在长崎的荷兰人写了通知信函，让当地人转交……"② 据别涅夫斯基回忆录，当时他所用的地图是1752年 M. 贝林制给法国用的日本国地图，地图中该岛是德岛。在德岛短暂停留后，7月23日，俄国船驶离海岸往东南方走，走时发射了一枚大炮，以驱逐那些试图阻止船出海离开的日本人。接着，船驶向大岛（奄美诸岛）——萨摩藩岛津藩主的领地，地处本州岛和今天的琉球群岛之间。当时的奄美诸岛是琉球群岛的一部分。

在德岛，别涅夫斯基交给当地人一封信，请他们转交给在长崎的荷兰人，另外一封信则是感谢当地人热情接待和供应粮食。日本翻译只掌握了欧洲语言中的荷兰语，所以请求商馆经理 Д. 阿尔梅洛特和 B. 费伊特把信翻成荷兰语，其中一封信的内容警示了俄国可能给日本带来的威胁。这封信所署日期是7月20日，内容如图4-1所示。

尊贵的先生，神圣荷兰帝国的军官！

残酷的命运……让我在大海上漂这么长时间，再次将我带到日本海域。我满怀着希望，并得到帮助。没有机会与阁下单

---

① Позднеев Д., *Материалы по истории Северной Японии и её отношении к материку Азии и России*. Т. 2., Ч. 2., СПБ. 1909 г, С. 29.

② Грреч Н. И., *Записки канцеляриста Рюмина о приключениях его с беньовским //* Северный архив. 1822. №5. C. 392

> «Многоуважаемый официальный представитель Голландской республики!
> Мой корабль потерпел бедствие в море, и несколько дней мы плыли по воле волн. В этом порту я хотел встретиться с Вами и получить от Вас помощь. С этим намерением я высадился на берег, но, к сожалению, не мог встретиться с Вами. У меня имеется ценная информация; поэтому из уважения к Вашей стране я считаю необходимым в данном письме сообщить ее Вам. Дело в том, что в этом году с Камчатки по приказу русских к побережью Японии направлялись два галлиона и один фрегат; судя по всему, они выясняли возможности нападения после будущего года на княжество Мацумаэ и на ближайшие острова, расположенные к югу от 41°38'' северной широты. В этих же целях на ближайших к Камчатке Курильских островах построена крепость и подготовлены склады пушек и боеприпасов. При личной встрече с Вами я мог бы более подробно рассказать о всем этом, но поскольку в письме это невозможно, я рассчитываю, что Вы сами примете необходимые меры для выяснения этого. Я рассчитываю также на то, что мое предупреждение, исходящее от человека, желающего процветания Голландской республике, единой с Вами веры, побудит Вас подготовить одно судно на случай экстренной необходимости.
>
> Ваш покорный слуга
> барон *Морис Альдар фон Беневский*,
> подполковник, бежавший из плена
>
> 20 июля 1771 года, из Усума

图 4-1 别涅夫斯基的信件全文

独交谈，我感到十分痛心，因为我掌握很多本来想告知阁下的信息。对贵国抱有的崇高敬意促使我告诉阁下，今年俄国的两艘货船和一艘巡航舰准确执行命令，完成绕日本海岸的航行，把自己的发现标在地图上，同时准备进攻松前藩及位于北纬 41°38′ 的毗邻岛屿，进攻定在明年。为达到目的，库里尔群岛中的一个岛和相近的岛以及堪察加其他岛上已经建了堡垒，备了武器、火炮和粮仓。

如果能同阁下私聊，相比于纸上能写的，我会说得更多些。请阁下采取必要预防措施，而作为贵国的同一信仰者和衷心爱护者，我建议尽量配上巡洋舰做好准备。

在此，允许我自报家门，留下签名，您顺从的奴仆。

M. A. 别涅夫斯基男爵。

1771 年 7 月 20 日被俘的军事长官，写于奄美大岛。

P. S. 我在岸上留下堪察加地图，相信能为阁下效力。①

18 世纪末至 19 世纪初的千岛研究者近藤重藏（1757—1815）将这封信翻译成日语，并不准确的译文为日本历史学家们熟知。译文如下。

这几天里，在遇到风暴后，我们出于对海洋灾害的恐惧，第二次来到日本海岸边。多亏阁下善心，我们受到贵国帮助。我想在这封信里向阁下表达谢意。我收到准确消息，明年将会有针对松前藩和邻岛的袭击，为此在堪察加附近的千岛群岛修建了防御工事，往那里运了军事装备等。收到俄国要调查日本防御工事的命令后，我今年从堪察加驶向日本海岸。我们考察了北纬 41°38′ 的这些地区，我们原打算在那个地方聚集，但无论如何，我都不能隐瞒得到的这些消息，我本想把这些告诉你们，但是俄国人严格禁止寄出这些信。我现在试图信任阁下，所以希望阁下能对他人守口如瓶，因为我们俩都是欧洲人。悄悄地讲，我希望阁下能从您待的地方派出船只，以预防这一危害。这里附上堪察加地图。②

对于荷兰人翻译的这封信，当时的日本政府并没有采取预防措施以应对别涅夫斯基的警示。但是一些日本思想家通过荷兰以及日本翻译了解到别涅夫斯基的造访，他们的著作已然能预见俄国的危险性。对于"荷兰人有意如此翻译，刻意造成日本对俄国的警惕，以此继续垄断对日贸易"的说法，荷兰洋行经理 Д. 阿尔梅洛特曾辩护，"我们认为，这封信里的声明没有任何根据，全都荒谬不已，很难经住检验。新的商馆经理 B. 费伊特就在去年夏天从欧洲启程，但

---

① Полонский А., *Курилы* // Записках Императорского Русского географического общества. СПБ.：Смесь.，1871 г.，С. 50.

② 近藤重藏：『辺要分界図考』、江戸、1804 年版、第 141—143 页。

他一点儿也没有听到信中言之凿凿的这些传闻"。① 可见,荷兰人以否认俄国对日本有军事威胁来间接掩盖荷兰人想要垄断对日商贸的企图。不过,B. 费伊特也曾在1771年建议日本人对阿伊努人采取温和的政策。

别涅夫斯基宣称,俄国将在1772年发动对日进攻,正因如此,库里尔群岛上才修建防御工事。这样的说法,根据现在公开的史料来分析,部分是符合史实的,因为俄国在库里尔群岛上修建防御工事的说法并非无凭无据。早在1746年,著名航海家 A. И. 奇里科夫向海军院提交方案,建议"在岛上和俄国远东的这片土地上"修建防御工事。他还特别指出,在其中一个岛上,"可以毫无障碍地修筑防御工事,安排适当人手"。② 俄国历史学者 P. B. 马卡罗夫和A. И. 阿列克谢耶夫所引用的有关18世纪70年代初的俄国档案资料也表明,当时的堪察加首领 T. 什玛列夫赞同在得抚岛——"千岛第18岛上,尽管刚开始,但此地非常有利可图,所以应建立防御工事和俄国居民点"③,尝试"通过19岛(择捉岛——作者注)和20岛(国后岛——作者注)上的居民与日本开展新的贸易"④。1772年,按叶卡捷琳娜二世的命令,堪察加新长官、一级少校 M. 贝姆接替 T. 什玛列夫职位。M. 贝姆"更加坚定地支持在千岛修筑防御工事"。⑤ 伊尔库茨克总督 A. И. 布里尔中尉在同一年下令,以海洋生物考察的名义秘密安排军舰(如别涅夫斯基提醒的那样),穿越千岛南部,抵达松前岛,明确与日本人建立商贸关系的可能性。⑥历史学家 Б. П. 波列伏依曾经认为,别涅夫斯基在给荷兰人的信中

---

① 近藤重藏:『辺要分界図考』、江戸、1804年版、第141—143頁。
② РГАВМФ. Ф. Головина. Д. 1. Л. 52. Цит по.: Дивин В. А., *Русские мореплаватели на Тихом океане в XVIII в.*, М., 1971 г., С. 189.
③ РГАДА. Ф. 199. Д. 539. Ч. I. Тетр. 1. Л. 9.
④ РГАДА. Ф. 199. Ч. I. Д. 9. Л. 606.
⑤ Полевой Б. П., *Первооткрыватели Курильских островов.*, Сахалинское Книжное Издательство, Южно-Сахалинск, 1982 г., С. 118.
⑥ АВПРИ. Ф. Российско-Американское компании. Д. 25. Ч. I. Л. 87-88.

有意中伤俄国人,①后来又部分反驳了自己的言论。

对于别涅夫斯基的预警,日本的荷兰语翻译吉作吉雄和一些日本学者,特别是三浦梅园、平泽、管平助和小林四平都十分了解。几年内,日本政府一直对这个警告缄口不言。但是通过这些学者,警告逐渐公之于众,演变成围绕日本安全问题的激烈论战。关乎国家安全的论战,从理论上指导了幕府对虾夷地考察的实践。

三 幕府首次虾夷地考察

天明大饥馑、浅间山火山爆发的自然灾害加重了幕府的财政危机,俄国南下加重了日本的安全危机。重视商业的田沼意次决定有计划地开发虾夷地,由幕府掌管北方贸易,以解决财政与安全危机。

18世纪前期,虾夷地(渡岛半岛广大地区)主要由松前藩负责管理。他们通过确认御用商人的交易权来收取商业税,即运上金。有赖于这一政策,场所请负制广泛实施采用。但是从18世纪后半叶开始,藩主逐渐将原来由家臣经营的"场所"划为直营地,场所请负制相应地发生了些许变化,此时的请负商人即御用大商人不再通过藩主家臣而是直接向藩主缴税。松前藩由此垄断与北方阿伊努人的贸易,财力大增。当时在虾夷地的和人(日本人)主要从事渔业,虾夷地是渔业重要基地,故而松前藩的财政主要依靠对虾夷地的支配来保证。御用大商人们掌握虾夷地的对外贸易,经营着鰊、鲑、昆布等特产。北方海产物的生产大为增长,以前甚为稀少的特产物如熊皮、鹰等在此时产生积压与滞销。田沼意次向虾夷地农田提供鲱鱼油渣、高质量的海参等用作肥料,用稻草袋包装的海产品还是长崎对外贸易不可或缺的商品。② 18世纪中叶,俄清贸易受到

---

① Полевой Б. П., *Первооткрыватели Курильских островов.*, Южно‐Сахалинск, 1982 г., С. 114.

② [日]深谷克己:《岩波日本史》第六卷《江户时代》,梁安玉译,新星出版社2020年版,第123页。

限制，俄国人从千岛南下强烈期望与日本人接触，他们希望能与日本人建立贸易关系。① 然而，为独占虾夷地贸易权，松前藩故意隐瞒俄国的存在并将此事视为秘密。田沼意次命松前藩向他提交对俄关系，包括商贸情况的汇报。但是，松前藩提交的汇报措辞含糊，试图隐瞒本地军事上的虚弱和非法的对俄贸易，田沼意次很不满意，遂派专门的队伍分东、西两队出发去日本北部地区。西队由庵原弥六带领，队员共六人。东队本来由著名的荷兰人本多利明（1744—1821）带领，但他生病未能成行，于是最上德内（1754—1836）替代他。最上德内是"天才"博物学家、数学家、天文学家、地理学家和地形测绘员，对荷兰史料中的俄国非常感兴趣。1786年，最上德内带领30人考察队北上，以便进行开发和调查对俄贸易的可能，并试图削弱荷兰的对日贸易垄断地位。② 1786年，在阿伊努人陪伴下，最上德内抵达择捉岛，在一个小地方见到生活在那里的来自"神圣巴维尔"号舰船的三个俄国人，即伊尔库茨克的 С. Д. 伊兹沃扎夫、鄂霍次克的 И. 索斯诺夫斯基，以及勤务兵、涅尔琴斯克的尼基塔。"神圣巴维尔"号舰船原本于1784年向得抚岛出发，却被海浪冲到岸边。后来，尼基塔趁着岛上纠纷之机逃走。最上德内与俄人会面、交流，得知俄国国内的诸多情况。之后，最上德内前往得抚岛，随后与大石逸平继续前往库页岛调查。此年冬，最上德内返回江户。

在1786—1787年，最上德内考察团到达过库页岛南部、择捉岛、国后岛、得抚岛，这是日本人第一次登上得抚岛，也为日本以后向北方诸岛扩展领土打下基础。这次考察使幕府收集到日本北部的地理信息、日本商人同虾夷人贸易活动的特点（阿伊努人与沿海州的居民进行山丹交易）以及俄国在千岛群岛的活动。最上德内后

---

① ［日］深谷克己：《岩波日本史》第六卷《江户时代》，梁安玉译，新星出版社2020年版，第124页。

② Lensen G., *The Russian Push toward Japan. Russo-Japanese relations. 1697-1875.*, Princetone, 1959.

来根据其北方见闻于1790年制作"虾夷风俗人情之沙汰付图"。这次考察后，日本人首次宣称对这些岛屿拥有控制权，但前述《赤虾夷风说考》中提到的"秘密贸易协定"至今在学界没有得到证实。俄国部分学者认为，"'最上德内引用了日本岛似乎与千岛一起被创造的创世神话'，以性命担保，宣称千岛是日本的领土"。幕府通过考察活动还发现虾夷岛拥有巨大的农业经济潜力，因此制定虾夷地区开垦计划为1166400万町步，相当于能收获5832000石俸禄的田地。松本秀持与浅草的头领弹左卫门商讨移民问题，对方表示，可以安排其手下7000人，以及全国能听从他指挥的63000人，再加上贱民、乞丐等，共计7万人投入开垦工作。① 1786年，幕府开始往虾夷岛派遣约7万奴隶。德川幕府通过此次调查筹划了更大规模的开发虾夷地的计划。由于田沼意次退职，他的政敌松平定信接任，虾夷岛所有考察活动被迫终止。

再次引起幕府对北部领土注意的是1789年国后岛和木梨郡暴动（后世记载为"1789年宽政虾夷蜂起"）。幕府非常担心国后岛和木梨郡居民会与俄国人接近。在日本甚至还有传言称，可能是俄国人挑唆阿伊努人反抗。为能够直接了解到情况，幕府派遣曾经在1786年北方考察团中的一名成员——青岛俊藏前往该地。经过询问虾夷岛居民以及和此次反抗活动有关的日本人，青岛俊藏获知，俄国人自1786年之后就开始向得抚岛迁徙，他们的居民设施也搬迁到那里。除此之外，他还得知，反抗活动的主要原因是场所的雇佣者以及松前藩强迫当地居民进行低收入的廉价劳动，很可能，俄国人趁机挑唆当地居民暴动。松平定信也怀疑俄国人直接或间接参与暴动。他认为，田沼意次主持下的1786年考察活动违背国家利益，容易造成虾夷地对日本的反抗，助长当地居民的独立意识，甚至可能巩固他们同俄国的联系。

---

① ［日］深谷克己：《岩波日本史》第六卷《江户时代》，梁安玉译，新星出版社2020年版，第124页。

暴动的结果是松前藩公国剥夺旧的场所，承包国后岛、道东、厚岸及宗谷等地的贸易权力，将其纳入直接管辖，并挑选出另一个代理人、大商人村山传兵卫（1738—1813）负责此地，用贸易收入建造警戒哨，并派公国士兵把守。1790 年前，位于厚岸、宗谷和石狩的警戒点建造完成。同年 6 月 16 日，官员高桥正左卫门出发前往库页岛，修复被废弃的场所，在它北面的富内和南面的姑苏果塔建立警戒点。松前藩商人还计划在鄂霍次克海岸边的纹别和斜里町建立新贸易点。这样一来，从西边的宗谷到东边的厚岸就形成一条贸易链，而且还都在控制之下，松前藩一直管理这些地方直到 1796 年。

"1789 年宽政虾夷蜂起"是阿伊努人反抗日本幕府统治的一次武装冲突。俄国的日本学家认为，在反抗活动中，阿伊努社会内部出现对自己民族未来的不同看法。"参加反抗活动的人大部分是年轻的阿伊努人，他们对于民族自由还未失去信心。但是更有经验的阿伊努长者当时意识到，日本人的需求在于阿伊努土地上的商品，这些商品能够满足日本人的需要（来自北部公国的"和人"也和虾夷人一样被雇佣为劳动力），阿伊努人也需要交换商品获得收入。阿伊努人对日本商品的依赖使得他们最终会为了自己的生存而不得不服从于日本的游戏规则。"[1] 1789 年暴动以后，东部与北部虾夷、国后岛，甚至库页岛南部都彻底进入日本的政治视野之内。

* * * * * * * *

什潘贝格与瓦尔顿"发现日本"开辟从堪察加沿库里尔群岛到日本的道路，第一次把从洛帕特卡角到北海道之间整个千岛群岛、鄂霍次克海西部沿岸地区（包括库页岛东部沿岸和日本部分地区）绘到地图上。虽然该地图不够准确，甚至不太可信，但"什潘贝格

---

[1] Гришачев С. В., *Объект и пространство: геополитические традиции Японии в эпоху Токугава* (1600-1867) // Вестник РГГУ. 2013 г, №1 (102). С. 257.

和瓦尔顿航海的结果就是绘制了千岛群岛地图，从地理学观点看，这是向前迈进了一大步"。横亘在俄日之间的千岛群岛，成为俄国到达日本的必经之路。为方便到达日本，必须先征服千岛群岛。于是，俄国不断南下，在千岛群岛征收实物税，将当地居民纳入俄国国籍。18世纪40年代以前，俄日在千岛群岛以阿伊努人为中介进行贸易。随着俄国对南千岛渗透，18世纪后半期，俄日在千岛群岛开始初步的直接接触。安季平远征南千岛时，不仅与日本地方政权松前藩官员见过面，还谈过开展贸易的事务，这是俄日之间建立贸易关系的巨大突破。

因为俄国南下千岛越来越逼近日本，日本在加深对俄国认识的同时，也加强了对俄国的警戒。别涅夫斯基直接向幕府提醒俄国不仅存在，而且是切实的对日威胁。别涅夫斯基的信件也被日本国内知识分子所引用，作为预警俄国的确凿佐证，这引起了日本对来自北方威胁的真正担忧。当《松前述》《赤虾夷风说考》《三国概论》《话谈海洋国家战事》等一系列著作出现后，日本幕府接受国内知识分子的建议考察虾夷岛。工藤平助与林子平都积极倡导把日本建设为海上强国的国防理论。幕府派遣多个考察团赴千岛群岛和库页岛考察。1785年，最上德内考察择捉岛时与俄国人有过直接接触。

当俄国的对日贸易建议被坚决拒绝后，俄国开始寻求直接与日本幕府高层的接触，绕开中间不必要的环节。这样似乎对俄日通商更容易、更便捷一些。

第五章　俄国与日本的建交尝试

俄国的通商计划再次遭拒，但安季平探险仍然在两国关系史上具有重要意义，即俄日两国早期的、初级的官方联系得以实现。但在未来时间里，俄日两国在更高层面上的交流仍然是个问题，俄国开始寻求与日本幕府的直接接触机会。送返日本漂流民使 Я. Э. 拉克斯曼访日使团与 Н. П. 列扎诺夫访日使团成行，实现俄国与日本幕府的高层接触，但两届使团均遭遇日本锁国祖法拒绝。列扎诺夫使团遭拒后，俄国军官持续侵扰日本北部达八年之久，引发俄日关系史上的第一次军事冲突。日本释放俄国俘虏 В. М. 戈洛夫宁，并与俄国初步达成边界协议，使俄日关系形成平衡态势。此后，俄国调转向东的步伐专注于欧洲战场，日本则更加关注北部边防。

第一节　俄国与日本的高层接触

漂流至俄国的大黑屋光太夫将俄日两国高层交流变成现实。光太夫是俄国自"遇见"传兵卫之后，送返回国的第一批漂流民，成为俄国送返漂流民的先例。俄国以送返为契机，成功实现与幕府官方高层接触，是俄日官方正式接触的开端。俄国艰难"寻找日本"一个世纪后，在对日交涉上取得突破性进展，开"俄日关系之先河"。以 Я. Э. 拉克斯曼为团长的第一届官方赴日使团虽然未获得与日本建交、通商的许可，但得到宝贵的"长崎通行证"，为12年之

第五章　俄国与日本的建交尝试

后的俄国第二届官方赴日使团（以 Н. П. 列扎诺夫为团长）再次与幕府交涉奠定了基础。

一　Я. Э. 拉克斯曼使团访日

伊势国河曲郡若松村人大黑屋光太夫于 1783 年 1 月 4 日同 16 名船员乘"神昌"号驶离鸟羽港，将 500 石大米送往江户。途中，"神昌"号遇风暴袭击折损后漂流至阿姆奇特卡（今阿留申群岛）。有 1 人在海上漂流的七个月中去世，7 人在岛上滞留的四年里去世。其余人于 1786 年 7 月被来自下堪察加、以手工业工人为主的俄国船只"圣保罗"号救起，其中 3 人在堪察加去世。1788 年，剩余 6 人被送往伊尔库茨克。其间，九右卫门去世，新藏与庄藏两人因病被迫留在伊尔库茨克，并接受洗礼，取名为费奥多尔·斯捷潘诺维奇·西特尼科夫和尼古拉·彼得洛维奇·科洛特金，两人后来成为伊尔库茨克日语学校的教师。剩下的光太夫、矶吉、小市于 1791 年被送往圣彼得堡，以便女皇叶卡捷琳娜二世接见，① 最后踏上返日归途的也就是这三人。

未来赴日使团成员 Я. Э. 拉克斯曼的父亲 Э. Г. 拉克斯曼②，被称为"西伯利亚的莱蒙诺索夫"，极力提议以送还大黑屋光太夫一行回国为契机，趁机开展对日贸易。在伊尔库茨克，Э. Г. 拉克斯曼与光太夫相结识，萌生对那个时代而言非常特别的想法，"穿过北日本而不是南日本送他们回国"。Э. Г. 拉克斯曼与卡尔·彼得·通贝里同为卡尔·林奈"植物王国事业的继承者"，对日本的闭关锁国

---

① 关于对日贸易问题，俄国皇帝已经放权由西伯利亚商人自己决定，商业事务的中心也设在伊尔库茨克。1754 年，彼得堡的日语学校迁移到那里，成为航海学校的附属学校，教授日语的目的也转变为为库里尔斯克的贸易活动培养翻译人才。

② 1737 年 7 月 27 日生于涅伊施洛特城郊地区，属瑞典的芬兰部分，距俄国不远，他称自己为天生的瑞典人。Э. Г. 拉克斯曼是著名的自然科学研究者、博学之士，植物科学分类法奠基人林奈之徒，斯德哥尔摩科学院七等文官，掌握 17 门外语。1784 年，在一系列西伯利亚之行和对西伯利亚大自然的详细调查之后，拉克斯曼搬到伊尔库茨克居住。参见 Лагус В., *Эрик Лаксман, его жизнь, путешествия, исследования и переписка*, СПБ., 1890 г, С. 849.

持批判态度。通贝里在 18 世纪 70 年代担任日本的荷兰洋行外科医生时，日本社会危机四伏。通贝里认为缓解危机的唯一方案就是开放国门，让日本融入世界的贸易潮流。此观点得到 Э. Г. 拉克斯曼的强烈支持。光太夫的出现，正好迎合他送漂流民回国、借机打开日本国门的设想。围绕光太夫的去留问题，俄国政府经历了一番周折。

1789 年夏，Э. Г. 拉克斯曼同堪察加警备司令助手 Т. О. 霍德凯维奇大尉（押送日本人去伊尔库茨克）一起向首都递交呈文，要求送日本人回国。但这份呈文最初并未获得叶卡捷琳娜二世女皇批准。女皇建议留住光太夫，许以他官职。光太夫无意为官，亲自向女皇请求回国，仍遭拒。1790 年 2 月 3 日，女皇回复，"如果大黑屋光太夫和同伴不愿意为官，那他们也能留在俄国做别的事。作为一个日本商人，他可以做贸易商，我们可以给他建房子，给他必需的材料，免除他的赋税"。1791 年 2 月 15 日，Э. Г. 拉克斯曼决定亲自去圣彼得堡，除满足女皇接见日本人的命令外，也有争取送日本人回国的目的。到彼得堡两天后，Э. Г. 拉克斯曼向皇室侍从长 Я. А. 别兹博罗德科再次递交申请，希望以皇帝名义送日本人回国。

拉克斯曼在 2 月 26 日给商务部部长 А. Р. 沃龙佐夫的奏折中写道："他们（日本人）待在伊尔库茨克期间，我努力与日本船只的前任领导人大黑屋光太夫打交道，他是最早一批的日本商人之一，从他那里可以获得足够的日本商贸信息，以及他祖国的各方面消息。他认为回国最有希望的办法是在荷兰航海者的帮助下到达长崎，那个地方他们每年都会去。""光太夫表达出想了解俄罗斯帝国的愿望，我便把他带到……圣彼得堡，因此我斗胆恳请公爵大人您，能否为了我国利益，抓住此刻良机，与日本人交好，为我们的贸易谋求利润？我认为，着手进行的最必要的第一步就是，用我们的工具或商船送这些日本人回国，回日本人因做木材生意会不断往返的松前藩（北海道——作者注），是否光明正大？"沃龙佐夫一向支持俄国发展与中国、日本、印度等东方国家的贸易，极力说服女皇同意

Э. Г. 拉克斯曼的建议。

18世纪下半叶，以英、法两国为代表的西欧国家开始积极谋求太平洋北部海域的殖民空间。1785年，法国派 De. 拉彼鲁兹率领两只快速帆船前往日本。1791年，执政英国的乔治三世国王派出"阿尔戈"号赴日，希望与日本开展定期贸易。俄国在北太平洋的殖民霸权受到严重挑战，拉克斯曼清楚地看到这一点，十分担忧"英、法两国都热衷于送日本人回国，会使俄国没有理由去日本"。

大黑屋光太夫到俄国的消息，在法国科学家 Жан. 雷赛布男爵（1766—1834）的书里曾有提及。雷赛布男爵是苏伊士运河开凿的主持者斐迪南·雷赛布的叔叔，他在1787年的下堪察加旅行时遇到过光太夫，并在自己的书、1790年巴黎出版的《堪察加之旅日志》中给出非常高的评价。此书在西欧国家引起巨大反响。Жан. 雷赛布写道："显然，和我交谈的日本人相比于其他人而言，有很出色的优势。我们知道他是一个商人，而其他人都是为他效力的水手，对他极为尊敬与爱戴……他的名字叫大黑屋光太夫，外表没什么特别，性格更招人喜爱……"英国政府为建立商贸联系派驻的中国密使麦卡特尼大概也想利用大黑屋光太夫达到与日本通商的目的，但他不知道 Э. Г. 拉克斯曼已经有这一想法。1792年4月初，在去中国之前，麦卡特尼在给驻俄公使 Ч. 惠特沃思的信中提议招揽大黑屋光太夫为私人秘书。Ч. 惠特沃思回复，早在1791年9月在伦敦就已说过此事。可见，拉克斯曼的担忧并不是没有根据。

由于第二次俄土战争的巨额消耗，本来积累贫乏的俄国国库日益空虚，拨给伊尔库茨克税务局的资金急剧减少。针对税务局"每年以各种形式给日本人以公家财产资助"的抱怨，俄国参政院吩咐，"不要再拿公家财产给他们发放赡养费，而要找到法子送他们回国"[①]。

---

① Под ред. Бартенева П. И., *Архив князя А. Р. Воронцова*. Т. XXI V., М.: Типография А. И. Мамонтова, 1880 г, С. 189.

鉴于俄国所处的国际形势与国内困境，叶卡捷琳娜二世改变挽留光太夫的想法，转而积极支持送日本人回国。1791年6月28日，大黑屋光太夫和 Э. Г. 拉克斯曼来到皇村接受女皇会见。9月13日，女皇对伊尔库茨克和科雷万总督 И. А. 皮尔签署组织日本之行的命令，任命 Э. Г. 拉克斯曼的儿子 Я. Э. 拉克斯曼为俄国代表团团长，护送光太夫一行三人回国。

1791年9月13日，女皇对 И. А. 皮尔签署组织日本之行的命令，内容如下。第一，由公家出资雇佣船只，或使用 И. И. 比林斯探险队的船只之一，不过要保证负责人是纯俄国人而非英国人或荷兰人；第二，乘船送上述日本人，全部由公家出资，但是留下其中接受基督教而不能回国的日本人，允许其于伊尔库茨克语言学校教授日语，有相应补贴，这对以后建立对日往来是非常必要的；第三，任命 Э. Г. 拉克斯曼其中一子为探险队队长，让他不论在途中还是在日本的日常生活中，不论在海上还是在岛上、陆地上，都要进行天文、物理和地理观察，当然还有对当地商贸情况的调查；第四，完全遵照 Э. Г. 拉克斯曼的建议对探险队进行训示；第五，向日本政府寄出"公开信"，"致以问候，说明整件事情"；第六，为日本政府购买2000卢布礼物；第七，同行者可以选择、吸引最优秀的商人或其伙计加入旅行。①

回国临行前，叶卡捷琳娜二世慷慨赏赐大黑屋光太夫及其同伴。10月20日，大黑屋光太夫被赐予一块配有深蓝色绶带且正面是女皇浮雕像的金牌（这种奖章只赐予过显贵的商人——Г. И. 舍利霍夫和 И. И. 戈利科夫，还有研究焰火的德国人）、鼻烟壶和罕见的法国钟、150个荷兰金币和200金制卢币。大黑屋光太夫的同伴则收到浅蓝色绶带的银章，这与赏给东西伯利亚部落首领的一样。 Э. Г. 拉克斯曼因其与日本人的友好交往被赏赐价值800银制卢布的戒指

---

① См.：ПСЗРИ. Т. XXIII. С. 249-251.

以及5000银制卢布。①

1792年1月10日，日本人和Э.Г.拉克斯曼一起到达鄂霍次克。同年4月，Э.Г.拉克斯曼之子Я.Э.拉克斯曼接受俄国政府任命担任此次访日使团领队。年仅26岁的Я.Э.拉克斯曼虽然年轻，但有沿鄂霍次克海航行的经验，精通地图学、天文学，在东西伯利亚科学探险中是他父亲的得力助手。使团所乘"叶卡捷琳娜"号双桅帆船船长由鄂霍次克港长官В.Ф.洛夫佐夫担任，二级船长则是到过北海道的Д.Я.沙巴林，事务主管是擅长地形测量的军士И.Ф.特拉佩兹尼科夫，翻译是伊尔库茨克日语学校的学生Е.И.图戈卢科夫，船长助手是军士В.И.奥列索夫和Ф.Е.姆哈普列夫。② 探险队里还有舍利霍夫资助的两个商人В.Н.巴比科夫和И.Г.伯纳姆施讷。И.А.皮尔在给Я.Э.拉克斯曼和В.Ф.洛夫佐夫的指示中吩咐，让他们"友好对待千岛第22岛（北海道）的居民……"，"尽一切力量打消对方对于你们到来的疑惑"，好"详细描绘整个岛的各种好处和田地耕种的优势，考察林木品种，测量河流和港湾以及岛上居民的大概数目；弄清楚岛上的食物主要是什么，日本人做生意一般买卖什么货物……甚至要搞清日本人能否忍受不友好的欺压"，"如果在近北纬45°的岛上首次停留并首次见到日本人，应该尽量事先取得他们同意，再把自己人派到最近的城市，通知俄国使团到来的消息。使团有责任提出请求，以获得前往首都的许可，并在到达首都后将信函转交给日本政府，解释此行的目的是建立商贸联系"。③ 与此同时，使团在驻留日本期间，"尽力补充学习关于这个国家的罕见的、有价值的知识"④。

---

① 郡山良光：『幕末日露関係史研究』、東京、国書刊行会1980年版、第133頁。
② Черевко К. Е., *Россия на рубежах Японии, Китая и США*（2-я половина XVII - начало XXI века），М.：Институт русской цивилизации，2010 г，С.195.
③ Полонский А. С, *Курилы* // Записках Императорского Русского географического общества. СПБ.：Типография Куколь-Яснопольскаго，1871 г，С.111.
④ Полонский А. С, *Курилы* // Записках Императорского Русского географического общества. СПБ.：Типография Куколь-Яснопольскаго，1871 г，С.117.

拉克斯曼使团抵日后，日本按照贵宾规格予以接待，主动为其安排住所并赠送礼品。措手不及的日本在即时"殷勤"的背后隐藏了保障国家安全、持续维护闭关锁国、避免与俄国发生冲突的国家利益诉求。日本"带有法度的殷勤"正是这种指导方针的产物。

1792年9月，俄国使团乘"叶卡捷琳娜"号从鄂霍次克码头出发，在国后岛南端的小海湾短暂停留之后于10月8日在根室湾抛锚停靠。根室殷勤接待了俄国使团，在办公场地腾出地方来给他们过冬，"以预防阿伊努人的进攻，或许当时日本人觉得阿伊努人不大可信"①。四天后Я.Э.拉克斯曼亲手将信函交给松前藩总督，信中已提及来访目的。

信函的俄文原件这样写道："И.А.皮尔奉叶卡捷琳娜二世之命派Я.Э.拉克斯曼'出使伟大日本国，访问中央政府，并将该国臣民送回祖国'，一切行动要依照'中央政府'的意见，别到重要码头。如果中央政府不愿在首都江户会面，请告知，何时能收到针对我们申请延长考察时间的通知函的回复，这样就不耽误我们尽快获知中央政府的命令。"② 从日文还原的翻译版本中，这一段是这么说的："女皇陛下派了三个日本人去江户，到那里后就转告虾夷政府，自己对他们是善意的，并告诉对方，在这个港口（根室——作者注）过完冬后，最晚第二年3月份前往江户，把三个日本人直接转交给江户政府。"③

不管是俄文还是日文版本中，都提到并强调去首都江户的总体计划，而且，若得到中央政府对使团延长考察的许可，就会有将日本首都之旅继续下去的可能性。以此为缘由，藩主松前道广（源氏）的长子松前章广以"值班"官员的名义向中央政府寄呈这封信

---

① Черевко К. Е., *Россия на рубежах Японии, Китая и США*（2-я половина XVII - начало XXI века）, М.: Институт русской цивилизации, 2010 г, С. 199.

② Под ред. Бартенев П. И., *Архив князя Воронца*, М.: Тип. Мамонтова А. И., Кн. 24, 1881 г, С. 409-410.

③ 沼田市郎：『日露外交史』、大阪、大阪屋号書店1943年版，第65頁。

函。俄国人的到来经过虾夷人传播开来，不得不说，这个消息使日本政府措手不及。其实早在1791年日本北部研究者最上德内就已警示过幕府。但是，现在日本政府不得不给俄方以明确答复，是否与俄国建立贸易关系。

幕府在讨论中因俄国较之荷兰在地理位置上的优势而犹豫不决，虽然与俄通商能打破荷兰的贸易垄断，但暂时也不愿引起"他们不太喜欢"的荷兰人的不快。① 官员们的意见产生分歧，出现三种观点。第一种，赞同知识分子所著《俄国人交往记录》中表达的观点，同意在阿伊努人聚居地区与俄贸易。第二种，反对在此与俄通商，建议与荷兰人一样在长崎开展贸易。第三种，接收被救的日本人，禁止船进入江户港，但如果这条禁令无法实行，则要在严密的行政监管下实行日俄贸易。尽管意见不同，但幕府官僚们一致认为，要保障江户安全，不允许外国船只进入江户。

由于俄国人南下，关于如何保障虾夷岛和江户安全的问题已经提上幕府议程，但暂时还不可能在很短时间内建立实际保护措施。对这次使团来访，日本只能通过强调要"遵守礼节和法律"的方式加以婉拒。于是，松平定信实行折中方案，即不接受俄国书信和礼物；在松前藩接收失事船员；送俄国礼物以感谢他们将船员送回；不允许俄国人前往江户；如果想通商的话，只允许在长崎，并发放书面许可证。

在对待俄方使节的态度上，幕府较为谨慎。因为前一年（1791）幕府颁布《外船打拂令》，政令甫下，次年就遇俄船来航，按法令应予以驱逐或捣毁回击。但来航之船是俄国官方使团，且送还的是本国漂流民，松平定信特命其在松前藩停留，并派人申明日本法度。他派目付石川家成和村上信子为宣谕使，命南部津轻两番负责北方边事警戒，松前藩派驻兵士。② 只允许通过陆路前往松前

---

① 沼田市郎：『日露外交史』、大阪、大阪屋号書店1943年版，第67頁。
② 高澤憲治：『松平定信』、東京、吉川弘文館，2012年版，第109頁。

藩公国的回函于 1793 年 5 月被使团收到，但 Я. Э. 拉克斯曼坚持走水路前去距离松前藩公国最近的一个港口——箱馆。当地政府悉心安排使团住进题着俄语的旅店"Русский дом"。随后，箱馆派出 450 名护卫陪同使团走陆路前往松前藩公国。7 月 17 日使团到达后，受到松前政府代表、仪仗队和很多市民的热情接待。

  日本官员同俄方使者有过三次会面。第一次会面是向俄方宣读"法律"并告知，日本不接受俄国信件，并将谈判转移给松前藩公国。第二次会面谈判时，Я. Э. 拉克斯曼想谈论同日本建立贸易的可能性，但日方重申不能接受俄方信件的立场。俄方信函被幕府以"横文字无人能懂"为由退回，俄方提出的开港通商要求也被幕府以不合国体为由拒绝。最终，俄方同意在长崎通商的谈判，并将日本失事船员转交给松前藩。第三次会面时 Я. Э. 拉克斯曼获得印有三枚御印的皇帝圣旨——长崎通行证。① 为让本国免遭危险，不使这样的回复激怒俄国，日本还援引 1727 年的先例，当时也颁发了同样的许可证给柬埔寨海船。

  可见，日本政府对 Я. Э. 拉克斯曼试图延长商谈的努力做了回应，重申只能允许他们前进到长崎，之后拉克斯曼收到相应的签字文书："您从贵国押送命中注定被大海带去的陌生人来到其他地方（别的外国船只不许从海上靠近的地方……），而非长崎。荷兰人虽常往来于长崎港，但不进入我国内陆，而您对我们一点儿也不了解就乘着装备完好的船来此。很长一段时间以来，我们应该都不会放陌生来者，特别是反对我们法规的来者回去……但我们出于您从贵国送回我们的子民、途中备经磨难、暂不了解我们的法规，如今放你们回去也有理由，只是不可以在本地走动……也不许从这里去首都江户……您乘船去长崎港时也要带着我们出具的文书资料，证明能继续往下走……"②

---

① Раскин Н. М., Шафрановский И. И., *Эрик Густавович Лаксман*, Л.: Наука, 1971 г, С. 166-167.

② 沼田市郎：『日露外交史』、大阪、大阪屋号書店 1943 年版，第 70 頁。

第五章　俄国与日本的建交尝试

在通商要求被日本驳回后，日本人赠给使团 61 袋黑麦、27 袋小麦、3 袋荞麦、6 桶腌羊肉、用来磨谷子的石磨和两个筛子，以及 100 袋大米和三柄日本剑。① 这些礼物想必是用来"安慰"俄国使团的。无奈之下，Я. Э. 拉克斯曼于 8 月 11 日启程返航，9 月 8 日抵达鄂霍次克港，并在返航途中对千岛群岛详细勘察，最终于 1794 年 1 月 24 日返回伊尔库茨克，并把此次日本之旅的情况告知皮尔和父亲 Э. Г. 拉克斯曼。

此次访日使团被俄国史学界公认为俄国对日正式接触的开端。但除在返航时对沿途诸岛进行水文、地理勘察外，使团并未完成其经济使命和政治使命。

而大黑屋光太夫回国后将在俄经历口述，经桂川甫周整理为《北搓闻略》。书中对俄国自千岛群岛南下行动的叙述为日本国内了解海外情报以及应对俄国威胁提供了丰富参考，书的第十一卷详细介绍了俄语语法、单词等诸多语言学知识，书籍的出版更让日本知识分子普遍意识到俄国的强大存在，并进一步对俄国产生浓厚兴趣，为俄日关系的建立创造了社会基础。"对日本政府和人民而言，这一宽厚行为将成为俄罗斯在帝国境内保护日本旅行者、维护其绝对安全的证明。"② 大黑屋光太夫关于俄国人热情对待他和同伴的讲述在一定程度上解答了日本对叶卡捷琳娜二世政策的质疑，社会上甚至出现许多拥护与俄国和欧洲各国建立关系的人，日本由此产生了对强大邻国的担忧与对沙皇开明专制的崇拜交织在一起的社会情绪。

拉克斯曼使团赴日在促进俄日文化交流、丰富东西方文化交往上有着特殊意义。上面已经提到，赴日使团中的 Я. Э. 拉克斯曼是博物学家 Э. Г. 拉克斯曼的儿子。1793 年 12 月 8 日，Э. Г. 拉克斯曼就

---

① Головнин В. М., *Приключения капитана флота В. Головкина в плену у японцев в 1811. 1812 и 1813 гг.*, СПБ., 1816 г, С. 124.
② РГАВМФ, Кабинет е. и. в.. по морской части (1794 – 1796), Оп. I, Д. 131, Л. 211.

出访问题与沃龙佐夫谈道:"我让儿子送信给日本的一些朋友,他们是宫廷御医桂川甫周、中川淳庵,寄送了温度计、各种天然物品和在我看来他们会喜欢的药品。"①

使团回国后,Я. Э. 拉克斯曼于1794年2月29日向 В. Ф. 洛夫佐夫汇报,他们带回"59只田螺和蚕、18条鱼和昆虫、65份山区园艺植物标本和65片植形动物、苔藓植物的叶子、日本植物的种子、日本北部的木材和浆果等一共206种东西"②,这些后来都悉数转交给彼得堡科学院,成为俄国东方学研究起源的科技基础。对俄国使团成员行动的严格监管没能让俄国完成搜集有效信息的任务,但"Я. Э. 拉克斯曼还是讲了很多有关日本自然和居民的重要且可借鉴的信息","还带回地图和日本各地形状的速写图"。可见,在早期海外贸易中,市场力量推动自然资源与人力开发,虽然文化上充斥着"无知与傲慢",但使团访日是源于西方文明的俄国与源于东方文明的日本在东北亚的相遇,代表东、西两种异质文明的碰撞与融合。这一相遇虽显仓促,却在世界文明史上留下光彩的一页。

二 Н. П. 列扎诺夫使团访日

如果把 Я. Э. 拉克斯曼官方访日使团称作第一届访日使团,那 Н. П. 列扎诺夫率领的环球考察团就是俄日历史上的第二届访日使团。第二次访日几乎推迟十年的主要原因不仅是俄国忙于欧洲事务——瓜分波兰和集结反法同盟,还因为俄国需要(在进入世界贸易体系之前,尤其是在日本市场)创造前提条件去打败在东北亚的竞争对手——主要的欧洲国家,即英国、法国和荷兰。这个前提条件即,在国内贸易和与南亚、中亚、中国的对外贸易都已达到极限

---

① сост. Дивин В. А., Черевко К. Е., Исаенко Г. И., *Русская Тихоокеанская эпопея*, *Сб. Документов и материалов*, Хабаровское книжное издательство, Хабаровск, 1979 г, С. 515.

② Санкт-Петербургское отделение Архива РАН, Ф. 1, Оп. 3, Ед. хр. 71, Л. 329–332.

的情况下，俄国必须完成从发达小商品经济向工场手工业为基础的资本积累转化。1799—1803 年这段时期使俄国的首次环球赴日考察变得更加具有可能性。欧洲大陆的战争得到"暂时平息"，俄国经济在摆脱外国资本控制后在很大程度上需要扩大国内外市场，而俄美公司的事务状况也亟须改革。为此，俄国希望借助与日本、中国和其他国家的贸易建立起新的海外贸易市场，以新的"物质基础"抗衡欧洲国家的竞争。

环球考察团的倡议者是俄国著名航海家、中尉舰长 И. Ф. 克鲁森施滕，他也是这次沿印度和中国海岸的环球考察团的船长。考察团得到 Н. П. 鲁缅采夫[①]、海军部 Н. С. 莫尔德维诺夫和其他上层活动家的支持。拿破仑战争期间，英法矛盾促使俄国外交政策实现多元化，俄国重新注意到远东地区以及刚刚开辟不久的俄国美洲地区。克鲁森施滕第一个意识到把俄属美洲地区引入太平洋贸易体系的重要性。他曾多次参加英国航行，并且目睹英国人怎样在中国广州地区进行貂皮贸易。[②] 回到俄国之后，他向俄国海军部上交第一份俄国全球航行方案，目的就是与东方的亚洲各国家建立贸易关系。与此同时，他还为俄美公司申请政府支持，请政府支持该公司在殖民地方面的业务。克鲁森施滕在 1802 年年初给莫尔德维诺夫的呈文中指出，俄国必须与之建立海上贸易的亚洲国家中，第一个就是离俄国远东地区最近的日本。[③]

不同于俄国在 17—18 世纪所计划的只是为建立对日商贸联系，19 世纪俄国环球航行完全可以被视作俄国首次实施的基本全球经济政策，并具有调整全球国际关系的重大意义。在这次环球考察中，俄国提出更广阔的任务——在直接接触亚洲市场的基础上借俄美公

[①] Н. П. 鲁缅采夫（1754—1826），伯爵，俄国国务活动家和外交家，曾任商务大臣（1802—1811）、外交大臣（1807—1814）、国务总理大臣（1810—1812）。

[②] Пасецкий В. М., *Иван Федорович Крузенштерн*, М. : Наука, 1974 г, С. 176.

[③] Крузенштен И. Ф., *Путешествие вокруг света в 1803, 1804, 1805 и 1806 годах по повелению его императорского величества Александра Первого на кораблях 《Надежда》 и 《Нева》*, Ч. I, СПБ., 1809-1812 г, С. 131.

司势力对太平洋北部俄属领地进行经济改革，并通过把俄国纳入全球贸易流通而推动俄国贸易的重大进步。这一声势浩大的行动能够进行有三点诱因。第一，俄国稳定自身在太平洋殖民地地位的必要性；第二，1801—1803年欧洲战局稍息，同时亚历山大一世与法国缔结秘密公约，为英法矛盾画上句点，这说明俄国试图努力避开英法角逐；第三，在西欧和美洲资本主义快速发展的条件下，需要解决与俄国资本主义经济结构发展相适应的经济问题。① 综观俄国国内、国际状况，19世纪初，俄国工场手工业和商品货币关系的发展亟须扩大商品销售市场，尤其需要通过占领远东国家市场以便更积极地融入国际贸易体系。为解决这一问题，俄国必须建立强有力的商业舰队和足以保护它的海军舰队，"它们应该能够完成定期环球航行，并在亚洲东北部和西北美洲的俄国领地登岸"。"俄国需要开辟位于俄属美洲到中国港口广州途中的日本市场，接着再往更偏西的欧洲。俄美公司在占领这些市场中所表现的积极性，可以说是公司领导人对巩固其公司在太平洋地位之必要性的关注。"② 可见，首次俄国环球之旅之所以能成行，是因为俄国经济力量的增强、资本主义经济的发展和通过扩大外贸、壮大船队摆脱对外国资本的依赖的渴望。

1802年，克鲁森施滕游说俄美公司，希望公司对他的"环球航行"计划予以支持。俄美公司很快便向亚历山大一世建议组织"环球航海队"。③ 海军部任命克鲁森施滕和Ю.Ф.里向斯基分别担任"环球航海队"的正、副司令官，里向斯基还从英国购买了两艘最新舰船——"希望"号和"涅瓦"号。④ 在俄美公司筹备"环球航海"过程中，商务大臣Н.卢米扬采夫于1803年2月向亚

---

① Пасецкий В. М., *Иван Федорович Крузенштере*, М.：Наука, 1974 г, С. 176.
② Черевко К. Е., *Россия на рубежах Японии, Китая и США（2-я половина XVII - начало XXI века）*, М.：Институт русской цивилизации, 2010 г, С. 238.
③ 真鍋重忠：『日露関係史 1697—1875』、吉川弘文館1978年版、第126—127頁。
④ 和田春樹：『開国—日露国境交渉』、日本放送出版協会1991年版、第41頁。

第五章　俄国与日本的建交尝试

历山大一世建议利用"环球航行"之机，派出一名大使前往日本进行通商谈判。① 随即，俄国参议院审议通过卢米扬采夫的建议。② 亚历山大一世任命列扎诺夫为出使日本的大使，并将其晋升为"一等文官"③，授予他沙皇侍从的身份和一等安娜勋章。④ 此外，俄帝国科学院还给予列扎诺夫名誉院士的头衔。⑤

1803年2月13日，鲁缅采夫伯爵向沙皇呈交报告——《对日贸易谈》，其中谈道："众所周知，在日本，从以前恐怖地排挤和驱逐那些葡萄牙人中的基督教徒起，最近两百年只有巴塔维人掌握着仅对他们自己有利的贸易。俄国和日本领土毗邻，领海靠近，这样的天然条件让我们在其他贸易强国面前拥有优势和便利，目前我们商界期待的似乎只有一个会支持贸易的统一政府……"⑥ 出于俄日贸易的收益考虑，鲁缅采夫认为，"如果以日本人用在饭食中的鱼和油做买卖，是非常有利可图的。不仅仅在美洲能采掘到它们，在库里尔群岛和鄂霍次克海范围内都能。除此之外，还可以买卖'海洋'或'陆地'生物生产的皮毛、呢子和……不同的奢侈特供品，比如镜子等。针对美洲的居民点，还有西伯利亚北部的全部地区，拟从日本人那里获取黍米，以及铜条、各种绸缎和棉织物、银和许多其他物品"。为此，政府计划中派遣船只去美洲的决定被改为"派遣大使前往日本"，"借机起用有政治和商贸事务能力的人"，"以皇帝的特别庇护对此表示鼓励，令其劝服日本，为贸易打下坚实基础，

---

① 「日本との通商の意義と発展の展望について」、『日ロ関係史料集：ロシア史料にみる18—19世紀の日露関係』第1集、第32—35頁. Отв. ред. Нарочницкий А. Л.，*ВПР*（*Внешняя политика России*）*XIX и начала XX века：Документы Российского министерства иностранных дел.*，*Серия первая*：1801-1815 гг. Т. 1，М.，1960-1972 г，С. 387-389.

② 真鍋重忠：『日露関係史 1697-1875』、吉川弘文館1978年版、第126—127頁.

③ 「N. P. レザーノフを日本使節団団長に任命するアレクサンドル一世の勅書」、『日ロ関係史料集：ロシア史料にみる18-19世紀の日露関係』第1集、第32-35頁. Русская старина. 1825，июль，С. 128.

④ 真鍋重忠：『日露関係史 1697-1875』、吉川弘文館1978年版、第128頁.

⑤ Протоколы заседаний конференции Императорской академии наук с 1725 по 1803 г.，Т. 4，СПб.，1911 г，С. 1091-1092.

⑥ АВПРИ，Ф. Главный архив. 1-7（1830 г.），Д. 1，П. 28，Л. 56-66.

·193·

以便未来在两个竞争的帝国之间建立友好关系"①。

鲁缅采夫的报告在 1803 年 2 月 20 日的部长委员会上获准通过，相关批示主要有以下几个方面。第一，扩大 Я. Э. 拉克斯曼通行证赋予俄国的权利，即把原本的长崎港扩大至其他港口，且不止一艘、而是多艘俄国商船；第二，以上若被拒绝，则争取获得进入松前岛（虾夷）贸易的许可，若再被拒，则通过得抚岛的千岛人与日本进行间接贸易；第三，收集详细情报，弄明萨哈林到底归属于中国还是日本、住在那里的民族以及与之建立商贸关系的可能性，并查明日本人对阿穆尔河口掌握什么样的信息；第四，研究日本和中国、朝鲜之间的关系，明确琉球群岛是否是日本的一部分，或者所服从的统治者是谁，探听并了解与之商谈贸易的可能性。与此同时，文件还提出一个假设，即这将会妨碍荷兰东印度公司的利益并最终打破荷兰对日贸易的垄断。②

可以认为，俄国的意图与 Я. Э. 拉克斯曼的考察时期相比有所扩宽。早在叶卡捷琳娜二世时期，政府采纳 Э. Г. 拉克斯曼的建议，禁止 Я. Э. 拉克斯曼研究阿穆尔河和萨哈林岛，以避免与中国关系复杂化。但亚历山大一世并未延续这一政策，鲁缅采夫还大言不惭地企图侵犯中国自古以来的领土库页岛。他直接写道："萨哈林独立于中国之外，应该纳入俄罗斯帝国。"③ 在对荷兰人的政策上，俄国表现出两面性。一方面，在长崎建立对日贸易关系时以荷兰人为中间桥梁；而另一方面则认为，在这一事件中"荷兰东印度公司破产和随之而来的贸易自由、唯一竞争者被排除，将带来不小利益"。④

根据环球考察计划，两艘船"希望"号和"涅瓦"号将游弋太

---

① АВПРИ, Ф. Главный архив. 1-7（1830 г.）, Д. 1, П. 2, Л. 10-13.
② АВПРИ, Ф. Главный архив. 1-7（1830 г.）, Д. 1, П. 28, Л. 56-66.
③ Сгибнев А. А., *Попытки русских к заведению торговых сношений с Японией в* XVIII *и начале* XIX *столетия* // Морской сборник, 1869 г, №1. С. 58.
④ Файнберг Э. Я., *Русско-японские отношения 1697-1875 гг.*, М.：Издательство восточной литературы, 1960 г, С. 80.

平洋区域后抵达夏威夷群岛，里向斯基指挥"涅瓦"号开往科迪亚克岛，而克鲁森施滕用"希望"号把列扎诺夫大使送往长崎港。然后两艘船会合并一同开往广州，俄美公司将去广州进行食品贸易，贸易的食品来自科迪亚克岛。所有这些活动完成之后，船队经过印度洋和大西洋返回俄国。1803年7月26日，"希望"号和"涅瓦"号驶离喀琅施塔得。航行期间，克鲁森施滕和列扎诺夫的关系由于考察团的领导权之争而复杂化，两人甚至还发生公开冲突，很多队员都被卷入其中，直到"希望"号抵达彼得罗巴甫洛夫斯克之后，冲突才得以解决。之后，以彼得罗巴甫洛夫斯克为起点，"希望"号朝着日本起航，1804年9月26日，"希望"号在长崎港外停泊场抛锚。

海军大尉 М. И. 拉特马诺夫在日记中写道："日本的达官贵人来到我们这里，与他们一起的有荷兰商馆的头头——杜夫先生，还有船员。经常有日本官员来找我们，荷兰人只来了两次，因为当日本人看到我们通过荷兰语翻译能把话说清楚后，他们就再也不带荷兰人来。我们抵达长崎港，但是日方却借口中国与荷兰船将会排挤我们不让我们进港。中国船很快就离开驶向大海，五艘船全都结构奇异，装备精良。当时我们被带离此岛之外围……我们得知，不让我们进港不是为防止我们被排挤，而是日方不想我们（和他们）有交集。"① 俄国使者向日本官员提出请求，允许"希望"号迁到内停泊场，且不上缴与日方一样用以防身的长剑和火枪。日方表示同意，不过指出要在荷兰船与中国船走之后。

日本官员上到俄船后，详细盘问津太夫等四位被遣返的日本漂流民，包括俄国使团的目的和俄国地理状况、领地、工场手工业、船只考察路线，以及俄国可能对日贸易的物品。② 使团把长崎通行证和亚历山大一世写给幕府将军的文书的复印件转交给日本人，列

---

① Государственная публичная библиотека Санкт‐Петербурга, Ф.1000, Оп.2, Д.1146, Л.1-2.

② АВПРИ, Ф. Главный архив. II-27（1830 г）, Д.3, Л.21-32.

扎诺夫只同意把原件交给日本政府的代表本人。

关于日本官员和荷兰人的拜访，列扎诺夫在旅行日志中这样记录。

晚上十点，我们见到开来一艘大船，来人是日本政府官员与荷兰商馆长一行。我们刚穿好衣服，船就已经靠岸。日本官员带了翻译和很多军官来到我们船上，我领他们到舱内，对方非常有礼貌地进来，身旁放着纸灯笼。最后，各人在指定地方落座后，对方通过荷兰语翻译问我们，为什么来此、我官居何职、马车多不多、军官几人、这是否是商船，还有其他的一些问题。我说我来自近邻俄国，是皇帝的大臣，作为大使被派来觐见你们的陛下，以证明我们的皇帝是多么愿意同贵国建立友好关系。我还说，沙皇送回在俄国岸边救起的贵国子民，交代给我建立两国永久友好关系，并从双方利益出发开展贸易的任务。除给贵国陛下的礼物，我没有带来别的商品，还有，这艘船是军舰。最后向他们说了船员和军官数目。日方把获救的日本人叫来，为他们登记，提各种问题并记录。然后问我，是否准许荷兰人进来。我请日方在一小时之后让他们从小艇上过来。他们应该之前就来了，一直在小艇上等着，荷兰翻译官不去向他们传达许可之意，他们就不敢进来。最后，我们见到长崎商馆的杜夫先生、他的秘书和"穆斯科特"号船长……他们刚向我问候并介绍完自己，翻译官突然叫道："杜夫吉祥"，接着就跪下来鞠躬。其他人这时也在杜夫面前弯下腰，以手支撑双膝，把头转向一边，看翻译那长长的祝词说完没有，是否能站起来。荷兰人在和杜夫做任何交谈时都重复着这些动作，他们极度尴尬让我看到他们这些绝无仅有的动作。我坐在杜夫对面的圈椅里，副官站在我身后。最后，我依照礼节询问对方的风俗习惯。荷兰人告诉我，他们被禁止出现在别的地方，日本对他们的监管非常严格，但只要有任何外国船只到来，他们都会应召随行。

作为一个两百多年里一直在对日本表忠心的民族，没有日本的指令就不能行动。他还说，我们的船停得相当近，其他船只停的远得多。从他口中我得知，去年来了两艘船，一艘挂着英国旗，一艘挂美国旗，就是给我们带来麻烦的两艘船。从前在巴塔维公司任过职并到过日本的船长斯图尔特成功劝说英国东印度公司凭借经验乘一艘挂英国旗的船从加尔各答来，并吩咐一旦失败，过不久再开美国船来。当时巴塔维共和国和英国关系还很好，尽管他非常努力想维护这种关系，但三天后，英国船还是被赶出日本水域，而美国船最终也被同样对待。他确信日本人不会允许任何人来，所以很讶异我们能获得通商许可。从这些话来看，我十分怀疑我们的到来对他而言是否令人高兴。我请求他在如此荒僻之地给予他们的同盟者一些帮助，他拒绝了，说他们在受监管的处境下，无法提供任何帮助。我说我有通行证，还有以巴塔维总督本人名义发出的指令。我给他看两张文书，将总督的救助命令转达给他。他礼貌地回应，称会以巴塔维总督为命，一切照吩咐安排，同时他会尽绵薄之力做到最好。在谈论贸易时，我竭力劝说他，我们的货物是完全不同的，是他们任何时候也发掘不出来的，有鱼、油脂、软革、家用品和其他我们生产的食品。他回答，鱼作为货物非常不合适，除非我们请求在北方省份开放港口，还说这里的油脂非常丰富，去年就往巴塔维运了50000俄磅鲸油，软革在这里完全不需要，家用品日本人也根本不需要，麻布尽管受欢迎，但是消费也不会太大，因为人们都习惯棉织物，习惯不会因为什么而改变。在商量呢子时，他告诉我们，更好的英国呢子一尺花费不超过2塔列夫。总而言之，他坚信日本如此富庶，完全不需要与俄国人交易，最后他向我提出建议，如果想把生意做得更成功，那就要适应他们的需求，不论这需求有多么奇怪。结束谈话后，杜夫问我是否会顺从他们的习惯，我答道："非常乐意，只要对我们陛下的尊严来说，这些习惯是体面的。"①

谈及在长崎形势十分严峻的职工运货情况，Х. 杜夫向列扎诺夫抱怨，在城内与同伴运货一天，日本人就从他那里抽取16塔列夫，从船长那里则要拿200塔列夫。②

克鲁森施滕完全无法理解日本礼节，他认为荷兰人所行的礼是野蛮的、无耻的。"非常可怜，"——他写道，"高素质的欧洲民族、以热爱自由为己任的民族、曾经因为伟大事迹而充满荣耀的民族，为追逐利益如此践踏自己的尊严，恭从于那堆奴仆可鄙的命令，把对自由的热爱和所谓的荣耀事业归功于政治生命，出于对利益的共同追逐自轻自贱到这种地步，对这样残忍的行为奴颜屈膝。让尊贵的人屈服在日本官员脚下，对此我们无法不愤怒……这些日本官员并不回应如此屈辱的表示，哪怕只是点一下头也没有"③。俄国使团拒绝以这种方式向日本人行礼，这相当于违反政府给使团的指令。指令中盼吋他们要遵从日本礼节，即使在当时这与俄国习俗——"俄国特色、全部规则和欧洲的教养"④ 相违背。

日本官员和荷兰人拜访过俄国船后，列扎诺夫将荷兰驻俄公使Д. В. 伽根德罗普与巴塔维总督的信交给杜夫，希望以他为中介展开和日本政府有关建立俄日两国商贸、外交关系的谈判。但从一开始，谈判就遭到来自日本方面的拒绝。克鲁森施滕说，日本人拜访俄国船时，对俄国人来说最高兴的莫过于见到和日本人一起来的荷兰人。他特别指出，"穆斯科特"号船长的英语、法语和德语说得非常好，对海上事务也很了解，和他的交谈让人非常开心，只是很遗

---

① ОР РГБ, Ф. Ⅳ, Д. 482, Л. 10－11.（ОР РГБ: Отдел Рукописей Российской государственной библиотеки）．

② ОР РГБ, Ф. Ⅳ, Д. 482, Л. 12.

③ Крузенштен И. Ф., *Путешествие вокруг света в 1803, 1804, 1805 и 1806 годах по повелению его императорского величества Александра Первого на кораблях 《Надежда》 и 《Нева》*, Ч. Ⅰ, СПБ., 1809–1812 г, С. 154.

④ АВПРИ, Ф. Главный архив. 1-7, Д. 1, П. 28, Л. 56-66.

憾，和他的交流被日本人打断，因为日本人担心欧洲各个国家的人之间的良好关系会对他们不利。①

有关与俄国人会面，杜夫在回忆录中写道："巴塔维总督和荷兰驻俄公使的推荐信中吩咐要善待列扎诺夫，并坚定地建议促进其计划的完成……我决定把之前从巴塔维收到的有关与普通外国人交往问题的命令考虑进来……我知道日本的规则和习俗严厉禁止上述的欧洲人进入本国，如果我们充当俄国人进入日本的中介，那日本人会对我们荷兰人有什么想法呢？难道疑心病的他们就不会疑心我们的企图吗？……毫无疑问，他们一定会认为，我们是支持俄国人请求的，因为我们串通起来反对他们。所以我决定，完全不干涉日俄之间的洽谈，还有俄国人针对日本人的计划。"②

"希望"号外停泊场的锚泊地刮了很久的风，列扎诺夫因此而感冒。两个半月后，他被允许把船停到内停泊场。长崎港岸边为他提供一小块住的地方，在一个村子旁，长25俄丈、宽10俄丈。1804年10月17日，日本政府下令将俄国大使（随从九人）迁到那儿，但是因为地方太脏，列扎诺夫拒绝居住。于是，他被送到一处官邸，在长崎城郊荷兰商馆对面，三面环绕芦苇篱笆、双层门，时刻都有守卫。这里过去曾是已被处决的一个来自澳门的葡萄牙大使的府邸。

在1804年9月27日日本政府代表第一次拜访"希望"号时，从俄国人手里拿到长崎通行证的复印件，通过荷兰语翻译弄明白了俄国人来日的目的。当时，日本官员复制了亚历山大一世给幕府将军的公文和用荷兰语写的遣送遭遇海难的日本人回国的信函的复件。按照日方要求，俄国人上缴了武器。日本官员没搞懂这份包含

---

① Крузенштен И. Ф., *Путешествие вокруг света в 1803, 1804, 1805 и 1806 годах по повелению его императорского величества Александра Первого на кораблях 《Надежда》 и 《Нева》*, Ч. Ⅰ, СПБ., 1809-1812 г, С. 161.

② 高野明:「日ロ関係の始まりについて」、『ロシア研究』、東京、1982年版、第114頁。

错误和方言词汇的亚历山大一世公文的日文译文,第二天便请俄国人把它译成荷兰语。列扎诺夫的医生 Г. Х. 朗斯多夫将其口头上翻译成荷兰语,日本翻译又从荷兰语译成日语。但是亚历山大一世公文的准确日语译文于 1970 年才由日本的俄国学家高野明发表。① 公文特别谈道:"向日本帝国的专制君主、卓越的皇帝兼统治者天神公方陛下致以问候。荷兰、法国、意大利、西班牙和德国,饱受战争之苦的诸国,我有义务凭借友善的坚持鼓励他们加入全面同盟……我会继续以不可动摇的原则保持我和贵国的友好联系,完成贵国的所有要求,以表示对贵国接受我之建议的感激之情。我建议贵国的将军陛下准许商人,还有科迪亚克、阿留申和作为邻居的库里尔群岛居民停靠在长崎港,不止长崎港,也不止一艘船,而是许多船,更多其他港口随您乐意,多多益善。从我这面来说,我会打开本国的全部边界,热情地接受贵国的忠臣子民……"② 在这封信函中提出这样一个问题,如果未来日本人在俄国的水域再次遭遇海难,该如何处理他们。亚历山大一世在信中还说,寄去了大象形状的机械表、镜子、狐狸毛皮、骨制瓶、火枪、手枪和俄国手工业钢制品、银制品作为赠礼。③

俄国人带来的礼物被转交给日本人。日本人对天文物理仪器比如莱顿瓶,极其感兴趣。日本人快速掌握所有新玩意儿的能力,还有他们毫不掩饰的好奇心给俄国水手们留下了深刻印象。④

9月28日,俄国船来到日本一天以后,长崎奉行城濑正定向幕府寄去俄国使团到来的通知、亚历山大一世公文的复印件和发放给 Я. Э. 拉克斯曼的长崎通行证的复印件。同时,他下达启动长崎的政府军队和筑前国军队、肥前国军队分别行动的命令。1804 年 10 月 4

---

① 高野明:「日ロ関係の始まりについて」,『ロシア研究』,東京、1982 年版、第 146—149 頁。
② Новаковский С. Н. , *Япония и Россия*, Ч. 1, М. : Наука, 1918 г, С. 90.
③ Новаковский С. Н. , *Япония и Россия*, Ч. 1, М. : Наука, 1918 г, С. 91.
④ АВПРИ, Ф. Главный архив. 1-7, Д. 1, П. 37, Л. 255-259.

日，他又向圣彼得堡寄去那份从荷兰语口头译文转译过来的俄国皇帝公文的日语译本。

但俄国人被严格地监控起来，因怀疑俄国人做出了对日本人而言带有侮辱性的行为，日本军队闯入俄国船，企图放火烧船，消灭全部船员和使团。收到俄国人进入长崎的报告后，幕府将军对当地政府的行动表示很不满，因为幕府认为形势变幻莫测，在俄国船已来到这个城市的情况下，由于准许通商只是非必要的义务，所以他们完全可以引用对外锁国的法令，立刻把俄国船打发回去。但是，既然放俄国人进了长崎，在将军看来，日本官员就应该表现得热情好客一些，不然的话就会给已向俄国船发放长崎港通行证的将军脸上抹黑。将军向长崎派去信使，命令缓和对俄国使团的态度——为列扎诺夫及其随从提供日本医生，他们可以在家附近走走，使团的其他伤员和水手被允许向荷兰商馆寻求医疗救助，并且在治疗期间有权住在那里。除此以外，还下令要修理在日本海岸边被台风弄坏的俄国船。① 俄国使团来到长崎几天后，长崎奉行本应由肥田赖常接替。但因为俄国人的出现，城濑正定按将军的命令被保留职务直到与俄国人的商谈结束。

起初，将军在收到亚历山大一世的公文后，原打算接待列扎诺夫，不谈与俄国建交的问题。可是他那些颇具影响力的顾问们——学者林如才和鹿野陆山都认为，"在形式上这要得到天皇批准"，尽管天皇在国内并没有实权。当时，将军召集讨论，与会者有200名大名，但他们最终没有达成这件事一定要得到天皇首肯的决议。天皇也宣布，发给俄国人用来洽谈的长崎通行证无效，因为发放的事情他并不知晓。天皇表示，尽管他被当作宗教领袖，但这些问题是由世俗领袖即将军处理的，一般不需要他对后者决定的同意。这是天皇与将军两派拥护者的一个小小的斗争，将军还是不希望与天皇起正面冲突，因此他决定拒绝列扎诺夫开放通商的建议。与此同

---

① Новаковский С. Н. ， *Япония и Россия*，Ч. 1，М. ：Наука，1918 г，С. 88.

时，将军同意接受被送回祖国的日本人。①

1805年2月19日，列扎诺夫使团从长崎的秘密监察员那里获得这一消息。3月23日，列扎诺夫与日本政府的全权代表进行第一次会面。根据和两位大阪总督的协议，除某些情况外，双方都应该遵守礼仪规则，具体如列扎诺夫在进入将军全权代表——总督府的府邸时要脱鞋、解剑，坐在地板上，就和日本人一样，不坐椅子。日方代表宣称，将军接见俄国使团首领是不可能的，也没有与俄国建立任何关系的打算，因为这与日本传统相冲突。日方还表达对亚历山大一世公文的疑惑，因为之前有一个来过日本的俄国使团，他的头领 Я. Э. 拉克斯曼已被告知过，日本人禁止和外国人通信往来。日方代表还补充，仅允许俄国人乘一艘船来，且只是为商谈（根据日本人的提议）贸易，没有涉及日后许可等义务。目前，日本政府决定不破坏禁止与除了荷兰人以外的欧洲人通商的传统，因为这种贸易将会不可避免地带上非法性质，所以日本代表请俄国人迅速离开日本水域。列扎诺夫回答到，无人有权禁止俄国皇帝的来信，无人有权禁止有利于日本的贸易建议。②

1805年3月24日，俄日双方第二次会面中，日方交给俄国的通知书表达了以下观点：

> 过去各民族的船都自由地来去日本，日本人也可以去别国。但是一百五十多年前，统治者的祖先就下令，不许子民越出国境，能来本国的只有中国人、荷兰人、朝鲜人和琉球住民（藩国居民——作者注）。后来，和以上民族中后两个民族的贸易也被中断，只保留和荷兰人、中国人的贸易往来。在不同的年代，许多民族都试图同日本建立友谊和贸易，但是都因自古沿袭的禁令被拒绝，因为与未知国家进行的友好往来若非建立在平等

---

① Lensen G. A., *The Russian push toward Japan: Russo-Japanese Relation*, 1697–1875, N. Y.: Octagon Books, 1971г, P. 162.
② АВПРИ, Ф. Главный архив. 1-7, Д. 1, П. 37, Л. 260–262.

基础上，那这种联系就是危险的。诚然，友谊如同链条，为达到目的、特别的目的，这链条应该由一定数量的环串联起来。如果只有一个部分强大，剩下的都很弱的话，那么，最弱的部分很快就会被毁掉……13年前，俄国海船在拉克斯曼带领下来到日本，随行的还有俄国皇帝陛下的公使。第一次会面带有某种不信任，但第二次是友好的……日本很高兴看到俄国船第二次来到日本，这是俄国掌权人所怀有的崇高友谊的证明……如果对日本人而言，有一些必须的需求已成为习惯，那么同荷兰人和中国人的贸易足够满足所有的这些需求，再多即奢靡——就不是应该予以庇护的事情了……①

列扎诺夫还收到长崎总督的"警告"。总督提醒，俄国第一批使团就曾得令，不能拜访除长崎和松前岛（虾夷）以外的日本港口——对日本而言，松前尚被当作和宗主国或内领土不一样的外领土，还有不要通过松前岛派驻任何居民，而准许来长崎也只是为商谈贸易。总督还指出，Я. Э. 拉克斯曼显然没有理解这一命令，所以列扎诺夫不仅带来了通商建议，还带来皇帝给将军的建立外交关系的文书。接下来，这份"警告"提到拒绝贸易的内容，说明政府以住处、淡水和粮食安置俄国人的命令。文书中还禁止俄国与荷兰商馆的商务往来，并建议以后若有遭遇海难的日本人，在他们愿意回国的情况下把他们转交给欧洲的荷兰人，让他们穿过巴塔维回国。还建议（俄国人）快点离开日本海岸，总之不要试图返回长崎。②

两天后，列扎诺夫和政府代表举行最终会面，此次会面主要是讨论交换礼物的问题。日方拒绝亚历山大一世的礼物，因为这需要日方派出使团携礼访俄，就违背了闭关锁国的政策，所以列扎诺夫也拒绝日本政府的礼物。但是，城濑正定一再请求俄国人接受日本

---

① Новаковский С. Н., *Япония и Россия*, Ч. 1, М. : Наука, 1918 г, С. 95-96.
② АВПРИ, Ф. Главный архив. 1-9, Д. 3, П. 37, Л. 21.

方面的礼物，称若是完不成将军的盼咐，他为保全名誉就得剖腹谢罪。于是，列扎诺夫在他同意接受石制地球仪、地图等其他礼物后，也同意对方的这个请求。

1805年4月7日，俄国使团离开长崎，向堪察加返回。① 告别时，俄国人未能获准再次拜访杜夫。

当地的和从首都来的日本商人通过日本戍卫队军官表达对日方拒绝俄国人贸易的不满，并感谢荷兰人和日本翻译——兰学家们试图影响日本政府的努力。"最近，各种各样的人来卫队室告别，"——俄国使团的一份记录写道，"他们坚信，俄国人不会忘记他们，他们带来一捆捆白扇子，让我签上名字和我到来的日期，这样他们就可以当作珍品留存。我给他们用荷兰语和俄语写下很多座右铭，他们极其满意"。② 日本下等官员和翻译——兰学家告诉列扎诺夫，长崎奉行和肥前国藩主想暗中与俄国进行商贸联系，但是这必须要等到江户政府格局发生变化。级别稍高些的官员建议以一年为期，把自己的代表安插进荷兰商馆做职员，然而列扎诺夫不能违抗荷兰政府的命令，不敢未经荷兰政府的同意就如此行动。③

对于列扎诺夫使团任务失败的主要原因，俄国与日本的历史学家一般会有两种解释。一是日本从17世纪30年代到19世纪中叶推行的"闭关锁国"政策。日本国内的经济状况、反封建制度斗争中人民的消极态度，还有日本民族文化的特色，都使得日本政府不得不维持闭关锁国。二是不想让俄国这样一个贸易竞争对手出现在日本市场上的荷兰人的阻挠。郡山良光立足于日本、俄国档案，在专著《幕府晚期的俄日关系史研究》（东京，1980）中得出有别于传统的结论，即18世纪末至19世纪初幕府开始向北方扩张（形式上对北海道东北部分和千岛群岛南部的兼并，以及渗透萨哈林和阿穆尔

---

① АВПРИ, Ф. Главный архив. 1-7, Д. 1, П. 37, Л. 262.
② АВПРИ, Ф. Главный архив. 1-7, Д. 1, П. 37, Л. 263.
③ АВПРИ, Ф. Главный архив. 1-7, Д. 1, П. 37, Л. 264.

沿岸流域的尝试）。① 回绝使团表明日本对俄国敌视态度的升级——这使得列扎诺夫的任务失败，虽然日本的经济利益此时也需要日俄贸易的发展。

尽管由于生产的专业化、面向国外市场的剩余产品也有所增长，但日本农村的阶级分化加剧、社会矛盾激化。为巩固封建地主统治，日本政府试图努力恢复正走向衰落的农村。政府加强对商人阶层活动的监管，认为至少数十年内还不需要放开和扩大对外贸易。早在1800年，日本幕府经过内部协商后，就对与库页岛居民的贸易交往采取消极立场。1803年，幕府在给箱馆奉行的信中阐明日本对新的北部疆域，包括与外国人的贸易关系——首先是与俄国人的贸易方面继续推行禁闭方针。

对于荷兰人在俄国使团的失败中扮演什么角色这一争议性问题，日本历史学家真锅重忠②和郡山良光③采用了很重要的论据——现存于海牙档案馆的荷兰商馆长杜夫的回忆录。回忆录披露了一个相当重要的细节。杜夫在回忆录中写到，没有人去采取行动阻挠俄国人与日本建立关系的努力。1804年11月10日，杜夫寄给长崎奉行一份呈文，要求给予除荷兰以外的欧洲国家的商贸特权（当时该特权只赐予欧洲国家中的荷兰），呈文收到肯定回复。④ 可见，对于俄国人被拒绝起决定性作用的并不是荷兰人，而是上述提到的一些客观原因。考虑到自己的呈文获得正面回复，并且在列扎诺夫逗留长崎期间荷兰语翻译与日本人都同时在场，这种情况下杜夫是不会采取任何反俄国的举动的。

俄国不是这一时期日本反对与之贸易的唯一一个国家，列扎诺夫也不是这一时期日本政府反对与之贸易的首个外国人。1803年7月，荷兰东印度公司的前任职员、英国人B. P. 斯图尔特，带着物资

---

① 郡山良光：『幕末日露関係史研究』、国書刊行会1980年版、第35頁。
② 郡山良光：『幕末日露関係史研究』、国書刊行会1980年版、第35頁。
③ 真鍋重忠：『日露関係史』、吉川弘文館1978年版。
④ 郡山良光：『幕末日露関係史研究』、国書刊行会1980年版、第35頁。

乘坐"长崎"号抵达长崎港。7月23日，美国人Д. 托尼乘"弗雷德里克"号抵达。这两次，长崎的荷兰商馆长给长崎奉行寄去与列扎诺夫来时一样的呈文。这两人的结局与俄国使团一样，被迫离开日本。日本对荷兰商馆长的呈文完全不予重视，这也是出于国内和国际政治利益必须闭关锁国的考虑。可见，日本对待现行法律的态度是完全实用主义。

1804年8月，荷兰商船"玛利亚·苏珊娜"号抵达长崎。船长根据巴塔维当局的指示告知日本，早在1803年9月6日的荷兰报纸《哈勒姆杂志》上已经刊登过俄国以环球观察为名试图拜访日本的消息。这使得幕府从那时起就开始着手准备迎接俄国使团的到访，制定策略应对俄国人为建立商贸、外交关系的要求。在俄国船抵达之前，1804年9月中旬，长崎奉行向幕府征求意见，应该采取什么措施拒绝俄国人的贸易请求。所以，俄日商谈的结果其实在俄国船抵达长崎前便已提前决定，列扎诺夫也未必能做点什么来改变日本的外交方针。

1789—1792年，Г. А. 萨雷切夫考察团对"在千岛群岛和日本之间……甚至到韩国的海域"确认一系列岛屿的地理位置（继Де. 拉彼鲁兹的考察之后）。俄国首次环球之旅不仅延续了萨雷切夫的考察，克鲁森施滕在1805年还对萨哈林和千岛中部的最重要的地点进行大地测量。1805年5月，克鲁森施滕完成对萨哈林南端的克里利翁角和阿尼翁湾的勘测，然后到访洛索谢伊湾，将俄国的旗帜插在此地上。接着对萨哈林东南沿岸和东部海岸以及捷尔佩尼耶湾进行考察。1805年7月，克鲁森施滕描绘了自占守岛至罗处和岛的千岛群岛，并恢复对萨哈林沿岸地区——东北岸、北岸和部分西岸地区的考察，强调一些学者认为萨哈林由两个岛组成是错误的。水浅和大雾使得克鲁森施滕无法从萨哈林和陆地之间的海峡穿过，因此证实了Де. 拉彼鲁兹和В. 布劳顿的有关萨哈林和大陆之间缺少水上通道的并不正确的推测。克鲁森施滕还确定了日本西岸和东岸沿岸地区的地理坐标，从此，这些坐标在地图上标注得较之前更偏西。

第二节　俄国与日本的军事冲突

拉克斯曼首届官方访日使团与列扎诺夫环球赴日使团想实现俄国与幕府高层的接触，但均遭日本"锁国祖法"拒绝，俄日冲突一触即发。1806—1815 年，赫沃斯托夫与达维多夫、戈洛夫宁多次武力侵扰库页岛及周边岛屿，从北方直接威胁幕府安危，遭日本顽强抵抗，戈洛夫宁被捕。被日本称为"北寇八年"的俄日军事冲突直接影响到两国在千岛群岛的势力。1813 年，日本释放戈洛夫宁，并转交断绝两国贸易的禁令，警告俄国"以后若还想建立贸易就别靠近日本海岸"。俄日双方在人质处理与斡旋中均萌生划定边界的想法，都想避免类似事件再次发生。

一　俄国军官的北部侵扰

离开长崎之后，克鲁森施滕和列扎诺夫沿着日本海西海岸航行，对萨哈林东岸进行测量，并于 1805 年 5 月 25 日回到堪察加。① 在那里，列扎诺夫结识了就职于俄美公司的两名长官 H. A. 赫沃斯托夫（1776—1809）和 Г. И. 达维多夫（1784—1809），而且与他们一起去了俄国美洲地区考察移民活动。殖民地情况惨不忍睹，人们甚至因为饥饿而死，这使得列扎诺夫意识到，加快启动在萨哈林岛和库里尔群岛与日本进行贸易往来的极大必要性。随即，列扎诺夫不仅向沙皇写了一份关于访日使团的进程和结果的报告，还把去萨哈林岛考察的计划写成多封信件和报告。1805 年 7 月 18 日，他在信中写道：

> 我想陛下不会怪罪于我，因为目前有两位像赫沃斯托夫和

---

① Венюков М. И., *Обозрения японского архипелага в современном его состоянии*，Ч. 1-3, СПБ, 1871 г, С. 19.

达维多夫这样靠谱的同事，在他们帮助下修好船以后，我就会在明年向日本海岸进发，毁掉他们的居民点，将他们赶出萨哈林，并沿着海岸散播恐吓言论，以取缔渔猎业，让20万人失去生活来源，好迫使他们快些对我们开放贸易……我未等到命令便擅自行动，您可以治我的罪，但是如果时间被浪费，我将会一直被良心折磨……特别是当我看到，我本可以帮助皇帝陛下完成您的心愿。①

遗憾的是，所有这些信件和报告很长时间都没有得到答复，因为此时的彼得堡"被完全吞没在欧洲战争的苦海里"②。最终，列扎诺夫决定，冒险采取行动。

1806年6月27日，俄船"大神朱诺"号在赫沃斯托夫和列扎诺夫率领下，起航驶离新阿尔汉格尔斯克。8月初，帆船行进中发生异常，船桅被损坏，列扎诺夫改变计划，命令赫沃斯托夫把他送到鄂霍次克，他从鄂霍次克回彼得堡，而赫沃斯托夫和达维多夫则被命令继续行驶。在鄂霍次克，列扎诺夫秘密指示赫沃斯托夫攻击日本船只和萨哈林岛上的日本居民，命其"探访南千岛，看看日本人有没有深入此地，他们有没有把俄国属民赶走"，"证明有关日本人深入南千岛并在当地'把阿伊努人当奴隶残忍对待，还要赶走他们'③的传闻"，"如果在千岛南部和南萨哈林发现有日本町所，就将其强行停业，把当地原住民纳入俄国管辖之下，考察新知岛的港湾，为俄国驻得抚岛殖民地上以 B. 沙拉格拉茹夫和 И. 瓦尔杜金为首的援军提供武器、粮食。赫沃斯托夫和达维多夫应该告诉日本人，以后俄国人来到上述地区只是为做贸易。二人还应该抓几个日本显贵作为人质，并把他们带到俄属美洲的首都新阿尔汉格尔斯

---

① АВПРИ, Ф. Главный архив. 1–7, П. 32, Л. 3.
② Под редакцией Гришачев С. В., *История российско-японских отношений* XVIII–начало XXI *века*, М.: АСПЕКТ ПРЕСС, 2015 г, С. 56.
③ Сенченко И. А., *Их не забудет Россия* // Исследователи Сахалина и Курил, Сахалинское книжное издательство, Южно-Сахалинск, 1961 г, С. 7.

克，向他们证明对俄贸易的互惠性，同时也能在俘虏们回国后，通过他们影响日本政府对贸易的看法"。①

在鄂霍次克，列扎诺夫收到沙皇迟来的回复，意识到去萨哈林岛考察的不合时宜，决定完全取消这次考察，并通知赫沃斯托夫将考察团的活动推迟一年。9月24日，他给赫沃斯托夫寄去信件，"我抛下了预先设定的所有东西在寻找去美洲的必需品……根据命令，没有坦德型帆船'阿沃西'号的话就不能去。但为了不浪费时间，遇上有风时你们保证要去一趟阿尼翁湾，请尽量对萨哈林人好一点，给他们送点礼物和奖章，看看日本人的处所如何……在您的诸般行动中，回到美洲是最主要的、居首位的。不过，若您航行中出现严重的意外状况，您本身要以公司利益为重……"② 对于这份与8月的秘密命令含义迥异的信件，赫沃斯托夫遂返回鄂霍次克寻求解释，却没有碰上列扎诺夫。此时的列扎诺夫已离开鄂霍次克前往彼得堡，在途经克拉斯诺亚尔斯克城附近时不幸坠河，后来患上感冒猝死。③ 年轻而性格暴躁的赫沃斯托夫于是自行调整了列扎诺夫最后的指示。

赫沃斯托夫在修好船、准备好补给后出发上路，10月初到达南萨哈林。

1806年10月6日，"朱诺"号在古秀恩卡丹村（即现在的科尔萨科夫城——作者注）抛锚。这时离幕府因松前藩主松前道广对来

---

① Сенченко И. А., *Их не забудет Россия* // Исследователи Сахалина и Курил, Сахалинское книжное издательство, Южно-Сахалинск, 1961 г, С. 9.

② Сгибнев А. А., *Попытки русских к заведению торговых сношений с Японией в XVIII и начале XIX столетия* // Морской сборник, 1869 г, №1, С. 37-41. Цит по: Серебрякова С. Г., *Отечественная историография русско-японских отношений XVIII -начала XX вв.* // Научное сообщество студентов XXI столетия, Общественные науки: сборник статей по материалам LIX студенческой международной научно-практической конференции, №8 (55).

③ Давыдов Г. И., *Предуведомление* // Двукратное путешествие в Америку морских офицеров Хвостова и Давыдова, писанное сим последним, СПБ.: Морская типография, Ч. I. XXV, 1810 г.

到此地的外国人监管不力而决定收管其西北部土地仅仅几个月的时间。① 前一年即 1805 年的 5 月份，克鲁森施滕与列扎诺夫使团在回程中到达阿尼翁湾，那里有日本贸易点，还有松前藩的一些官员和军官。克鲁森施滕认为，"占领阿尼翁湾不可能有危险"，"为贸易得来的利润，甚至可以采取一切暴力举措"。②他断定，这里远离日本，具备某些行动的充分理由，"日本人不久前才迁居于此，因为军官住房，特别是粮仓，还是完全崭新的，而且这些地方没有任何战备措施，如果有人被俘，日本官员也没有能力把他们夺回去，尤其是如果'占领土地'后对待阿伊努人特别亲善的话"③。对于克鲁森施滕的看法，列扎诺夫、赫沃斯托夫与达维多夫都趋之若鹜。被俘的日本人告诉赫沃斯托夫，拉克斯曼使团离开后，阿尼翁湾被日本北部军队占领，国后岛和择捉岛则是在列扎诺夫离开后被占。④

10 月 10 日，俄国人在阿伊努村落竖起俄国海军旗圣安德烈旗和商务旗帜（商务旗帜并不是俄美公司的贸易旗帜——作者注）。在已更名为苏蒙涅尼耶村的阿伊努村落，赫沃斯托夫在村长之子丘拉甫西古鲁家门口钉上一块铜牌，上面写着："1806 年，10 月 10 日，俄国舰'朱诺'号到此。"⑤

10 月 11 日，赫沃斯托夫抓捕 4 个日本人到船上，这 4 人是在秋冬季节日本官员离开后留守此处的。俄国人给他们分配 600 袋大米、餐具、衣服、酒，把日本粮仓中的部分食物分给阿伊努人，烧

---

① Позднеев Д. М., *Описание Маньчжурии*, Том 2, Ч. 2, СПБ.: Издание министерства финансов, 1897 г, С. 159.

② Крузенштен И. Ф., *Путешествие вокруг света в 1803, 1804, 1805 и 1806 годах по повелению его императорского величества Александра Первого на кораблях «Надежда» и «Нева»*, Ч. Ⅰ, СПБ., 1809-1812 г, С. 191.

③ Крузенштен И. Ф., *Путешествие вокруг света в 1803, 1804, 1805 и 1806 годах по повелению его императорского величества Александра Первого на кораблях «Надежда» и «Нева»*, Ч. Ⅰ, СПБ., 1809-1812 г, С. 192.

④ АВПРИ, Ф. Главный архив. 1-13, Д. 14, Л. 72-73.

⑤ Новаковский С. Н., *Япония и Россия*, Ч. 1, М.: Наука, 1918 г, С. 116.

掉日本町所和其他 11 处建筑，一艘巡航艇、9 艘船和一些渔网。① 在当地的日本庙宇门前（靠近北纬 46°23，西经 144°），俄国人占领祭台，钉上一块铜牌，上面除写有 "1806 年，10 月 11 日，俄国舰 '朱诺'号到此"字样外，还有以下三条："第一，日本人阻挠俄国人在萨哈林的贸易，此行为极为不公；第二，如果日本人改变决定，表达出想贸易的愿望，那么他们可以向萨哈林和择捉岛发出通知；第三，如果日本人冥顽不灵，拒绝这么公平的要求，那么俄国人将毁掉日本的北部地区。"这块牌子被日本人寄到江户，上面的内容被当作军事冲突的缘由。② 正因如此，这一军事冲突后来被一些研究者称为首次日俄战争。

10 月 12 日，赫沃斯托夫给被俘虏的丘拉甫西古鲁写了张纸条，"1806 年，10 月 12 日。俄国舰'朱诺'号由赫沃斯托夫中尉率领，以收服萨哈林和其居民入俄国沙皇亚历山大一世的庇护下为己任。配有弗拉基米尔绶带的银质奖章被奖励给阿尼翁湾西海岸村落的村长。其他所有过路船只，不管俄国的还是外国的，都要请求村长认可其为俄国子民。俄国船队的中尉赫沃斯托夫"③。针对这张纸条，B.M. 戈洛夫宁后来写道："这封信让日本人相信，进攻他们的举动是由我们皇帝决定的……但是……将两三艘在我们千岛的任何一个岛上做出同样行为的舰船的所作所为归为俄国皇帝的意志，是十分可笑的。"④

---

① Новаковский С. Н., *Япония и Россия*, Ч. 1, М.：Наука, 1918 г, С. 117.

② Позднеев Д. М., *Описание Маньчжурии*, Том 2, Ч. 2, СПБ.：Издание министерства финансов, 1897 г, С. 162.

③ Головнин В. М., *Записки флота капитана Головнина о приключениях его в плену у японцев в 1811, 1812, 1813 годах с приобщением замечаний его о японском государстве и народе*, Книжное издательство, Хабаровск, 1972 г, С. 115. Цит по：Берх В. Н., *Сношения русских с Японией, или образцы японской дипломатий // Северный архив*, СПБ, 1826 г, № 14/15, С. 212.

④ Головнин В. М., *Записки флота капитана Головнина о приключениях его в плену у японцев в 1811, 1812, 1813 годах с приобщением замечаний его о японском государстве и народе*, Книжное издательство, Хабаровск, 1972 г, С. 115. Цит по：Берх В. Н., *Сношения русских с Японией, или образцы японской дипломатий // Северный архив*, СПБ, 1826 г, № 14/15, С. 116.

10月17日,"朱诺"号驶离萨哈林海岸,11月10日回到彼得罗巴甫洛夫斯克。

1807年春,管理南萨哈林的日本官员柴田角兵卫过完冬从宗谷海峡回到阿尼翁湾后,从阿伊努人处得知发生在萨哈林的事件。同年3月29日,他让信使报告给松前。4月10日,幕府驻箱馆奉行羽太正养收到报告后,派出以植田、宫间为首的8个官员和80名津轻士兵,之后还请求增加士兵数量。幕府也随即命令津轻藩和南部藩士兵去保护北部边境,该军队(150人)在丘拉甫西古鲁所在的村庄登陆。宗谷海峡居民点的日本卫戍部队人数增加到200人,不少部队还被分配到择捉岛,而箱馆的参军人数增加到了2500人。①

1807年5月2日,"朱诺"号和"阿沃西"号分别在赫沃斯托夫和达维多夫带领下离开彼得罗巴甫洛夫斯克。5月18日,俄国船员登岸择捉岛多布村,在过边防关卡时用船上的火炮预先射击。收到多布边防军关于俄国人登岸的预警后,择捉岛上由南部藩和津轻藩300名士兵组成的卫戍部队开始准备防卫。日本人推测,俄国人的攻击完全是对列扎诺夫出使失败的回应,也是对14名从得抚岛来到择捉岛的俄国人被俘事件的回应。1805年,俄国人来到择捉岛,"日本人监禁了14个试图登岸通商的俄国人"。但后来这些俄国人逃跑了。②

5月19日,俄国人抓了5名日本人,从日本人仓库中抢走大米、盐、衣服、用具和各种器械,然后烧掉仓库和一些建筑物,5月22日离开。5月24日,俄国人出现在库里尔斯克城。他们换乘小艇,带三队武装人员登岸,对当地处所发起攻击。面对俄国船员的持枪射击,日本人举出3英尺长的白旗,但还是有人伤亡。日本戍卫队的士兵后来接到开火反击的命令,可他们的枪储备不够,接近

---

① Позднеев Д. М., *Описание Маньчжурии*, Том 2, Ч. 2, СПБ.: Издание министерства финансов, 1897 г, С. 163.

② Позднеев Д. М., *Описание Маньчжурии*, Том 2, Ч. 2, СПБ.: Издание министерства финансов, 1897 г, С. 164.

凌晨时被迫退守山间，然后退到国后岛和托马里（现在的戈洛夫宁诺）。虽然俄国人据为防御工事的渔业仓库已经阴差阳错地被俄国武器彻底捣毁，但俄军火力丝毫不减，天黑之后武器仍在扫射。射击引起守卫库里尔斯克城堡的日本人的恐慌。因为当时天很黑，日本人没法瞄准还击，所以他们再次迅速撤退到四周茂林之中。这次战役中有3名日本人受伤，日本长官剖腹自杀。① 次日凌晨，俄国火烧该城（城里有一个不大的酿酒厂），然后带着夺来的粮食和武器回到船上。在棚子里睡觉的俄国流放者 Б. 雅科夫列夫和一个印第安人被阿伊努人以及留守的日本人杀死。被抓到"朱诺"号上的有受轻伤的日本俘虏，还有一个日本警卫。②

1807年5月28日，俄国船从择捉岛离开驶向得抚岛，试图追捕以 B. 兹韦兹多乔托夫为首的俄国流犯。6月2日，船员们明确得抚岛当地已没有俄国居民点后，便接着朝阿尼翁湾出发。途中他们对国后岛做了一番新勘查。

6月14日，俄国人到访古秀恩卡丹村后烧掉日本警戒所和粮仓，并得知去年被他们毁掉的日本居民点仍未重建。6月15日，他们烧毁日本人在阿尼翁湾的警戒所和粮仓。6月22—25日，俄国人在附近海域对松前藩的四艘商船发动攻击，抢走货物后将船付之一炬。③ 之后俄方寄信给松前藩，信中明确指出千岛群岛和萨哈林是俄国属地；在阿尼翁湾沿岸，早在1806年10月10日，当地居民就收到过通知，俄国称对这些岛屿拥有所有权。

赫沃斯托夫和达维多夫要求松前藩恢复1789—1799年择捉岛和国后岛被日本人开发之前的日本边界。6月28日，赫沃斯托夫放走8名日本俘虏，给了他们俄国呢毛织物等用品，还有用俄日双语写给松

---

① Aston W. G., "Russian Descents Into Sakhalin and Itourup", *Transactions of the Asiatic Society of Japan. First Series.* I, Tokyo, 1882. P. 79.

② Aston W. G., "Russian Descents Into Sakhalin and Itourup", *Transactions of the Asiatic Society of Japan. First Series.* I, Tokyo, 1882. P. 85.

③ Файнберг Э. Я., *Русско-японские отношения в 1697-1875 гг*, М.：Издательство восточной литературы，1960 г, С. 93.

前藩总督的信。信中写道："俄国和日本的相邻位置使得人们希望在日本的真诚帮助下建立友好往来与贸易，为此还有使团被派去长崎。而对使团的侮辱性拒绝，以及日本人在作为俄帝国属地的千岛群岛和萨哈林广泛开展贸易，皆促使本国最后采取其他措施，这些措施表明俄国人一直以来都能给日本贸易造成影响，除非择捉岛或萨哈林居民想与我们贸易的愿望得到传达并实现。俄国人给日本带来一点小小损失，仅仅是想告诉他们，北部属地对他们而言永远都是'是非之地'，日本政府的顽固坚持完全有可能让他们失去这块土地。"①

当月，日本四个北部公国的应征军队被派往靠近俄国边界的地区，以备有可能发生的针对俄国的军事行动。然而按照幕府指示，萨哈林和择捉岛上没有分配军队，同时还涉及俄日领土边界划定问题。日本长官表达了以下观点："谈到边界问题，若说我们的疆域往东是以择捉岛为界，绝不会引起任何异议。至于西部边界，主要在于如何处置桦太。我们都知道俄国人管它叫萨哈林，但是考虑过相应提案后，该岛……可在两个国家之间被分割。"②

俄国的这些行为，其首要目的是建立俄日商贸关系，但日本许多史学家都把重点放在俄国对日本的"过分"军事威胁上。日本认为俄国此举是侵略行为③，但俄国史学家认为，"赫沃斯托夫和达维多夫的行为并不是一般的偶然性局部事件，其特点是非常复杂的。俄国一直以来试图将太平洋的工业资本与日本相融合，这种愿望成为一种特殊压力，而且，这是对致力兼并与俄接壤地区的幕府政策的回应"④。

---

① Берх В. Н., *Сношения русских с Японией, или образцы японской дипломатий* // Северный архив, СПБ, 1826 г, No 14/15, C. 220.
② 羽太正養：『休明光記』卷八、享和三年。
③ 高野明：「日露関係史のあけぼの」、『露西亜学事始』、東京、日本エディタースクール出版部1982年版、第196頁。
④ Под отв. ред. Варга Е., *К вопросу о незаконных действиях японских концессионеров на острове Сахалине* // Мировое хозяйство и мировая политика, М.：Соцэкгиз, 1939 г, No9，C. 132.

第五章 俄国与日本的建交尝试

А. П. 契诃夫在19世纪90年代萨哈林之行结束后写道："温驯的羔羊……没能阻止赫沃斯托夫1806年毁损日本人的粮仓并带俘虏上岸，1807年他又伙同达维多夫毁掉日本在千岛群岛的町所，又一次洗劫南萨哈林岛。这些大胆的军官们同日本的交战完全是为了逃脱制裁，对此政府不曾知悉。"① В. М. 戈洛夫宁在《有关1818年俄美公司状况》这份记录中如此评价这些事件："列扎诺夫把对日之战的原因解释为日本不同意发展商贸关系……他还制订军事行动计划……其重点在于掠夺和烧毁临岸的日本聚居点，并在这之前先给日本人寄信，表示若对方政府仍不同意贸易，那么此种破坏仍将持续。"②

此次的武装冲突可以归为日本政府在维护本国封建制度、扩大本国在太平洋西北岸的经济政治影响的行动中与俄美公司（试图借助对日贸易巩固自身在太平洋地区的经济地位）发生的利益冲突。日本的计划是清除俄国在得抚岛的殖民地，而俄国则一直试图把日本赶出南萨哈林和千岛南部，更进一步说，在双方军事力量皆不能支撑长久作战的条件下，日本政府在对俄贸易上的立场可以认为是爆发武装冲突的理由。

1808年2月，松前藩总督向政府提过，在商品流通额不大的条件下有开放日本贸易的可能性。③ 1808年3月，日本政府虑及各种观点，准备了给俄国人的回信。信中并没有涉及在一定条件下建立贸易往来的可能性，却特别谈道："若贵国继续派来船只，那我方将加强防御，准备与贵国作战。如果想让贸易成为可能，必须尽早修正已做之事，证明自己没有心怀不轨，归还被俘的全部日本人。做

---

① Чехов А. П., *Полное собрание сочинений*, Т. XIV, М.：Наука, 1987 г, С. 168. Цит по：Стров Сахалин. Документальное произведение, М.：Русская мысль, 1895 г, С. 98.
② Новаковский С. Н., *Япония и Россия*, Ч. 1, М.：Наука, 1918 г, С. 124.
③ 羽太正養：『休明光記』卷八、享和三年。

到这些，我们再谈贸易。"①

　　此时的俄国正忙于应付欧洲事务。1807 年 7 月，《提尔西特条约》缔结。该条约巩固了俄法关系，俄国加入拿破仑对英国实施的军事封锁后与英国关系恶化。与瑞典、伊朗之间的战争，均使得俄国无暇顾及赫沃斯托夫和达维多夫考察队与日本政府之间的各种行动协议。管理边疆的要务，俄国只能靠被流放的政治犯、农民、手工业者等去承担。1808 年，亚历山大一世根据商务部部长 Н. П. 鲁缅采夫关于俄美公司的提议，下令将俄国手工业者和农民迁往萨哈林，俄国殖民地在那里维持到 1847 年。②

　　1807 年 6 月，"朱诺"号和"阿沃西"号绕过拉彼鲁兹海峡，航行至萨哈林东岸，在鄂霍次克抛锚靠岸。由于是在未得到沙皇和政府允许下擅自对日本采取行动，赫沃斯托夫和达维多夫被鄂霍次克长官 И. Н. 布哈林扣留，他们的文件及货物都被没收。布哈林向亚历山大一世、海军部部长 П. В. 奇恰戈夫、东西伯利亚总督 И. Б. 佩斯捷利汇报了赫沃斯托夫和达维多夫"不合规矩"的行为，强调对日本人的进攻会损害俄国利益。因为，日本人完全可以拒绝在未来进行商业贸易，并寻求荷兰和法国支持，请他们来攻击设防薄弱的鄂霍次克，以示报复。③ 7 月 24 日，赫沃斯托夫与达维多夫向伊尔库茨克寄去申诉书，得到的回应只是稍稍改善了一些处境。8 月 27 日，鄂霍次克军事法庭委员会宣判，考察队负责人违背了列扎诺夫的附加指令。根据伊尔库茨克长官 Н. И. 特列斯金向 И. Б. 佩斯捷利提出的申请，赫沃斯托夫和达维多夫被允许（应亚历山大一世随后的命令）去彼得堡，接受进一步审查。收到考察队的资料后，海军部坚持判定错在俄国军官们，尽管在此之前鲁缅采夫曾为他们武装

---

① Позднеев Д. М., *Описание Маньчжурии*, Том 2, Ч. 2, СПБ.：Издание министерства финансов, 1897 г, С. 260.

② Файнберг Э. Я., *Русско-японские отношения в 1697–1875 гг*, М.：Издательство восточной литературы, 1960 г, С. 102.

③ РГАВМФ. Ф. Департамента морского министра. Оп. 1., Д. 4671., Л. 171-174.

攻击日本的行为开脱。① 于是，赫沃斯托夫和达维多夫被发派去参加俄瑞战争。尽管他们在战争中骁勇无比，展示出英勇无畏和坚强意志以示对俄国的忠心。但是，沙皇还是指示海军部："这些军官无法获得因在芬兰打仗而该得到的奖励，以惩罚他们恣意妄为的反日行动。"② 亚历山大一世不允许给他们颁发奖章，认为这是对他们自作主张对抗日本的最大惩罚。1808 年 10 月 14 日，赫沃斯托夫和达维多夫深夜从芬兰返回圣彼得堡时，没有及时从分开的吊桥跳进路过的驳船上，溺毙在涅瓦河里。

赫沃斯托夫和达维多夫在鄂霍次克海域进行地理、天文、水文等考察，特别是在千岛群岛的海峡间成功研究了潮汐现象，这对航运有不小意义。在俄国，对日行动随着赫沃斯托夫和达维多夫的身亡而告一段落，但对日本来说，则产生了重大影响。

二 В. М. 戈洛夫宁被俘记

在列扎诺夫使团出使、赫沃斯托夫与达维多夫对日行动"双双失败"后，俄美公司并没有停止为建立俄日贸易对俄国政府施加压力。1807 年 7 月 18 日，鲁缅采夫伯爵向沙皇亚历山大一世递交俄美公司总理事会关于发展对日贸易重要性的报告，报告中指出占领萨哈林的必要性，亚历山大一世批准了该报告。但是在之后的几年里，俄美公司完全没有落实该项提案。公司将长远发展战略中心放在占领北美洲太平洋沿岸地区的行动上，并于 1808 年将公司办事处由科迪亚克南迁至新阿尔汉格尔斯克（锡特卡）。但史学界历来存在一种推论，认为俄美公司将"萨哈林移除工作范围"与俄国海军大尉戈洛夫宁（1776—1831）被日本俘虏一事有关。

在克鲁森施滕与列扎诺夫的航行结束后，俄国航海家对鄂霍次

---

① Э. Я. Файнберг, Русско-японские отношения в 1697–1875 гг., М.：Издательство восточной литературы, 1960 г., С. 102.
② РГАВМФ. Ф. Департамента морского министра. Оп. 1., Д. 4467., Л. 46.

克流域的研究兴趣大增。1807年，为探索"鲜为人知的俄帝国东部边境"，由海军大尉戈洛夫宁组建一支考察队，乘"狄安娜"号小巡航舰从喀琅施塔得出发进行考察，并且到达在北美洲海岸上的俄美公司殖民地。1810年，克鲁森施滕在海军部举办的学术委员会大会上发言，他强调精确考察千岛群岛南部各岛和尚塔尔群岛的重要性，并提出将这一任务交给正位于这一区域的戈洛夫宁。海军部指令把重点放在国后岛："我们相信，虽然需要在记录地理情况时参考日方信息和一些俄国航海家提供的信息，但在某地区情况还不能被确认时，不可以将其标示在地图上，同时，安东尼山脉（加加火山）作为千岛群岛的三个主要地点之一，地理位置的准确度将会有助于在地图上将所有岛屿联系起来。确定安东尼山脉的坐标要遵循准确这一原则。"①

1811年，戈洛夫宁在抵达堪察加后收到命令，要求其"以最详尽的方式"描绘南库里尔群岛、尚塔尔群岛、鞑靼海峡西海岸、北纬53°38′以北至鄂霍次克的沿海地带。5月，队伍从彼得罗巴甫洛夫斯克出发，地理勘察从罗处和岛（千岛中部）开始。"他们（戈洛夫宁）给千岛中部和南部地理位置下了最准确的定义，真正改变了这些地区的相关地理概念。"②

1811年7月5日，"狄安娜"号巡航舰到达国后岛后即着手测量。7月11日，保卫岛上日本建筑的南部藩军队在警卫队队长成佐濑命令下向"狄安娜"号射击。戈洛夫宁不希望造成武装冲突，也亟须补充饮用水和食物，于是他与海军准尉穆尔、航海助手赫列布尼科夫、4名水手和1名阿伊努语翻译、千岛群岛人 A. M. 切金一起登陆，以便向当地官员解释此行目的，登陆地点在国后岛南岸托马

---

① Санкт‑Петербургское отделение Архива РАН, Разряд Ⅱ, Оп. 9, Ед. хр. 658, Л. 45 об. （Санкт‑Петербургское отделение Архива РАН：俄罗斯科学院档案馆圣彼得堡分馆。）

② Черевко К. Е., *Россия на рубежах Японии, Китая и США* (2‑я половина ⅩⅦ‑начало ⅩⅪ века), М.：Институт русской цивилизации, 2010 г, С. 274.

里的顿白卡丹。日方拒绝谈判，旋即逮捕所有上岸的俄国人。日本人认为，戈洛夫宁来的目的与赫沃斯托夫是一样的。戈洛夫宁随行的翻译切金也称，据说是堪察加长官拉马金把"赫沃斯托夫们"派到这个岛上的，以待来年俄国船抵达。切金说出的日期正好与戈洛夫宁到达南千岛的日期重合，这极大地加重了日本人的怀疑心理，给他们以抓捕的借口。① 戈洛夫宁向日本人解释考察目标是和平的，是为了勘测千岛南部和鄂霍次克沿岸地形，这与赫沃斯托夫、达维多夫的行动毫无关联，他们已被俄国政府定罪。但日本人并不愿立刻相信他，称俄国人在萨哈林插上的不仅仅有贸易之旗，还有俄国海军之旗，还宣布当地居民是俄帝国属民，以及进攻船只数量很少（有意宣战时数量会增多）。日本因此认为，戈洛夫宁所讲是"俄国政府的恶意欺骗手段"②。

  松前藩主松前章广向俄国人询问，1806—1807年赫沃斯托夫的袭击是否获得俄国政府的批准，被捕的这些俄国人是否与这件事有关。戈洛夫宁表明，在赫沃斯托夫袭击事件发生时俄国政府毫不知情。荒尾茂明认为，戈洛夫宁与赫沃斯托夫、达维多夫的行动无关，不过要释放被俘的俄国人，还需要来自江户的决定。荒尾茂明将戈洛夫宁口述的日文译本和希望判定这些俄国人无罪的请求一同发往江户。戈洛夫宁被关进"俘虏房"，直到1813年10月1日，被监禁了两年多。1812年春，幕府老中土井利厚（1759—1822）在回复中不仅不允许释放俄国人，而且命令一旦俄国船只靠近，哪怕只是偶然路经此地，就立刻赶走或击毙他们。戈洛夫宁听到这一指令后十分绝望，遂决定逃跑。1812年4月23日夜晚到24日，除穆尔外，戈洛夫宁及其同伴成功逃跑。9天后，当他们正要登上渔船时，

---

  ① Головнин В. М., *Записки флота капитана Головнина о приключениях его в плену у японцев в 1811, 1812, 1813 годах с приобщением замечаний его о японском государстве и народе*, Книжное издательство, Хабаровск, 1972 г, C. 119.

  ② Головнин В. М., *Записки флота капитана Головнина о приключениях его в плену у японцев в 1811, 1812, 1813 годах с приобщением замечаний его о японском государстве и народе*, Книжное издательство, Хабаровск, 1972 г, C. 120.

再一次被日本抓获。①

戈洛夫宁被捕后，"狄安娜"号由海军大尉 П. И. 里科尔德接手。他在离国后岛南岸尽可能远的距离（托马里附近）打炮，消灭了一个日本炮兵连。少数船员不同意登岸去解救戈洛夫宁及其同伴，日本人的回击也迫使他不得不尽快离开国后岛。

1811 年 8 月 12 日，俄美公司向鄂霍次克分公司通报戈洛夫宁及同伴被俘一事。通知中写到，日本人包围并严密控制萨哈林岛及其周边岛屿，同时，由于目前物资储备不足，要求鄂霍次克推迟夺取萨哈林岛的行动，并建议鄂霍次克分公司将已有物资用于保障美洲俄属地。与此同时，里科尔德带队于 8 月 14 日返回鄂霍次克，准备启程去圣彼得堡汇报所发生之事。但 Н. И. 特列斯金盼咐他就在伊尔库茨克等待新考察呈请并去搭救戈洛夫宁指示的回复。此时正值俄国卫国战争最激烈之时，拿破仑军队刚刚占领莫斯科，复杂的国际局势不允许俄国政府采取强硬措施回应日本，因此沙皇拒绝派遣救援部队。直到 1812 年 4 月 19 日，亚历山大一世才同意 И. Б. 佩斯捷利的提议，即去国后岛弄清俄国俘虏们的状况并以和平方式搭救他们，同时允许新的、延续未完的鄂霍次克海域南部的科学考察。②

里科尔德尽力寻找与日方开展对话的可能，所以他带 7 个日本水手一同前往，打算用之交换被俘的俄国水手。其中一个日本水手叫中川五次郎，是多年以前赫沃斯托夫在其逃跑时抓捕的，此人已在俄国生活多年，里科尔德打算派他与日方谈判。1812 年 7 月 22 日，"狄安娜"号巡航舰和"佐奇科"号舰艇在里科尔德率领下离开鄂霍次克海前往松前。

8 月 18 日，船队到达国后岛，中川五次郎与另一个日本人带着交换俄国俘虏的信件，登陆面见当地日本长官。得到的回应是，尽

---

① Головнин В. М., *Записки флота капитана Головнина о приключениях его в плену у японцев в 1811, 1812, 1813 годах с приобщением замечаний его о японском государстве и народе*, Книжное издательство, Хабаровск, 1972 г, С. 206.

② РГИА. Ф. Департамента закона., Д. 32., Л. 3.

管俄国人携带足够的钱,并打算向当地政府赔偿,但由于当地居民未经允许擅自停供粮食,俘虏们似乎已经被饿死,有的被处决。因派去谈判的五次郎一去不返,里科尔德对这个回复的真实性表示怀疑。由于未能成功交换俘虏,里科尔德思虑再三后于9月6日释放了剩余的所有日本人。

为确定俄国俘虏命运,里科尔德在第二天拦截了从择捉岛往松前去的一艘日本船"观世"号,船主是有些名气的日本商人高田屋嘉兵卫(1769—1827)。他道出俄国人的真正命运,即他们还活着,还待在松前。里科尔德将高田屋嘉兵卫、船上的4个日本人和1个阿伊努人扣押为人质,将"观世"号上的货物统统搬到"狄安娜"号上。对萨哈林顺势做一番考察后,里科尔德押送高田屋嘉兵卫于10月3日回到彼得罗巴甫洛夫斯克。

高田屋嘉兵卫对调节俄日双方矛盾起到了关键作用。他同意去做谈判调停人,并与里科尔德一起制订谈判计划。高田屋嘉兵卫说,很多日本人对列扎诺夫的到来抱有期待,反而是赫沃斯托夫的袭击引发日本的敌对行动。他认为,日本并不想参与同强大邻国之间的斗争,采取这一"残忍行为"只是希望俄国政府对赫沃斯托夫袭击事件作出解释。在他建议下,里科尔德给鄂霍次克长官 М.И. 米尼茨基(戈洛夫宁与里科尔德在英国船队供职时的同僚和朋友)寄去信函,希望米尼茨基请求 Н.И. 特列斯金向松前藩长官解释,赫沃斯托夫和达维多夫的行动并未获俄国政府许可。

1813年5月23日,里科尔德按照特列斯金盼咐乘坐"狄安娜"号再次靠近国后岛,6月12日到达顿白卡丹。

幕府的牧野忠精(1760—1831)从松前藩处得知高田屋嘉兵卫被俘后,命令官员们讨论可行措施。一些人提出释放戈洛夫宁,其他人则表示反对。荒尾茂明也支持释放戈洛夫宁,以免再次遭受外国入侵的危险。他认为,在给拉克斯曼与列扎诺夫的文件中存在一些对俄方具有侮辱性的内容,这是一个不好的示范。但牧野忠精坚持反对释放戈洛夫宁。荒尾茂明提出,扣押戈洛夫宁会增加日俄两国开战的危险,有可能会对国内稳定产生不可预料的结果。至此,日本政府终于下令,命令松前藩制订具体的释放计划。松前藩官员与戈洛夫宁一起起草了一封俄文信,寄给"俄国巡航舰船长们",信里请求俄方提供以俄国沙皇或高层官员名义的官方回复,确认赫沃斯托夫的侵袭不是俄国政府授意。这些信被印刷出来分发到择捉岛、国后岛和其他俄国海船出没的地方。1813 年 6 月 12 日里科尔德与高田屋嘉兵卫抵达国后岛时看到这封信,确认戈洛夫宁仍然活着。在高田屋嘉兵卫的斡旋下,里科尔德顺利与日本官员会谈。

  日方转交给里科尔德事先备好的一封信,信中称已准备释放俄国俘虏,只要俄国政府官方证实赫沃斯托夫的侵扰并非蓄谋,并为这样的行为道歉。信中再次确定日方拒绝与俄国建立贸易关系。里科尔德了解到日方诉求后,于 7 月 9 日动身前往鄂霍次克,获得之前请求米尼茨基写给日方的信以及特列斯金为赫沃斯托夫和达维多夫的行为给松前藩的道歉信。7 月 24 日,里科尔德重新出发,9 月 27 日到达箱馆,将信件呈交给日本松前藩总督。于是,他就这样成为俄国使团在日本的"官方全权代表"。在伊尔库茨克总督和鄂霍次克港长官给日本政府的信中,除说明俄国政府未曾参与赫沃斯托夫和达维多夫的行动外,还建议为避免类似事件的发生,首次提到关于确定俄日边界的问题。根据特列斯金的建议,这条边界线从得抚岛和择捉岛之间穿过。① 10 月 5 日,里科尔德见到戈洛夫宁及其同伴。里科尔德称,特列斯金委托他缔结确立俄日边界条约。但戈洛夫宁认为,想快速解决这个问题是不可能的,将解决边界问题与释放俘虏关联在一起很不恰当。里科尔德表示赞同。10 月 7 日,戈洛夫宁和同伴被释放。松前藩长官转交给里科尔德一封信,警告其以后若还想建立贸易或其他联系就别靠近日本海岸。10 月 10 日,里科尔德表示这份警告应该也会引起俄国重视。同一天,"狄安娜"号

---

① Сгибнев А. С., *Исторический очерк главнейших событий в Камчатке*. 1650 - 1855 гг. // Морской сборник, СПБ, 1869 г, С. 97.

从箱馆出发，11月3日回到彼得罗巴甫洛夫斯克。1814年7月22日，戈洛夫宁和里科尔德抵达彼得堡。

1814年5月，日方起草给 И. Б. 佩斯捷利的回信，信中建议将新知岛作为俄国最南端岛屿，日本最北部的岛为择捉岛，将新知岛与择捉岛之间作为中立地带。但日方这封信并没有送达俄方手中。1815年10月20日，特列斯金发布访问千岛第十八岛（即择捉岛）以南日占岛屿的禁行令。1816年11月，И. Б. 佩斯捷利建议俄国暂时中断恢复俄日关系的行动。

戈洛夫宁被俘事件顺利解决，俄国长达一百余年的与日本确定贸易关系的努力由此告一段落，俄美公司为之付诸的行动也画上句号，之后，公司将活动中心切实转移到美洲大陆。里科尔德在与日方交涉时已经有了划分领土边界的明确意向，之后幕府通过松前藩与俄方商定，择捉岛为日方领有，新知岛为俄方领有，两岛之间包括得抚岛为中立区，若俄舰至择捉水域则日方可直接开火击退。俄日之间持续八年的军事冲突，以双方初步达成边界协定而圆满解决。从俄国撤退择捉岛驻扎人口、发布择捉岛航行禁令的举动看，也可理解为其对日本事实上占有择捉岛的默许。虽然未达成贸易协定，但两国在北方的关系暂时稳定，直到40年后俄国海军 E. B. 普提雅廷使团赴日。

第三节　幕府第二次虾夷地考察

关于列扎诺夫使团未能成功的原因，很多历史文献中经常会提到的几点有，国家的封闭（锁国政策）、荷兰从中作梗、幕府内部的变更、日本对北海道和千岛群岛的积极开发，以及两个使团赴日而招致日本对俄国的敌对态度。对于日本政府拒绝同俄国贸易的最后决定，荷兰政府的反对尽管可能有一定影响，但这个影响也不至于被某些历史学家过分夸大。当时的荷兰商馆馆长杜夫在列扎诺夫使团到日本之后给长崎总督写信，希望日本不仅保留荷兰贸易的特权,也要保护除荷兰以外的欧洲国家的商贸权力,这一建议得到肯定答复。而且,由于日本已经意识到荷兰想要保持贸易特权,因此对他们的任何观点和行动都保持着十分慎重的态度。

日本自17世纪下令锁国以来,相关法律就一直存在并延续下来,幕府诸多官员也都是"历史见证者"。即使是在俄国大使到访的前夜,幕府也并不认为这些法律是能改动的。对于同中国的贸易,幕府就处理得比较灵活一些。早在18世纪初,松平定信(1758—1829)就认为,如果中国的船只不来,日本就会爆发对中国草药的巨大需求。"到中国去,在那里买些药品没有什么可怕的(一点都不可怕)",他在书里写到。也就是说,松平定信意识到禁令的"不可违"之后,对待中国方面,完全是可以允许"违反"禁令的,不把禁令看作一成不变的;但涉及俄国方面,情势就完全不同了。早在拉克斯曼使团到达日本期间和之前,松平定信就一直反对开发北部地区以及禁止开放虾夷人居住地的贸易市场。他制定出强化海防及虾夷地区的防守策略,并亲自巡视海岸。① 他心里明白,俄国前来通商只是时间早晚问题,但在表面上,他仍强调要坚守锁国祖法,可以说,此时的日本更倾向于实行锁国政策。②

1785—1786年,田沼意次为调查虾夷地组建幕府考察团,成员有最上德内、大石逸平、庵原弥六、松本秀持、山口铁五郎等。幕府为虾夷地考察和开发提供了大量资金,但是并没有什么成果。当时幕府中存在两个派别,分别持相反立场。田沼意次及拥护者认为,应该开发北部,并且要关心阿伊努人,以此来抵挡俄国往北部的推进。松平定信则认为,不应该开发阿伊努人所在地,这样才不会引起俄国对北部的兴趣。对于1789年的阿伊努人起义,松平定信坚称,是俄国人故意煽动阿伊努人反抗日本的蓄谋行动。(但诸多俄

---

① [日]深谷克己:《岩波日本史》第六卷《江户时代》,梁安玉译,新星出版社2020年版,第126页。

② [日]深谷克己:《岩波日本史》第六卷《江户时代》,梁安玉译,新星出版社2020年版,第127页。

国的日本学家辩称,"然而,事实上,并不是这样的"①)。

18世纪末,日本最大限度地降低从本国输出铜(输送至中国和荷兰)的数量。在与中国的铜贸易中掺杂相当多的海产品,被允许的、与荷兰进行铜贸易的数量在1790年下降二分之一,被允许驶入长崎的船只同样也下降二分之一。每年荷兰商馆都例行与将军会晤,现在却被改为每四年会晤一次。可见,在俄国使团来访的前夜,日本幕府内部已经出现要减少与外部世界联系的趋势,这使得本来就很少的对外联系变得更加稀少。最上德内最早得知关于俄国人即将到来的消息,这使得幕府很是佩服荷兰人获得信息的能力。事实上,由于欧洲各国的竞争,荷兰商馆本身对俄国信息的需求就越来越大。1792年,荷兰曾努力寻求欧洲地理书籍,尤其是记载俄国信息的书籍,甚至还搜集打听欧洲商船驶入日本的可能性。早在1787年,根据幕府命令,最上德内完成虾夷地调查。之后,他也研究过关于松前藩与俄国人以及居住在库页岛的满洲人所进行的各项贸易。如果说在拉克斯曼来访之前,讨论北部地区的开发问题以"是否有必要、是否要扩大"为核心,那么使团来访时就会围绕着"应该以怎样的方式进行贸易、开展与其他国家的外交关系,以及如何保护对外边境"为内容进行讨论。从这样的角度来看,松平定信的立场就具有一些现实意义。田沼意次下台后,松平定信终止田沼对虾夷地开发的一部分政策,推行宽政改革。宽政改革是老中松平定信于天明七年(1787)至宽政五年(1793)实行的改革。与享保改革、天保改革并称为江户时代的三大改革。松平定信弃用田沼派的本多忠筹、户田氏教等幕僚,对田沼意次靠近商业资本的做法予以修正,将自己发起的改革置于享保改革的延长线上。

然而,当拉克斯曼使团到达日本的时候,幕府内部发生了重大变化。德川家齐将军继位的时候年龄尚幼,等他成年亲政以后,"到

---

① Под ред С. В. Гришачев. *История российско-японских отношений* XVIII - *начало* XXI *века*. Москва. АСПЕКТ ПРЕСС. 2015 г., С. 51.

处指手画脚"的松平定信遭遇严重信任危机,幕府中反对宽政改革的人不少。"家齐将军父子联手,迫使定信辞职归藩"后,老中一职被松平信明(1763—1817)接替。松平定信下台以后,幕府对于"异学"的钳制有所放松,兰学就此蓬勃发展起来。所以,松平信明在整体上延续田沼意次等前辈对北部地区的高度关注,决定加速开发北方,这一时期的外部力量也起到重要的推动作用。

1795年,在俄国商人舍利霍夫倡议下,以 B. 自维自多切托夫为首的大约60个俄国人移民到得抚岛。在给俄属美洲地区长官 A. A. 巴拉诺夫的信中,舍利霍夫认为,开发得抚岛殖民地的目的是教库里尔群岛的阿伊努人学会耕作,以及成立同日本进行贸易的公司。1796年8月,北海道岛的火山湾水域出现 У.Р. 布劳顿指挥的英国船只"普罗维登斯"号。布劳顿曾经完成欧亚大陆东南部沿岸的水文勘测,这一年他顺着日本和太平洋沿岸航行,并穿过津轻海峡驶入日本海。再加上拉克斯曼使团的到来,这俨然已经破了坏幕府的预期局势——减少与外部世界的联系。幕府对北部出现的俄国舰船和其他欧洲船只十分警觉,于是着手并加速虾夷地天领化,以加强北方警备。

18世纪后半期是日本历史上少有的对"国土防卫"给予深切关心的时代。① 幕府一改过去只派遣低级官员带队考察的做法,改由监察官"目付"与将军的亲卫队长"书院藩头"等高级官员实地考察。1799年,幕府派遣一支180人的队伍去往松前藩,这是幕府自1785年第一次"虾夷地考察"之后的第二次更大的规模考察。

到达松前藩之后,队伍分三组,前两组分别被派往西部(北海道岛西岸,顺着日本海由松前藩往北)、东部(北海道东岸、太平洋沿岸,从松前藩到知床半岛和紧邻小岛)阿伊努人所居地,第三组被派往千岛群岛。考察团成员最上德内、近藤重藏在择捉岛上拔

---

① Черевко К. Е., *Зарождение русско-японских отношений.* XVII - XIX вв., М.: Наука, 1999 г, С. 57.

掉俄国人之前留下的"十字架",在岛南部丹根萌的小山岗上树立起一座高约两米的用墨笔写有"伊图鲁普岛,属于大日本帝国的岛"("大日本惠登吕府")的柱牌,柱子上除近藤重藏和最上德内外,也列出同行的阿伊努人的作为证人。这是日本首次向海外领土宣示主权。随后,近藤重藏结合实地见闻,参照中国与荷兰书籍中的相关内容,完成《东西边要分界图考》一书,于1804年呈交幕府,这本书很快成为幕府处理列扎诺夫来访的重要参考资料。《东西边要分界图考》提到,"最近几年俄国人对待阿伊努人态度变化很大。现在,俄国人十分有礼貌地对待土著居民,会在船只上见面,会用红酒来款待他们,在食物和糖果供应上帮助阿伊努人,但拒绝阿伊努人购买他们的海獭皮。俄国人说,海獭皮是用来跟日本人做生意的。"事实上,得抚岛与择捉岛上居民的这种态度并没有持续太久,俄国官员无论是对待阿伊努人,还是对待自己的同胞们都粗暴蛮横、独断专行。早在1797年,俄国一半的居民都返回大陆,到1798年时,仅仅剩下17人。① 随着舍利霍夫去世和俄美公司在俄属美洲地区的活跃,得抚岛上的殖民活动陷入彻底衰败。而且,自列扎诺夫到访日本被拒之后,俄国政府决定不再支持千岛群岛的殖民活动。② 然而,日本考察团关于这样的俄国殖民状况并不知道,因此,在对待俄国使者时表现出极大警惕。

在考察团活动结束的时候,近藤重藏建议,把斜里町(北海道岛鄂霍次克海沿岸)、索亚(北海道岛北端)等虾夷地以及库页岛统统置于幕府直接统治之下。近藤重藏一直对松前藩的应急能力抱有非议。1786年,松前藩在对俄国往千岛群岛移民和保卫国土安全的事务上表现得十分消极,长期没有关注择捉岛上的俄国居民。根据近藤重藏的观点,像松前藩这样小的公国,接待外国船只的来访

---

① Елизарьев В. Н., *Образ Сахалина и Курильских островов на картах мира*, XV - XX вв., Лукоморье, Южно-Сахалинск, 2008 г, С. 201.
② Елизарьев В. Н., *Образ Сахалина и Курильских островов на картах мира*, XV - XX вв., Лукоморье, Южно-Сахалинск, 2008 г, С. 202.

费会很高，支出还会摊在政府身上；如果要开放那里的市场，那么最好让其置于幕府控制之下。在考察团活动结束的前几个月，户田氏教被任命为虾夷地主管，他极力主张幕府收归虾夷地。近藤重藏的建议很快得到幕府回应。幕府认为，原本属于松前藩的土地一旦都被转移到幕府直接管理之下，将会引起西部边境公国（萨摩藩、对马藩）恐慌。1799 年 2 月 20 日，幕府公布，暂时将从东部到乌拉坎地区的虾夷土地置于幕府临时、直接统治之下。9 月，正式将包括南千岛群岛部分岛屿在内的东虾夷地置于幕府统治之下，并于各处配置守备队，东虾夷的开发得到国家认可，幕府由此增强了在虾夷地区的军事力量。为促使虾夷地区成为日本领土的一部分以抗衡俄国威胁，幕府开始推进同化、归化的改造策略，安抚当地居民。1802 年，幕府宣布西虾夷地将继续保持处于松前藩治下。为达到对虾夷地的进一步控制，幕府还委派"天文方"高桥至时的弟子伊能忠敬对虾夷地进行测绘并绘制地图。与此同时，幕府内部力量的对比上也发生着一些变化。

随着年轻的家齐将军的长大成熟，他开始对管理、统治国家表现出越来越大的兴趣。1802 年 3 月 26 日，幕府任命虾夷地的两个官员，他们被反复叮嘱，不准在虾夷地采取任何新的活动，只能协助维持现状。与此同时，日本加强对库页岛的控制。不仅禁止日本人航行到此地，虾夷人也被禁止，而那些驶向岸边的外国船只也被阻止，并且是立刻通知他们不能靠近。如果外国船只来犯，要动员士兵们采取相应措施。1803 年，由于幕府内部意见不合，坚持开发虾夷地的主要支持者离职，继任者消极对待北部地区，他认为，关于俄国扩张的威胁论被夸大。这间接证明，幕府内部开始出现对新土地开发前景的不利因素。在这种背景下，列扎诺夫使团受到冷待遇就不足为奇了。

列扎诺夫使团访日、赫沃斯托夫与达维多夫的侵扰再一次使得日本关于库页岛的讨论甚嚣尘上。北方地区研究者高桥景保是"天文方"（相当于中国古代的钦天监）负责官员高桥至时之子。他写到,这种情况下涉及的不仅仅是与俄国的领土划分,还有同中国的领土划分。他认为,为划分好边界和消除外在担心,必须将库页岛置于幕府统治之下。高桥景保的看法加重了日本对俄国的担忧,随着松平信明的新政,相关政策开始被落实。1806年,柴田角兵卫奉命去库页岛南部的白主后,将俄国劫掠之事上报幕府。1807年春,在获知赫沃斯托夫侵扰事件之后,幕府通过关于西虾夷地和库页岛地区不再归松前藩管辖的决定,将西虾夷地收归直辖,并把军队大本营由箱馆转移至本州岛,松前藩不再管理虾夷地事务。同年,日本出台命令,制止外国商船登陆日本各岛及库页岛,但该命令并未发挥出应有的效力。1808年年初,日本再次出台针对俄国船只的命令,即无论俄船出现在哪一个港湾,都要尽力将之驱逐出日本水域,但不允许直接武力交锋,应选择与每一个具体形势相对应的有效措施,尽量不损害日本政府的威信。之前北部防务主要由南部、津轻两藩负责,赫沃斯托夫与达维多夫侵扰后,幕府则命会津及仙台两藩随时待命协防北方诸岛"已备北寇"。

日本政府在对待库页岛尤其是南部问题上表现出更多谨慎,背后隐藏的是企图趁势渗透并占领全部库页岛的巨大野心。幕府为笼络人心,要求以和平手段吸引库页岛居民,不另修建过冬的房屋。1808年,幕府官员间宫林藏(1780—1844)和松田传十郎(1769—1842)被派往库页岛去调查俄国在岛上的地位、中俄两国边界以及边境形势、黑龙江下游的地理与民俗等。他们的任务是,与东、西边的阿伊努人进行沟通,向他们解释幕府意图。两位官员还被要求向当地居民提供大米和红酒,促使他们归顺日本,并把他们纳入防卫系统,以防止俄船袭击。间宫林藏沿着岛屿东海岸航行,松田传十郎沿着西海岸行进。间宫林藏到达知床半岛后,因无法继续前行不得不越山横穿库页岛转向西海岸,跟松田传十郎汇合。松田传十郎曾到达北纬52°紫胶角。他们在返程途中清除库页岛南部归属于俄国的标志,插上日本旗杆,署名表示此地归日本所有。在俄国政府无力作为的情况下,幕府在1808年12月将北方军队(两个公国每

100人为一支）派往库页岛、国后岛和择捉岛，于是，库页岛南部沿岸地带和千岛群岛南部地区就这样被日本占领。

1809年，间宫林藏和松田传十郎再次前往库页岛，与从事贸易的吉尔亚克人一同前往阿穆尔河下游考察。① 间宫林藏穿过将岛屿与大陆分开的海峡——鞑靼海峡（日本以间宫林藏名字命名，称为间宫海峡，俄国称涅维尔斯科伊海峡），成为第一个去过黑龙江河口的日本人。松田传十郎在航行过程中得知阿伊努人在与黑龙江下游地区居民贸易时欠下债务，提议由幕府来偿还。根据当地居民提供的信息和自己测量的海水深度，间宫林藏得出结论——库页岛是个岛屿，不是半岛，西博尔德将其作为间宫海峡进行了介绍。通过间宫林藏和松田传十郎的考察，日本政府明确了解到，黑龙江地区存在着归中国清朝政府管辖的季节性居民点，当地居民向中国政府进献贡品。1810年，根据对库页岛及黑龙江流域的考察报告，由间宫林藏、村上贞助执笔，共同完成《东鞑纪行》和《北夷分界余话》两部报告。"东鞑"即指库页岛和黑龙江下游一带，日本人称东鞑地区，意为鞑靼疆域的东部。《东鞑纪行》是历史上首份证明库页岛是个独立岛屿的航行记载，"间宫海峡"（鞑靼海峡）是世界地图上第一个以日本人命名的地理名词。虽然18世纪初的《康熙皇舆全览图》标出库页岛是个独立的岛，但企图将中国变为殖民地的西方列强并未采信。直到几十年后俄国海军军官 Г. И. 涅维尔斯科伊也做类似海峡航行后，才承认这个结论。

《东鞑纪行》是间宫林藏两次考察的成果，其价值不仅是一项地理发现，而且是具有重要意义的历史史料，对研究库页岛和黑龙江下游地区的历史、地理风貌具有重要价值。书中记录着航行时的沿途见闻，包括民族关系、民俗、生活和生产方式等。书中对清政府行署的记载尤为翔实，对清朝政治、军事、经济权力在黑龙江下

---

① ［日］深谷克己：《岩波日本史》第六卷《江户时代》，梁安玉译，新星出版社2020年版，第209页。

游、库页岛的存在状况也做了细致的记述，充分证明清政府当时对库页岛及黑龙江下游地区拥有管辖权。

＊＊＊＊＊＊＊＊

安季平探险使俄日两国早期的、初级官方联系得以出现，Я.Э.拉克斯曼访日使团与Н.П.列扎诺夫访日使团实现俄日高层接触，这使俄日关系的发展走上一个新台阶，但两届使团均遭遇日本"锁国祖法"的拒绝。列扎诺夫使团遭拒后，1805—1813年，赫沃斯托夫与达维多夫武力侵扰库页岛及周边岛屿，从北方直接威胁幕府安危，遭日本顽强抵抗，酿成俄日关系史上第一次军事冲突，以致此后戈洛夫宁被捕。被日本称为"北寇八年"的军事冲突直接影响到两国在千岛群岛的势力，也被有些学者称为"第零次俄日战争"。在俄日两国首次具有近代性质的外交斡旋下，日本释放戈洛夫宁，并与俄国初步达成边界协议，使俄日关系维持近40年平衡态势。此时，俄国调转向东步伐专注于欧洲战场，日本则更加注重加强北部边防。在围绕人质的外交斡旋中，日本积累了处理近代国际关系事务的有益经验，为开国准备了政治与思想基础。幕府从1799年起对东虾夷地进行管理，1807年又将西虾夷地纳入直辖，库页岛则被视为北虾夷。为促使虾夷地区成为日本领土的一部分以阻止俄国南下脚步、抗衡俄国威胁，幕府在虾夷地推进同化、归化的改造策略，安抚当地居民。在收归管理的虾夷土地上，幕府配置守备队，由此增强当地军事存在。为达到对虾夷地的进一步控制，幕府还委派"天文方"高桥至时的弟子伊能忠敬对虾夷地进行测量并绘制地图。这是幕府正式经略北部地区的开端，带有明显的西方式殖民扩张色彩，幕府希望以资本主义殖民商业手段来解决一系列内外危机。不同于传统幕藩与锁国体制的近代国家意识在加强北部边防的实践中逐步发展，同时也反作用于幕府政策，产生了改变现有政治制度的思想之源。

第六章　俄国与日本缔结条约

随着西欧各国在欧洲的矛盾激化，他们在亚洲的利益冲突也不断升级。法国大革命、拿破仑战争、英荷战争给太平洋局势带来不小冲击，对亚洲殖民地的竞争成为欧洲各国战争的蔓延。"后起之秀"美国的崛起使太平洋上的竞争更加激烈，其"半路出击"对欧洲与东亚国家的关系造成严重威胁，成为俄日关系中不可忽视的因素。由于担心西欧国家在日本的影响力可能会直接威胁俄国的美洲属地，损坏其亚洲利益，俄国于1852年成立亚洲事务特别委员会，专注解决远东问题。在亚洲事务特别委员会的支持与决议之下，Н.П.普提雅廷踏上对日本的叩关之旅。

第一节　太平洋进入世界经济体系

粗略来看，俄国试图与日本进行贸易往来的尝试只是内部原因所致，即俄国沙皇的个人意愿以及西伯利亚商人想为毛皮等商品寻找新市场。但实际上，俄国的远东政策，至少从18世纪下半叶（叶卡婕琳娜二世时代）开始，就已经遭遇英、法在东亚的竞争。在俄国最初尝试与日本交涉时，西方各国关系就由于亚洲市场问题而进入新时期。一直以来，英国在亚洲获取经济利益的最根本对象是中国，此时，它把目光同时瞄准"人口和政治威望仅次于中国"①的日本。18—19世纪之交，太平洋地区的一个国家正在慢慢崛起——这就是美国，独立战争之后的美国迅速加入西欧国家的殖民竞赛中，太平洋地区被拖入世界经济体系。

一 欧美国家划分势力范围

В. 白令（1734—1742）、Дж. 库克（1776—1779）、Де. 拉彼鲁兹（1785—1788）、А. 马拉斯平（1789—1794）、Дж. 范库弗（1791—1795）、У. 布劳顿（1796—1797）、И. Ф. 克鲁森施滕和Ю. Ф. 里向斯基（1803—1806）的航海考察绘制出太平洋北部沿岸与岛屿的分布图，从地理上推动这些地区进入世界贸易系统。自古以来，中国与日本所需毛皮都出自西伯利亚与太平洋北部地区。② 18世纪以前，俄国为巩固与周边国家关系，将毛皮产品作为贡品送往中国。③ 同样，虾夷地阿伊努人也将皮毛送往日本。1727年，中俄在恰克图互市后，俄国人成为西伯利亚毛皮的供应商。18世纪下半叶，俄国商人遇到西伯利亚毛皮产量降低的困境，他们开始在欧亚大陆、太平洋沿岸开发新的狩猎场，随后将之扩展到阿留申群岛和千岛群岛。④ 参加库克第三次航行的成员到达北美海岸后，从当地人手中廉价获得毛皮，以高价卖到广州，英国人自此意识到毛皮贸易的前景。许多印度和中国澳门的个体商人获悉此事后，对太平洋北部产生浓厚兴趣。1786年，英国航海家 Дж. 密尔兹从孟加拉出发前往阿拉斯加州。1788—1789年，他参与"努特卡海湾争端"——英国与

---

① Под ред. Гришачев С. В., *История российско-японских отношений* XVIII— *начало* XXI *века*, М.: Аспект-пресс, 2015 г., С. 65.
② Неизвестный автор, *Кяхтинской тариф Для состоящей в Иркутской губернии Кяхтинской таможни и в ведении ее Цурухантуевской таможенной заставы*, М.: Книга по Требованию, 2012 г, С. 21.
③ Бурыкин А. А., *Словари кяхтинского пиджина*, М.: Восточная литература, 2018 г, С.198.
④ Крит Н. К., *Будущее кяхтинской торговли*, М.: Книга по Требованию, 2012 г, С. 55. 这本书的2012年版是1862年版本的原版重印（出版社"Артиллерийский департамент В. М.", 1862 год）。

西班牙争夺美洲西北部海岸（唯一便于停泊的海湾）控制权。由于中国对广州地区的贸易活动采取限制措施，此番航行的另一名成员 Дж. 戈尔涅特于1791年乘坐"海上冒险家"号前往日本海岸，希望能够将原本卖给中国的商品卖给日本。然而，日本的锁国外交使英国倾销毛皮的计划未获成功。

1783年美国独立战争结束后，美国为弥补因英国推行贸易限制带来的损失，同样开始在北太平洋地区活跃起来。1787—1793年，Р. 格雷与 Дж. 肯德里克完成绕美洲西北海岸的航行。1791年，肯德里克乘坐"华盛顿夫人"号试图进入日本，遭拒。之后，美国人从最大港口波士顿港出发环绕南美，于美洲大陆西北部海岸靠岸开发毛皮狩猎业，之后来到哈瓦那岛。① 过完冬，美国人来到中国澳门与广州，卖掉毛皮换取茶叶、丝绸、瓷器等，然后经由印度洋与大西洋回到波士顿港。这次航行使美国开始控制北太平洋毛皮狩猎业和与中国的毛皮贸易。

美国独立战争（1775—1783）影响到荷兰东印度公司的行动。荷兰承认北美十三州脱离英国的合法性，这导致第四次英荷战争（1780—1784）。荷兰战败大大削弱荷兰共和国及其殖民地势力。英国在战后大幅度降低英国东印度公司向英国出口中国茶叶的关税，这实际上减少了从荷兰进口茶叶的数量，也使英国人控制了由广州向欧洲的茶叶供应。18世纪末，英国在印度的势力逐渐稳固，英国商人在印度与中国的贸易也得到发展。英国东印度公司从私营商人手中购买茶叶，将其垄断倾销。为维持贸易平衡与优势，他们需要得到在中国热销的产品。渐渐地，英国人掌控了荷兰东印度公司殖民地的贸易路线，这导致荷兰东印度公司的衰落。1798年，借助于毛皮贸易，英国维持了与中国的贸易平衡。密尔兹回国后报告了英国与西班牙关于努特卡海湾争端的情况，并建议英国大力发展毛皮

---

① John F. Millar, *American Ships of the Colonial & Revolutionary Periods*: 180 *Ships from the Years* 1607-1789, Published by Norton & Company, Incorporated, W. W. (1979)., p.103.

狩猎业，扩大与中国、朝鲜、日本的贸易规模。因此，1792年，英国派出马嘎尔尼使团访华，但无功而返。

法国大革命、拿破仑战争、英荷战争都对太平洋地区的国际局势造成了重大影响。英、法两国分属对立阵营，但两国一直都试图染指荷兰的强大海军。1794年6月，荷兰东印度公司派遣商船前往日本长崎，要求日本增加铜出口量，①减少毛皮收购站租金，因为东印度公司的财政状况已经非常糟糕。事实上，荷兰共和国的财政早已千疮百孔。同年9月，法国军队与追随法国的荷兰"爱国者"（亲英派威廉五世的反对者）跨过马斯河和瓦尔河，闯入荷兰境内。荷兰共和国议会选择放弃抵抗，世袭执政的威廉五世逃亡英国。1795年，巴达维亚共和国在荷兰宣告独立，成为法国附庸与傀儡，隶属法国管辖。② 逃往伦敦的威廉五世将荷兰殖民地交给英国王室统治（其中许多地区，如锡兰、南非、马六甲等后来归还给荷兰）。巴达维亚共和国成立后，法国热月党人惊讶地发现，荷兰早已是民怨沸腾，荷兰海军即巴达维亚海军因年坎伯当海战惨败几乎全军覆灭，荷兰政府负债累累，这与书中的那个"文艺蓬勃发展，殖民地幅员辽阔的商人国度"相差甚远。1794—1795年英荷战争中，荷兰东印度公司损失28艘轮船（总共有40艘），到1796年，

---

① 荷兰商船运往日本的货品包括生丝、纺织品、砂糖、染料、药材、皮革、矿物、香料等，其中生丝、纺织品、砂糖是大宗。荷兰自日本输出的货品中，金、银、铜是大宗。1636年，荷兰自日本输出铜约270万斤。1674—1684年，荷兰年均输出日本铜200万斤；1685—1694年，荷兰年均输出日本铜160万斤。1685年，日本颁布"贞享令"，规定对荷贸易额最多为白银3000贯、合金5万两，超额不得交易。1715年，日本颁布"正德新例"，规定赴日荷兰船只为两艘，贸易额依旧为白银3000贯，铜不得超过150万斤。此后，由于日本国内铜资源储量日益减少，幕府数次调整荷兰船购入铜的最高限额，即1742年降至60万斤，1746年恢复至110万斤，1790年再次降至60万斤。参见仲光亮《日本江户幕府搜集中国情报研究》，博士学位论文，山东大学，2015年。

② 巴达维亚共和国是法兰西第一个也是存在时间最久的傀儡国。1806年，荷兰共和国改制为荷兰王国，拿破仑的弟弟路易·波拿巴任国王。1810年，荷兰王国被并入法兰西帝国。1813年，随着拿破仑在莫斯科战役和莱比锡战役的失败，荷兰人民开展反侵略斗争。1813年11月，奥兰治亲王在希文宁根港登陆，受到荷兰民众盛情欢迎。因为荷兰人在拿破仑战争末期饱受战争创伤，男丁因征兵制大量死亡，贸易被大陆封锁政策完全搞垮，失业高涨且经济倒退。1815年3月16日，荷兰联合王国宣布成立，奥兰治亲王成为第一任国王。

公司已经无法从巴达维亚航行到长崎。1797 年，荷兰虽然被英国皇家舰队击败，但令人意外的是荷兰在后面几次战役中反败为胜，英国不得以只能把战场转移到殖民战争层面，在东亚攻击荷属东印度即巴达维亚殖民地，进而中断荷兰东印度公司最大的贸易据点——日本。为将货物运往日本，荷兰人开始使用没有与英国交战的中立国的船——主要是美国船。①

随着欧美各国在欧洲矛盾的激化，他们在亚洲的利益冲突也不断升级。在1806—1807 年第四次反法同盟战争中，路易·波拿巴巩固了荷兰东印度公司的力量。英国任命新的孟加拉地区总督，并派遣 3 名海军上将前往印度。为确保印度到中国这条重要航线的安全，英国人占领巴达维亚，确定其对巽他海峡的控制。随着拿破仑进攻葡萄牙，中国澳门港也处于法国控制之中。作为回击，英国向中国澳门派遣武装军事考察团，此举目的也是为保证英国东印度公司在当地的鸦片库的安全。② 从此时起，鸦片贸易开始在中国活跃起来。

英国武装考察团的一位成员 Ф. 珀留乘坐"法厄同"号轮船从中国澳门出发到达长崎。为劫掠从巴达维亚开往出岛的荷兰船只，珀留故意在船上插上荷兰国旗，于 1808 年 10 月 4 日顺利进入长崎港。珀留抓捕迎面走来的两个荷兰毛皮收购站的职员，然后换回英国国旗，乘坐武装小艇在海湾中巡航以便寻找到更多的荷兰船只。长崎奉行松平康英致信英国人，要求释放被俘的荷兰人。此时，长崎守卫只有佐贺藩的区区 100 名士兵（佐贺藩藩主为减少支出，私自调整人数），因此，佐贺藩藩主锅岛齐直向九州其他公国请求帮助。10 月 5 日，英国释放一位人质，要求日方提供食物和水。在未等来援军的情况下，藩主不得不接受这一要求，向"法厄同"号提

---

① Под ред. Жуков А. Е., *История Японии*, Т. 2., М.: Институт востоковедения РАН, 1998 г., С. 35.

② Цит по: ред. Гришачев С. В., *История российско-японских отношений* ⅩⅤ—начало ⅩⅪ *века*, М.: Аспект-пресс, 2015 г., С. 65.

供水，并且承诺尽快送来食物。10月6日，援军到达长崎，并与长崎总督共同制订武力驱赶英国人的计划。但"法厄同"号在确认周围没有荷兰船只后，就离开了长崎回到中国澳门。松平康英为了对荷兰人被捕一事负责而自杀，佐贺藩藩主被判处100天监禁，年长的佐贺藩藩臣及其下属纷纷自杀。此次事件使幕府开始重视加强长崎港的国防力量，以应对海洋安全。自此以后，荷兰人开始采用秘密信号旗以便与其他船只区别开来。

1814年9月至1815年6月，近代史上一次规模最大、时间最长的"维也纳会议"召开，欧洲各国都参与其中。会议主要议题是恢复拿破仑战争时期被推翻的各国旧王朝及欧洲封建秩序，防止法国东山再起。战胜国将重现绘制拿破仑战败后的欧洲政治地图，分割欧洲领地，相互制衡并保持和平。会议确立俄、奥、普、英四国支配欧洲的国际政治秩序，史称维也纳体系，是继1648年威斯特伐利亚体系之后的又一个国际体系。根据1815年《维也纳条约》，尼德兰宣告独立，英国将《亚眠条约》中占领的殖民地归还荷兰。这样一来，锡兰与南非归属英国，英国归还荷兰东印度公司的属地。同时，英国在苏门答腊仍然保持着影响力，并且还公开表现出统治巽他海峡与马六甲海峡的意愿。1817年8月16日，扬·科克·布洛霍夫代替亨德里克·杜夫成为荷兰商馆馆长。他告知日本人欧洲大战已经结束的消息。①

1818年，英国商船、私人船只"兄弟"号在由印度驶往俄美公司途中，到达日本浦贺港，这是距离日本首都最近的一次航行。日本政府递交两封信件来回应英国关于开放贸易的提议，信中详细说明日方拒绝贸易的对外政策。② 1819年，英国在新加坡设立商馆，这再次使英国与荷兰在东南亚地区的关系紧张起来。1824年，英荷双方签订一系列条约，规定英国用马六甲半岛交换荷兰在苏门答腊

---

① Под ред. Стрельцов Д. В., *История Японии*, М.: Аспект Пресс, 2005 г, С.86.
② Под ред. Стрельцов Д. В., *История Японии*, М.: Аспект Пресс, 2005 г, С.94.

的全部统治权。

此时，俄国、英国与美国在北太平洋地区划定各自的势力范围。英国与美国在太平洋地区的当地居民手中购买毛皮，用毛皮从中国换取优质的产品，此举损害到俄国工厂主的利益。[1] 1818年，多年担任俄美公司领导的巴拉诺夫离职，俄国海军官员担任这一职务，公司与俄国政府的关系也因此更加稳固。1821年，亚历山大一世禁止外国船只进入温哥华以北。但实际上该禁令无法完全推行，因为俄美公司自身在物资配给减少的情况下更需要的是粮食供应。因此，俄国分别在1824年和1825年与美国、英国签订条约，规定将俄国的势力范围划定到北纬54°40′，并允许英、美船只在十年之内进入该线以北。[2]

在三国商人竞争中，北美西北海岸的海獭种群急剧减少。英国与美国尝试通过捕猎其他陆地动物——海狸与貂——来作为补偿。[3] 1824年，恰克图毛皮贸易达到峰值，随后毛皮作为出口商品被棉织品所替代，毛皮在俄美公司战略中失去重要地位。很长一段时间里，俄美公司停止与日本建立贸易关系的尝试，伊尔库茨克日语学校甚至停止日语教学。日本同样感觉到国家北部边境的紧张局面有所缓解，于是在1821年将松前藩领土归还给松前藩公国。

二 从《文政驱逐令》到《薪水给予令》

从19世纪初开始，太平洋海域的捕鲸船数量不断增长。1819年，日本东部发现大量捕鲸船。1820年，又有9艘英国捕鲸船和4艘美国船去那里。1822年，英国船只"撒拉逊"号进入浦贺港讨要

---

[1] Под ред. Богатурова А. Д. , *Системная история международных отношений*, Т. 1-4, М. ：МГИМО-Университет, 2000 г, С. 201.

[2] Болховитинов Н. Н. , *Становление Русско-американских отношений 1775-1815.*, М. ：Наука, 1966 г, С. 101.

[3] Болховитинов Н. Н. , *Становление Русско-американских отношений 1775-1815.*, М. ：Наука, 1966 г, С. 123.

干柴（柴用于点燃鲸油）、水和湿土。① 列扎诺夫曾经的到访使日本在提高警惕的同时意识到，既然要防止对方要求建立商贸关系，就只能直接禁止外国船只进入日本。但日本禁令无法阻止捕鲸船进入日本群岛附近。1825年，幕府出台强制驱逐外国船只的《文政驱逐令》，明确规定对一切擅自靠岸的外国船进行炮击，擅自登陆的外国人格杀勿论。1808年指令只是禁止俄国船只通行，1825指令是严厉禁止所有外国船只进入日本。

1823—1829年，德国医生、博物学家菲利普·弗朗兹·冯·西博尔德任荷兰洋行医生。西博尔德的到来不仅使日本兰学研究进入一个新时期，也促使日本松缓"书禁"。由于"北寇"骤然而至，外国船只和使者经常来日，日本国内对于西方科技成果的兴趣不断增加，出现兰学研究高潮，搜集海外情报尤其是俄国以及与俄国接壤的日本北部地区的信息成为当务之急。追索其源，兰学家们的活动从18世纪已经开始，其代表是1785年林子平的《三国概论》。荷兰作为与日本保持通商关系的唯一欧洲国家，其每年向幕府提供的"风说书"始终是幕府了解欧洲以及东、西印度情况的唯一信息来源。随着俄、英船只到来，日本意识到外部世界或许发生了某些变化，迫切需要掌握欧洲国家的各种情况，兰学研究自然得到政府支持。1811年，仙台医生大月元德把荷兰科学书籍翻译成日语，被赞为"最负责的人"，与外国船只的通信往来也交给他手下的人翻译。西博尔德不仅治好了商站职员，还治愈了一些日本人，他得到允许，可以离开出岛，这拓宽了他与外部世界的联系。西博尔德让日本人了解到接种技术和病理解剖学，1824年，他创办鸣泷私塾，向日本人教授欧洲医学和自然科学常识。学校大约有50个学生，很多人后来都成为著名植物学家和西方学专家。

---

① Под ред. Богатурова А. Д., *Системная история международных отношений*, Т. 1-4, М.: МГИМО-Университет, 2000 г, С. 203.

西博尔德表面上是医生、博物学家，背后则是"情报人员"。受荷兰使命，西博尔德为荷兰的垄断贸易做了许多有助于日荷贸易的市场调查，并进行大量"收集日本政治、军事情报"的工作。伊能忠敬是日本北部地区研究者，师从"天文方"负责官员高桥至时。1800年，在高桥至时支持下，测绘虾夷地和整个日本海岸的巨大工程交由伊能忠敬及其弟子间宫林藏共同完成。1821年，伊能忠敬完成《大日本沿海舆地全图》，包含200余张分图，其质量之上乘、精确度之高都超越历史水平。1826年，西博尔德加入荷兰商馆馆长带领的"江户参府"队伍中，其中，有高桥至时的儿子、时任幕府文书管理调查员的高桥景保。高桥景保曾多次前往西博尔德所宿的"长崎屋"，想要通过西博尔德手中的克鲁森施滕《世界周记》，确认伊能忠敬绘制的日本地图北部海岸中尚不清楚的地方。作为交换，西博尔德把《世界周记》给了高桥景保，而高桥景保则送给西博尔德日本地图的复制版，就是包括北方库页岛、千岛的日本沿海地区测量图。1828年，西博尔德离开日本时，日本官兵在他的行李中发现不允许带出的日本地图，高桥景保成为这一事件的最大受害者，西博尔德被禁止重返日本。这一事件给《文政驱逐令》的拥护者提供更多理由。《文政驱逐令》使幕府的锁国进入更加完全的态势。

1837年美国船只"莫里森"号遇袭成为执行《文政驱逐令》影响最大的事件。

1833年，"哈德孙"号船只被吹到北美西海岸温哥华岛附近，船上三个日本人沦为"漂流民"。哈德孙湾公司（英国在北美地区的主要贸易公司）希望利用这三人与日本建立贸易关系。1835年，三人被送到伦敦，但公司理事会否决送日本人回国的提议，只允许将其送往澳门。

19世纪30年代，美国政府对日本表现出"异常"兴趣。美国总统A. 杰克逊接受海军部长Л. 伍德伯里建议，任命Э. 罗伯茨为"政府特使"，赋予他与亚洲国家进行友好和贸易条约谈判的权利，扩大美国与亚洲各国的贸易。1832年年初至1834年5月，罗伯茨乘坐"孔雀号"环游全球，其间，他与马斯喀特（阿曼）苏丹以及暹罗（泰国）国王进行条约谈判。罗伯茨本应为了同一目的前往日本，却在澳门生重病不幸离世。然而，正是罗伯茨，在研究荷兰人和列扎诺夫使团经验的基础上制订出同日本的谈判行为和协议计划。尤其是他指出，谈判不能在长崎举行，而必须要尽可能靠近首都。美国商贸公司"奥利芬特"承担起送日本漂流民回国并与日本谈判的任务。同行的有其伙伴公司"Ч. 金氏"、著名的新教传教士K. 郭士立，"金氏"有一张给幕府的、汉语写成的信件。1837年7月30日，"莫里森"号停靠浦贺港，虽然船上未携带任何传教文件，但浦贺地方代表与通常一样，未谈判就下令射船。船只退离到浓尾湾，但射击仍然持续，于是"莫里森"号驶离江户一带。之后，这支考察队前往鹿儿岛，依然遭遇射击。在佐多岬时，船上两名日本人成功上岸。由于大饥荒，日本无法给船只持续供给粮食，只承诺供给淡水。最终，船只不得不回到澳门。

有史料称，幕府对西博尔德的强硬行为激怒了荷兰政府，所以荷兰向日本提供船只的假消息，谎称船是英国的而不是美国的，这在很大程度上提前决定了日本对这只船的态度。幕府由于抗击"莫里森"号受到民众指责，而且船上的日本人也没能悉数上岸。这一事件在日本社会中引起巨大反响，国家国防问题，尤其是首都防御问题迅速升温。随之而来的事件愈发让日本政府重新审视对外政策，那就是中国的第一次鸦片战争。

鸦片战争的巨大冲击波震荡日本，引起日本各界人士的忧虑与警惕，使他们产生紧迫的危机感，给"沉眠于锁国睡梦中的日本敲响警钟"[①]。日本有识之士吸取中国鸦片战争失败的教训，结合日本状况纷纷提出学习西方、加强海防、改革内政的主张和建议。幕府老中水野忠邦认识到，鸦片战争"虽为外国之事，但足为我

---

① 王晓秋：《鸦片战争对日本的影响》，《世界历史》1990年第5期，第95页。

国之戒"①。水户藩主德川齐昭一直认为"清国无论如何乃重要之大国,夷狄不敢轻易问津"。当他听到鸦片战争消息后十分震惊,说道:"最近谣传清国战争,人心浮动,如果确有其事,则任何事情,均可置诸不问,唯有全心全意致力武备耳。鉴于清国战争情况,急应公布天下,推延日光参拜,以日光参拜经费为武备之用。"② 日向国佐士岛津忠宽在向幕府上书时也忧心忡忡地说道:"今清国大乱,难保何时波及日本。"③

日本还认为中国武器和军事技术的落后是失败的一个原因。日本火炮发明者之一、精通西洋炮术的高岛秋帆是最早从鸦片战争冲击中吸取教训而主张加强海防的。他在1840年秋天已经通过长崎奉行向幕府提出改进炮术以加强武备的建议书。他指出日本"诸炮家之炮术,乃西洋已经废弃之数百年迟钝之术,成为无稽之华法",从而强调"防御蛮夷而熟悉其术,乃至关紧要之事"。他还谈道:"火炮艺术是巩固国防的基础。英国比中国土地狭小,而胆敢来侵袭,且大败中国,主要是由于中国不修武备,武器劣弱,尤其是炮术落后。"④ 因此,他竭力主张学习西洋炮术。在高岛秋帆的领导下,日本于1841年进行第一次公开演习,在此期间广泛使用火器,展示荷兰式战争管理方式,之后,日本政府取消各公国研究欧洲军事学的部分限制。曾在1841年7月,政府官员江川规秀就收到指示,开始欧式铸炮,一年后,所有公国都得到这一许可。1842年,幕府在荷兰定制一批重型和轻型火器。1843年,日本向荷兰公使馆

---

① [日]信夫清三郎:《日本政治史》第1卷,周启乾译,上海译文出版社1982年版,第178页;参见王晓秋《鸦片战争对日本的影响》,《世界历史》1990年第5期,第96页。

② 德川齐昭:《水府公献策》下卷,转引自小岛晋治《太平天国革命的历史和思想》,研文出版社1994年版,第292、293页。

③ 东京大学史料编纂所编:《大日本古文书》(幕末外国关系文书之一),东京大学出版会1985年版,第846页。

④ [日]信夫清三郎:《日本政治史》第1卷,周启乾译,上海译文出版社1982年版,第177页。

发出可否制造汽船的咨询。也是在1842年，鉴于清朝在鸦片战争中失败的教训，幕府被迫改变对外国船只的政策，颁布《薪水给予令》，开始为靠近日本的外国船只提供燃料和食品。

从"文政驱逐令"到《薪水给予令》意味着幕府面对外部形势新情况及时调整对外政策。从"驱逐"到"给予"相隔17年，外部形势变化之快不仅对幕府的应对提出要求，也向追逐对日贸易的俄国提出紧迫要求。

第二节　Н. П. 普提雅廷出使日本

俄日维持近40年的均势在1853年被普提雅廷使日而打破，标志着俄国对日政策的强化与延续。访日前夕成立的专司远东问题的亚洲事务委员会为两国缔约谈判酝酿着最后的"火候"与最佳"机缘"。

1852年年初，俄国获取美国筹备赴日使团的重要情报。不甘落后的俄国在同年5月7日敦促亚洲事务委员会紧急通过决议，急速派遣以海军中将 Е. В. 普提雅廷为大使的考察团去日本，以期建立商贸和外交关系（同时前往中国，在与华商贸谈判结束之后）。沙皇要求使团既要组建有实力的舰队，又要观察美日互动反应，同时还要接受国内指示不断调整对策。① 俄外交部指示使团："设法使日本理解，两国建立外交通商关系对日本是有益的，日本人也可以在俄国领土上自由通商。俄国仅希望在日本北部拥有一个合适港口便于通商及逗留。"② 普提雅廷是 М. П. 拉扎列夫一派的著名航海家和军事家，参与过拉扎列夫环球航行（1822—1825）、1827年纳瓦里诺海战和其他小规模海战。他同时也是一位老练的

---

① 李凡：《论日俄1855年缔结〈日俄友好条约〉》，《外国问题研究》2015年第3期，第4页。
② АВПРИ, Ф. Главный архив. 101, Оп. 11352, № 34-а, Д. 261, Л. 72.

外交家，曾于1842—1843年在波斯保住了俄国的里海商贸利益和渔业。更重要的是，他十分坚定地支持俄国与日本、中国建立更密切的联系，① 并写道："寻找一个比鄂霍次克更方便的港口，与堪察加半岛和我们的美洲殖民地进行交流本身并不是一个无用的话题。"②

与欧美不同，于俄国而言，同日本的边界可以有效避免第三国蓄意侵犯接壤领土，这些领土在俄国人眼中就包括库页岛与千岛群岛。因此，远东边境安全与经贸安全在俄国得到前所未有的重视。俄海军部长还命令普提雅廷收集太平洋沿岸形势的军事情报。为增加俄舰威慑力，政府为他配备了4艘船舰，即波罗的海舰队护卫舰"帕拉达"号、从英国购进的四桅纵帆式蒸汽船"东方"号、三桅军舰"克维多"号、俄美公司运输船"公爵缅什科夫"号。③ 1852年10月7日，普提雅廷带着沙皇给日本的国书，率领"帕拉达"号离开喀琅施塔得，先至英国朴茨茅斯港携带"东方"号同行，绕过非洲好望角进入印度洋，通过马六甲海峡后经停新加坡和中国香港，向日本驶去。

荷兰对打开长崎以外的日本港口兴趣骤增。自1844年尝试失败后，荷兰期望在19世纪50年代借助其他国家，特别是俄国来实现这个目的。效命过荷属东印度公司的西博尔德是曾旅居日本的著名欧洲人、日本学专家。④ 1852年11月8日，他获荷兰总督 Д. К. 波特支持，向俄国外交部提交建立俄日关系的方案，计划以国界划分引日本参与谈判。他提到，为避免武装冲突，未来必须将两国在库

---

① G. Lensen, *Russian Japan Expedition of 1852 to 1855*. XXIII, Geineswille, 1995 г, P. 132.

② Тихменев П. А., *Историческое обозрение образования Российско - Американской компании и действий её до настоящего времени.*, СПБ.: Типография Эдуарда Веймара, 1861 г., Ч. 2. Прил., С. 12.

③ Петрова О. П., *Адмирал Е. В. Путятин в бухте Хэда // Совеское востоковедение.*, Ленинград: Издательство академии наук СССР, 1949 г. № 6, С. 318.

④ 参见渡辺修二郎『外交通商史談』、東陽堂1897年版。

页岛和千岛地区的界线确定下来。① 12月25日，一等文官 K. B. 涅谢尔罗德总理邀请西博尔德到圣彼得堡，西博尔德的建议成为俄国给普提雅廷训令的重要部分，也为《下田条约》的贸易方案提供了蓝本。② 1853年2月28日，俄国人带着这份新指令，与信使一起上路准备去与普提雅廷会合。

1852年11月12日，美国人佩里从诺福克港出发，他出发得比普提雅廷晚。由于老旧的"帕拉达"号在好望角修理，俄国船队反而落后于晚出发的佩里。1853年6月13日，普提雅廷刚到中国香港就打听到，佩里已经离开前往日本。6月26日，佩里率领4艘军舰组成的舰队进入江户湾，即著名的"黑船事件"。入湾后，佩里下令做好准备，以防日本炮火，并向浦贺港开炮。然后他宣布，转交美国总统 M. 菲尔莫尔的信，如果包围美舰的日本船队还不散开，就以武力回击。日本人勉强同意收信后，佩里带着一队海军到久里滨转交信件，并告知下个春天来取回信，然后就去了中国。1853年7月，俄国舰队驶往日本江户方向。途中，与国内驶来的"克维多"号与"公爵缅什科夫"号集结。俄国信使带给普提雅廷至关重要的文件，即1853年2月24日尼古拉一世的训令和附加的《释义》③，《释义》根据西博尔德的建议而写。

沙皇训令中提及："与日本政府谈判时必须使用和平手段。我们要向日本提出通商、俄船停泊日本港口的提案。此外，立即提出国界问题是完全有必要的。国界问题提出来，日本便不得不与我们交涉。我方利用这个问题，可以使日本做出更多让步。对于国界划分，在不损害俄国利益的范围内，尽可能做出宽大处理，具体事宜可以视情况而定，因为通商带来的利益对俄国来说，具有伟大意

---

① Черевко К. Е. , *Памятник японо-русской дружбы* // Проблемы Дальнего Востока, М.：Наука，1973 г，№ 3，C. 221.

② Черевко К. Е. , *Памятник японо-русской дружбы* // Проблемы Дальнего Востока. М.：Наука，1973 г. № 3，C. 229.

③ 这卷《释义》现存于俄国对外政策档案馆，1991年被引入俄国学术领域。

义。库里尔群岛中，属于俄国最南端的岛是得抚岛，我们会把它作为俄国属地的最后一站，不超出这个范围……对我们而言，这个岛南端曾经是（事实上现在也是）和日本的分界线。从日本方面看，界限是择捉岛北端……如果日本提出对得抚岛的主张，则应向他们说明，在俄国地图中，该岛都标记为俄国领土，俄美公司在阿拉斯加及库里尔群岛等地拥有管辖权，并且也有当地住民作证。这是证明其为我国领土的最好证据。你们可以宣布，得抚岛南端……是我们在库里尔群岛属地的分界线。"① 在库页岛问题上，尼古拉一世提到，"萨哈林对我们有特殊性，是通往阿穆尔河的重要地点……拥有这座岛的强国将拥有阿穆尔河的门户。任何获取国都将成为日本近邻，对于日本来说……与几个世纪以来没有贪欲的俄国为邻，应该是有益且安全的"②。

  沙皇训令对即将开展的俄日谈判具有总体上的指导意义，为普提雅廷赋予使命的同时提出了谈判的具体策略。从训令中可以看出，普提雅廷此行的目的是与日本建立商贸关系，为俄国商船打开东部港口，确定库页岛归属权和千岛群岛上的国界。但从18世纪初俄国开始寻找日本航路起，上百年的交涉使俄国有一种比较清醒的认识，即与日本同时达成开港、通商的共识远非易事。拉克斯曼使团与列扎诺夫使团均遭严守"祖法"的幕府回绝，赫沃斯托夫与达维多夫侵扰北方反遇日本军吏顽强抵抗而引发交战状态，戈洛夫宁被囚异乡达两年之久是俄人脑海里的噩梦。这似乎可以理解为，日本对俄国的拒绝在"晋级"。日本早在40年前就已向俄国下达最后通牒——以后若还想建立贸易就别靠近日本海岸。但仍是在那年，俄日双方对国界初步协定的默许又留给接连碰壁、一筹莫展的俄国一线希望。俄国汲取历史经验与教训，为打破僵局只能另辟蹊径。开门见山地直接谈贸易或许让日本不能接受，这与坚守"祖法"相

---

① АВПРИ. Ф. Главный архив. 1-9., Оп. 8., Д. 17., ч. Ⅱ, Л. 214.

② АВПРИ, Ф. Главный архив. 1-9., п.8, Д. 17, Ч. Ⅱ, Л. 214. 参见李凡《论日俄1855年缔结〈日俄友好条约〉》，《外国问题研究》2015年第3期，第4页。

背离，只能尝试以领土交涉为切入口转移日本的注意力，采取迂回之术让谈判逐步靠拢俄方设想。因此，训令的字里行间透露出两级策略，即以国界为钓饵，以领土做让步。首先，排除武力攻取之道，以友好之态引导日本走向谈判桌，国界划分是最佳诱饵。对南千岛和库页岛的实际占有即"既成事实"是俄国提出领土划界的根据。40年前唯一尚可被称为"经验"的国界初步划分使俄国心存一份笃定，日本至少不会立刻拒绝谈判。其次，俄国要立足远东，必须拥有能在太平洋上持久经营的稳固后方，这个后方急需港口与资金（通商）来武装。经济利益对俄国是第一位的，"通商"是普提雅廷此行的首要目的，而通商的前提是开放港口。为达目标，必要时在领土上适度让步、"宽大处理"，以换取日本开港与通航，这对在远东缺乏出海口的俄国来说不失为上上策。同时，"具体事宜视情况而定"也意味着给普提雅廷放权，在处理具体事宜上自主把握更大的灵活空间。可见，相对于开港与通商，与日领土纠纷必须退居次要地位，"似乎不那么重要了"。

随沙皇训令附加的《释义》以与日贸易的具体做法为主要内容，为俄日谈判的附文规定了细则，成为《下田条约》签订后俄国与日本的贸易实践。结合政府的注解来看，《释义》在很大程度上吸收了荷兰的贸易体验，俄日关系中荷兰的中介角色亦可窥出一斑。

《释义》第四点提到日本政府完全占有俄国属民和荷兰公民居住或存货的房子的相关情况。注解如下。西博尔德称，"在长崎为俄国洋行选址时，最合适的地方应该暂时落在列扎诺夫曾经的使馆里"，但他同时还说，"我们的洋行现在应该有更大的空间"，"虽然荷兰人为荷兰洋行所占之地付给日本政府一定数目的钱（类似于土地出租），但我们还是希望能为我们腾出点完全属于自己的地方。也许，俄国洋行应该与荷兰洋行持同等立场，以及日本政府不应该干涉我们这里的内部秩序，这才是有利的"。[①]

---

① АВПРИ, Ф. Главный архив. 1-9, Оп. 8, Д. 3, Л. 43-57.

《释义》第八点提到对俄国商人和江户、大阪、京都以及长崎的特权商人开放贸易。注解如下。在西博尔德看来，以幕府官吏（国库专员——作者注）为中介，上述5个城市的特权商人同样可以和外国人往来贸易。幕府国库专员是商贸必需的中介，没有中介参与，按日本法律是不能与外国人贸易的。正是在此基础上，条约才可以编入这个方案。"但如果可以让我们的商人免受必须以专员为媒介进行贸易这一规定的束缚，直接与日本商人贸易，那当然是最好的也是最有利的。"① 按西博尔德所说，他认为这些似乎都是必要的，日本政府无论如何都不会同意在其他基础上与俄国进行贸易，甚至会规定固定的钱数，与俄贸易不能超出他们限定的范围。在最后这一点上，他们一定会坚持让俄国的货物不能超过5万小判即25万俄国银币，就和荷兰人一样。"由于不了解当地规定，我们不能说上述推断一定准确无误，但是我们全部的努力都是为了不让我们在日本的贸易受到如此多条件和规定的束缚。"②

第11点提到，日本的全部文化产品都将由身处日本国的俄国属民以赠礼方式提供。对于其他商品和货物，每年的首要需求就是确定详细税率。③

第12点提到，在各方面事务上，涉及俄国属民的都是比较重要的。不管与日本人有任何分歧和争论，俄国领事都将与当地政府，即直接与总督或其接班人接洽，即使事件很普通。④

《释义》作为沙皇训令的补充，体现出俄国对签订贸易协定的极大期望，对取得过巨大商业利益的荷兰模式的垂涎并试图效仿。由此可见，俄国想要通过谈判获取的经济利益是远远高于政治利益的，这也符合资本主义资本积累的普遍规律。俄国脆弱的资本主义受自身实力掣肘，在它通过百余年寻找而发现的新土地上，惯用的

---

① АВПРИ，Ф. Главный архив. 1-9，Оп. 8，Д. 3，Л. 227.
② АВПРИ，Ф. Главный архив. 1-9，Оп. 8，Д. 3，Л. 227.
③ АВПРИ，Ф. Главный архив. 1-9，Оп. 8，Д. 3，Л. 228.
④ АВПРИ，Ф. Главный архив. 1-9，Оп. 8，Д. 3，Л. 228.

武力征服不能奏效时,也会满足于通商。"没有任何政府会如此可笑地想象,经过漫长的海途劳顿的士兵会在受到众多人民保卫下的国家冒险进行征服活动,不管这个民族被设想得如何缺乏英勇。"① 俄国军队从欧洲远行到亚洲,要经过"漫长的海途劳顿",这是俄国努力想要解决的关键问题。对于日本这样一个久叩不开的"顽石之国",通过外交手段是达成目的的唯一选择。可见,19 世纪中期俄国急剧膨胀的经济扩张主义在日本的"落地",是资本主义发展的内在要求,经济利益高于政治利益原则的出笼顺应了俄国资本对亚洲市场的渴求。

8 月 9 日,俄国使团到达长崎。8 月 13 日,普提雅廷把涅谢尔罗德总理的信转交给长崎奉行。不久前,俄国在库页岛发现煤层的重磅消息已然引起国际关注,美国企图将库页岛煤炭基地作为旧金山至上海航线的能源基地。② 普提雅廷担心美国人会抢先占领那里,便于 8 月 18 日派"东方"号去库页岛。很快,普提雅廷又给日本一封信,信中提议,两国沿拉彼鲁兹湾划分界线,择捉岛和以北所有岛屿归俄国所有。拉彼鲁兹湾位于北海道与库页岛之间,这意味着,普提雅廷已明确提出对库页岛的主权主张。③ 11 月 11 日,俄国分舰队驶离长崎,前往上海修理船只,以便了解各国最新动态。

普提雅廷出航日本是继 1792 年拉克斯曼首届官方赴日使团和 1803 年列扎诺夫环球赴日使团之后的第三届俄国官方使团,是俄日关系在维持 40 年均势之后的重启、强化与延续。由于对日国策"和

---

① 转引自陈士夫、潘家德《从要求通商到武力征服:试析鸦片战争前英国对华政策的调整》,《宜宾学院学报》2006 年第 2 期,第 32 页。

② 参见李凡《论日俄 1855 年缔结〈日俄友好条约〉》,《外国问题研究》2015 年第 3 期,第 4 页。

③ 拉彼鲁兹海峡,日本称宗谷海峡(Soya-Kaikyo),扼日本海与鄂霍次克海要冲,因法国航海家康特·德·拉彼鲁兹航行到此而得名。1785 年,他受路易十六之命率两艘舰船"星盘"号和"罗盘"号从普雷斯顿港出发去亚洲东北岸探险,调查西北航道。两年后到达中国澳门,然后北上通过日本海抵达间宫海峡最狭窄部位,又改航通过宗谷海峡,经新知、得抚两岛到达堪察加半岛。

平友好通商"的一贯性，俄日关系的量变在持续、平稳当中行进，这是两国最终能够缔约的力量源泉和必经途径。当能量聚集到一定程度，在适当的主客观条件下，俄国与日本的战略、对策必将产生适应性的深刻调整或变化，导致蕴含的突变基因爆发，引领俄日关系走向新的发展轨道。

第三节　俄日签订《下田条约》

相较于美日谈判、英日谈判，俄日谈判无疑是艰难漫长的"持久战""拉锯战"。双方十几个回合的较量中有悲观、怀疑、僵持与无奈，也有据理力争和唇枪舌战，但最终在"和平友好"基础上达成共识。俄日《下田条约》是俄日两国在特殊处境下的双赢条约，是俄日在事关国家重大利益得失时采取的理性的、相互妥协的互利协定，具有积极意义，其积极性就在于妥协性，即积极争取国家利益最大化，而不是实现一方对另一方的绝对胜利。

一　俄日谈判的外交博弈

几乎同时"降临"日本海岸的俄、美、英三国战舰使幕府意识到，西洋已经不是"假想敌"而是"现实敌人"，西洋使团不是偶然行为而是必然趋势。像鸵鸟一样将自己深埋沙丘的幕府面对突如其来的西洋来航，为"不损坏国体"而不得不接收国书并与之谈判。

俄日谈判分为两个阶段。第一阶段"长崎谈判"，从1853年11月至1854年1月；第二阶段"下田谈判"，从1854年11月至1855年2月。① 两阶段谈判时隔近一年，其间，《美日亲善条约》（1854年3月）与《英日亲善条约》（1854年8月）相继签署。从普提雅廷第一次抵长崎（四次抵至长崎港）到最终缔约耗时一年又七月。日

---

① 参见三谷博『黒船来航』、東京、吉川弘文館2003年版。

本以避战为宗旨，采取推诿、拖延的"磨蹭"之术，既不明确答复也不立刻拒绝。面对俄国提出的划分国界与开埠通商的强势要求，日本实行"有限开国""有限贸易"对策。长崎谈判前，幕府已讨论过对美船的应对之计。针对俄船，幕府中同样是赞同有限贸易的呼声占上风。作为日方全权代表之一的筒井政宪建议，停止粗暴武力驱逐船只的过激行动，采取温和慎重的处理法则。他认为，西洋各国军事实力远在日本之上，日本恢复国力之前应同意与之贸易，以"磨蹭"换取时间来加强松懈的海防。① 尽管没有应战意愿，但在幕府看来，海防实力能够成为日本对外应战的筹码。

长崎前三轮谈判以传递函件为主要方式。普提雅廷首先抛出库页岛、择捉岛及以北岛屿都属俄国的立场。俄方认为，"日本以北的库里尔群岛包括库页岛自古就属于俄国，完全处于俄国管辖之下。有千岛人和部分日本人居住的择捉岛也属此岛群。俄国手工业者在古代就已经在该岛有聚居村落"②。实际上，在长崎谈判之前的9月，普提雅廷就担心，因俄国在库页岛发现煤矿的消息外泄使别国抢先占领库页岛。于是他催促俄国加快开发库页岛，期望尽快与日本确定以拉彼鲁兹海峡为线划分国境。10月3日，涅韦尔斯科伊远征队占领阿尼翁湾，宣布库页岛为俄国领土，正赶上普提雅廷也派"东方号"来库页岛刺探情报。③ 所以，此时的库页岛处于俄国"实际占领"状态。对此，日方援引涅维尔斯科伊提到的俄国似乎无意扩张疆域的信件，要求俄军从住有日本人的库页岛南部撤出，同样表现出对全部千岛群岛的占有意图。俄国就此试图说服日本同意通商，要求开放江户南部以及虾夷地两处港口并制定通商规则。日本答复，因国内手续繁杂，需要三五年才能决定。④ 这明显是日

---

① 维新史料编纂事务局：『大日本维新史料』第2编5、第354—364页。
② АВПРИ，Ф. Главный архив. 1-9，Оп. 8，Д. 17，Ч. Ⅱ，Л. 53.
③ Невельской Г.И.，*Подвиги русских морских офицеров на крайнем востоке России. 1849-1855 гг.*，М.：Нобель Пресс，2011 г，С. 35.
④ 三谷博：『黑船来航』、東京、吉川弘文館2003年版、第123页。

本在拖延时间。

长崎后五轮谈判以会谈为主要方式。俄方抓住日方复信中"不应取古例以律今之事"询问，日方是否转变为允许通商立场。日方以"将军换代"为由推说不能答复。涉及择捉岛，川路圣谟说，当年在释放戈洛夫宁时日俄曾有协议，择捉岛归日本，岛上设有日本警备所；另外，库页岛南部属日本领土，至今仍有日本哨所和几个渔夫家庭。普提雅廷则回应："俄国人是最早到访择捉岛的，且在岛上拥有聚居点，后来日本人才搬到这里。据我们理解，这种迁居尚不足以给你们统辖该岛的权利。"① 他辩称："向库页岛派遣俄国士兵是因为当地居民欢迎俄国统治，并无觊觎日本属地之意。"② 川路紧追不舍，"俄国既然无领土野心就应该从库页岛撤军"③。眼见日本态度愈加坚决，普提雅廷试探着表示，一旦同日方划定国界就马上撤军。日方马上提出以50维度为界划分库页岛。普提雅廷答复，"萨哈林沿海居民自古就生活在沙皇庇护之下"，以此断然回绝日本，提出至少以48维度划分，萨哈林南部划归日本，中部及北部划归俄国。日方拒绝。双方争执不下时，普提雅廷指出，划定国界是建立相互贸易的基础，应立即决定。川路这时不得不承认，日本实际上不了解库页岛的地理位置，须待时日，将命令松前藩详细调查后派出高级官员与俄国共同协商。④ 日方以此再次否定和拖延了俄国建议。

事实上，普提雅廷早在2月24日就接到沙皇指示，两国在择捉岛与得抚岛之间划界。谈判初期，他之所以抛出择捉岛归属俄国一词，纯属谈判技巧，以攻为守、以进为退，迷惑日本。择捉岛也是普提雅廷试探日本的棋子，隐藏目标是俄国实际正在扩大占领库页

---

① АВПРИ. Ф. Главный архив. 1-9., Оп. 8., Д. 17., ч. Ⅱ, Л. 94.
② АВПРИ. Ф. Главный архив. 1-9., Оп. 8., Д. 17., ч. Ⅱ, Л. 94.
③ 川路聖謨：「下田日記」、『川路聖謨文書』第六卷、日本史籍会1932—1934年版、第278—280頁。
④ 川路聖謨：「下田日記」、『川路聖謨文書』第六卷、日本史籍会1932—1934年版、第278—280頁。

岛。面对日本的咄咄逼人，普提雅廷巧妙地将库页岛划分与国界划分问题（库里尔群岛上的划分）相联系，再将国界划分问题与贸易协议联系在一起。不得不说，普提雅廷灵活贯彻了尼古拉一世的训令宗旨。他的应对策略在以下两份文件中淋漓尽致地表达出来。1854年1月21日在给外交部亚洲司司长 Л. Г. 谢尼亚文的147号紧急密报中，普提雅廷回答了收到的有关占领库页岛的2576号致上海密报："我在派'东方'号纵帆船去考察南萨哈林，调查日本人将住地向北扩张了多远时，命令带队者保持极度警惕，莫引起日本人怀疑。帆船回来后，我从涅维尔斯科伊上尉那里得到俄国人占领阿尼翁湾的消息……正是现在，我断定外交部指的并不只是阿尼翁湾。我认为，如果迎头遇上日本反对，应该假装这只是暂时性的……直到俄日国界确定下来。"① 1854年2月27日在给谢尼亚文的175号紧急密报中，普提雅廷写道："我将坚持让日本聚居点留在俄国的阿尼翁湾，申明我们对择捉岛的权利，直到协议方案至少大体上获得通过。"② 也就是说，日本要得到库页岛的权利，就必须先商定择捉岛归属的国界划分；而要确定国界上的领土主权，就必须商谈通商贸易。

在通商问题上，日本始终处于被动，只能一味寻找借口，拖延时间。筒井与川路二人本意是主张对俄有限通商的，但迫于幕府将军坚持拒绝贸易的压力，只能回复说，返回江户后向老中进言建议调整政策。至此，俄方已放弃完成谈判的任务，准备下次来访。但日本在招待会上表示，领土问题暂且不提，通商问题还有谈判的余地，并与普提雅廷约定，只要日本批准与外国通商，就首先批准与俄国通商，条件完全一样。③ 日本这种不答复不拒绝的姿态反映出面对西洋来航时的矛盾心理，既想继续维系祖法、维护主权，又担心维系祖法会招致危险而使国体倾覆。

---

① АВПРИ. Ф. Главный архив. 1-9. 、Оп. 8. 、Д. 17. 、ч. Ⅱ. 、Л. 110.
② АВПРИ. Ф. Главный архив. 1-9. 、Оп. 8. 、Д. 17. 、ч. Ⅱ. 、Л. 113.
③ 三谷博：『黒船来航』、東京、吉川弘文館2003年版、第158頁。

临近长崎谈判时，发生了一场直接影响谈判进程的欧洲战争——克里米亚战争。1853年10月16日，俄国向土耳其开战，战争爆发。11月30日，俄国取得希诺普海战胜利。① 巴尔干战场远离俄国政治中心，尽管俄国已有多次对土作战经验，但补给仍是限制俄军行动的沉重绊脚石。虽然俄国外交困境当时暂未被幕府知晓，但客观上却为谈判中的日本创造了有利时机，日本的推诿、拖延战术在俄国使团身上发挥出事半功倍的效用（拖延战术并未对美、英使团有明显效果）。所以，在整个长崎谈判中，普提雅廷面对日本的反诘、故意拖延，始终采取"十分郑重礼貌""威而不猛"的"谦虚之态"，这一度获得日本官员的好感。殊不知，日本对通商问题留有余地，答应"首先批准与俄国通商"除了上述矛盾心理之外，也是基于俄方态度做出的。长崎谈判未达成任何性质的协定，不论是领土划分还是商贸关系谈判，都陷入僵局。但双方加深了了解，探出各自的需求底线，为下一阶段谈判奠定了良好基础。

下田谈判前的美日、英日谈判同样影响到俄日谈判的进程。1854年2月1日，俄国分舰队到达琉球王国。在他之前佩里已经到达那里，佩里同时提议琉球王国与美签订贸易友好条约。2月8日，佩里再次回到江户湾，取给菲尔莫尔总统的回信。这一次，美国分舰队有8艘船，日本政府被迫谈判。2月24日，佩里携500名士兵作为警戒随行，逼迫日方根据美国的条约草案展开协商。3月19日，《美日亲善条约》签署，1855年2月21日在下田交换后正式生效，成为著名的《安政条约》序曲。《美日亲善条约》主要条款包括以下几点。第一，日本向美国开放下田、箱馆两个港口。美国船可在此补给，以金、银、铁钱等货币支付。美国可在下田设置居留地。第二，漂流民的救助与引渡。第三，美国获得片面最惠国待遇。第四，美国人在下田、箱馆逗留时，不应与在长崎的中国人、

---

① Семанов С. Н., Попов А. А., *Крымская война*, М.：Вече, 1999 г, С.69.

荷兰人一样行动受到限制，可在下田港内小岛四周七日里自由行动。① 条约使日本打开下田和箱馆两港供美国人贸易，下田港成为美国在太平洋航线上的中转站，箱馆后来成为美国捕鲸基地。此外，条约签订一年半后，美国可以派领事前往下田。

离开琉球后，普提雅廷造访马尼拉和科莫多群岛并得知，由于争夺克里米亚，俄国于2月宣布与英、法断交，英、法4月相继参与土耳其作战。早就貌合神离的神圣同盟不仅宣告中立，还秘密结成防御同盟，战争扩大，俄军处于劣势。4月8日，普提雅廷再次到访长崎。当克里米亚战争从欧洲蔓延到亚洲太平洋上时，普提雅廷舰队成为英、法联军的追逐对象。"帕拉达"号的老旧使他不得不前往皇家港以躲避追击。7月，普提雅廷请求护卫舰"季阿纳"号支援，因为"帕拉达"号已经不能远行。② 此时的太平洋上，已形成英国太平洋舰队、东印度舰队、法国太平洋舰队联合驱逐俄舰之势。③ 同年10月2日，英国分舰队驻中国海域总司令斯特林率领4艘军舰闯入长崎，要求日本允许英舰进港。此时的日本，已无力将英国拒之门外，也试图利用英国对俄国形成牵制，遂与英国签署类似于《美日亲善条约》的《英日亲善条约》。英国签约时提醒日本，俄国在库页岛有"侵略计划"，日本有可能在附近海域撞上俄国船只。④

10月9日，普提雅廷乘坐"季阿纳"号驶达箱馆，日方要求前往大阪谈判。然而，他一到大阪就收到日本通知，必须前往下田港，因为大阪不对外国人开放。日本现在已得知俄国正与英、法交战，针对如何回应俄国向日本请求援兵或寻求庇护一事，筒井与川

---

① 三谷博：『黒船来航』、東京、吉川弘文館2003年版、第169頁。
② Гончаров И. А., Фрегат《Паллада》, М.：Нобель Пресс, 2011 г., С. 47.
③ Мргородский А. В., Крымская война на Азовском море, М.：Международные отношения, 2020 г., С. 23.
④ 川路聖謨：「下田日記」、『川路聖謨文書』第六巻、日本史籍会1932—1934年版、第202頁。

路建议，为避免战火烧向日本本土，理应拒绝俄国援请，只有当俄国彻底解除武装后才能提供庇护。① 关于条约谈判，两位代表建议参照日美条约办理。11 月 3 日，俄日双方在有明显分歧的情况下重启中断一年的谈判。普提雅廷建议先谈通商，日本要求先谈国界。因为俄方已得知美、英已与日本签订条约，急于与美、英瓜分利益。他在听完日方"通商渐进论"主张后，陈述了俄国有关派驻领事官员以及选择开港地点的具体建议，特别提到下田港风急浪高，不适合作为开港地。② 如果大阪不成就开放兵库，兵库不行就开放滨松。川路在当天记录到，"猾虏屡屡词穷，照此形势料可轻取之"③，相当乐观地估计了谈判走向。

然后在第二天，大地震引发海啸袭击下田，谈判被迫中断。"季阿纳"号严重损坏，不大修则无法安全回国。④ 已然被英、法战争拖累的普提雅廷，此时陷入更大困境。日方代表充分利用这一有利局面，从长远观点出发考虑外交布局，即适时礼遇困境中的俄国人，体现日方善意，争取有利条件尽快完成谈判。⑤ 所以，"季阿纳"号在被拖拽至户田途中沉没后，日本建议与俄国合作重建战舰。俄方提供图纸和技术，日方提供工匠、场地和建材，⑥ 这是日本首次建造西洋式帆船，名曰"户田"号，是俄日科技交流的肇始。

---

① 川路聖謨：「下田日記」、『川路聖謨文書』第六卷、日本史籍会 1932—1934 年版、第 215 页。
② 川路聖謨：「下田日記」、『川路聖謨文書』第六卷、日本史籍会 1932—1934 年版、第 217 页。
③ 川路聖謨：「下田日記」、『川路聖謨文書』第六卷、日本史籍会 1932—1934 年版、第 220 页。
④ Махов В. Е., Фрегат 《Диана》. Путевые записки бывшего в 1854‑1855 годах в Японии протоиерея Василия Махова., СПБ.: Т‑во "Обществ. польза", 1867 г. VIII, 65 С.214.
⑤ 川路聖謨：「下田日記」、『川路聖謨文書』第六卷、日本史籍会 1932—1934 年版、第 222 页。
⑥ 川路聖謨：「下田日記」、『川路聖謨文書』第六卷、日本史籍会 1932—1934 年版、第 237 页。

美、英两国与日签约，给俄国提供了前例和口实。按照俄日长崎谈判的约定，俄国可以享受美、英两国的部分权益。于是，11月13日俄日甫一重开谈判，俄方立即拿出条约草案。部分条款如下。第一，俄日两国为永世友好的邻居。第二，俄日划分国界以避免纷争，日本最北方边界为择捉岛以及库页岛南部之阿尼翁湾，库页岛暂不划界，待俄日两国勘察后另行立约。第三，日本开放箱馆及大阪两个港口为俄国所用。俄船支付费用，不足则以俄国商品代偿。俄船除此两处及长崎外不得于其他港口停靠。俄船若遇难，日本有义务救援。第四，俄国可在箱馆和大阪两地建造商馆等建筑，拥有信仰自由；俄方在箱馆和大阪两地驻扎领事，日本以相应身份的日本官员接待。第五，俄国人若有犯法，重者交予俄方本国，轻罪犯由领事以本国法处置。日方若有对俄犯罪之行为，将由日方以本国法律处置。第六，俄日应尽早订立贸易条款，禁止鸦片买卖。第七，与他国的最惠国条款同样适用俄国。① 从此草案看出，俄方已然在领土问题上做出了让步，将择捉岛划归日本，库页岛暂不划分。

因为美日、英日条约中有派驻领事条款，日本极力防止英文版条文和荷兰文版条文的外泄，但俄方还是从参与美日谈判的翻译堀达之助处获取美日条约的荷兰文文本。② 日本代表团成员之一森山荣之助看出这一草案以美日条约为蓝本，拒绝接受，并向川路提议继续谈判。③ 由于俄国在欧洲战争的补给难题，俄国在此时引导谈判围绕开港展开。普提雅廷要求开放箱馆与大阪两个港口，日本坚持"开港地应当仅限于偏僻地区"而以下田为开港地，并以"锁国持续二百年，现已开放至此状态"，请求俄国谅解。普提雅廷并未

---

① АВПРИ. Ф. Главный архив. 1-9. Оп. 8. Д. 17. ч. Ⅱ Л. 215-224. 参见程浩《幕末日俄军事冲突与〈下田条约〉》，硕士学位论文，东北师范大学，2011年。
② 三谷博：『黒船来航』、東京、吉川弘文館2003年版、第201頁。
③ 川路聖謨：「下田日記」、『川路聖謨文書』第六巻、日本史籍会1932—1934年版、第239頁。

过多纠缠于港口地点与数量，而把主要注意力放在开港地补充急需物资、允许"金银和物品自由交换"的协定上。① 在派驻领事官员问题上，普提雅廷坚持说对美国做出的承诺也应当使用于俄国，但日方反驳说并未向美方做出允许通商的承诺。俄方提出，派驻领事官员主要是为了管理来日的俄国国民，特别是防止走私鸦片。日方则以"并未批准美国派驻领事官员，只是约定18个月后再协商此事"为由拖延答复。幕府担心外国人常驻国内后会影响其统治，也反对俄日商品买卖、反对俄国人做礼拜和携带家属赴日，所以全力反对开港地设置领事馆。普提雅廷则认为领事馆条款是缔约不可或缺的主要内容，在派驻领事上态度坚决，断然表示，如不接受这一点就"立即停止有关条约的谈判"。

谈判陷入僵局之时，普提雅廷可谓是身处内忧外患之中。克里米亚战争中的俄国，海军力量绝大部分都在黑海，② 普提雅廷此时不可能拥有完整的另外一艘战舰，"季阿纳"号的遇难使他身陷囹圄。由于英、法船只时常出没，十分危险，俄国海员从下田撤回彼得罗巴甫洛夫斯克的安全问题就非常棘手。他不得不调整方针，希望尽早取得一致方案后早些回国。日方也认为，如果不答应俄国要求的话，俄舰估计不会尽快离开日本。而且，日本在处理与他国关系上也希望获得俄国帮助，减少孤国的压力。于是，在长崎谈判的基础上，对比美英的武力威胁，对俄国"亲善友好"有所感悟的日本决定同意俄国提议。1855年1月26日，俄日两国在下田长乐寺签署开港和国界条约，史称《下田条约》。普提雅廷在之后7月18日给外交部的1786号密报中写道："军舰最终毁灭后，我非常担心日本人会乘人之危，完全拒绝缔约，或者至少想在确定国界上表现出

---

① *Русская торговля с Японией*: Сборник сведений и материалов по ведомству министерства финансов, Кн. 3, Т. Ⅰ, СПБ, 1886 г. Цит по: Попов К. М., *Япония*, М.: Наука, 1960 г, С. 12.

② Мргородский А. В., *Крымская война на Азовском море*, М.: Международные отношения, 2020 г, С. 101.

第六章 俄国与日本缔结条约

新的野心。"这足以见证当时俄方的无奈,甚至愿意承认阿尼翁湾部分岛屿归日本所有。他继续写道:"在占领萨哈林的新地方时,为巩固俄日友好关系,绝不能住在阿尼翁湾,并完全避开在建有日本夏用、冬用装置的地方聚居。"① 上文已经提及,在阿尼翁湾住着几个日本渔夫家庭,因此,《下田条约》中的库页岛问题如此措辞——不划分界线,按照迄今为止的管理处理。

《下田条约》有正文九条,附录四条,包括以下内容。第一,俄日永结友好,各自在其领土内互相保护对方利益,保证人员生命以及物品不受损害。第二,俄日以择捉岛与得抚岛之间为界,至于库页岛,则于俄日间不划分国界,按照迄今为止的管理处理。第三,日本开放长崎、下田、箱馆三个港口,俄船可在此补给,包括修理,获得淡水、食物、必需品、煤炭等,以收取金银为代价,如缺少金银可以物品代替。第四,互相救助漂流民。第五,俄船进入下田港时,可以以金银物品换取所需物品。第六,如遇不得已之事态时,俄国可以向箱馆、下田内的一处港口派出官员。第七,如遇需要商议之事,日本政府将认真研究处理。第八,俄人在日逗留期间,以及日人在俄逗留期间,双方不得怠慢或限制对方人员行动。但若有触犯对方国家加以拘捕处置时,应按照其本国国法处置。第九,因两国互为近邻,日本今后给予别国的优惠待遇皆同样适用于俄国。②《下田条约》附录规定了俄国人在下田的活动范围、提供补给品、派驻官员的细则,以及不需谈判即给予对方最惠国待遇等事项。

3月30日,俄国第一批官兵乘坐一艘美国船离开。③ 4月14日,作为俄日工程技术合作先例的"户田"号下水试航。26日,普

---

① АВПРИ, Ф. Главный архив. 1-9, Оп. 8, Д. 17, Ч. Ⅱ, Л. 121.
② АВПРИ. Ф. Главный архив. 1-9. Оп. 8. Д. 17. ч. Ⅱ Л. 231–232.『鲁国条约一件』、『统通信一览』、类辑之部修好門 111。日本外务省外交资料馆レファレンスコード:B13090261400。
③ 川路聖謨:「下田日記」、『川路聖謨文書』第六卷、日本史籍会 1932—1934 年版、第 241 頁。

提雅廷和第二批海员乘坐"户田"号驶离下田。剩下的人乘坐德国船只"格里塔"号前往彼得罗巴甫洛夫斯克，却在库页岛北部被英国俘虏，直到克里米亚战争结束后才回国。①8月6日，《下田条约》得到涅谢尔罗德批准，但因克里米亚战争，俄国耽搁了把批准后的条约送回日本。②1856年3月，战败的俄国签订《巴黎和约》后才派海军大尉 K. H. 波西也特（曾参加普提雅廷赴日使团）赴日。11月25日，在下田举行条约交换仪式，俄国把"户田"号转给日本，还给了它从"季阿纳"号上卸下的52门炮。波西也特回到彼得堡后的1857年，《下田条约》出版。从寻找通往日本航路起，到签订第一个俄日条约，俄国走过了大约一个半世纪。

《下田条约》是俄日两国签订的第一个双边条约，标志着两国近代性质外交关系的开始，开启了两国关系新纪元。③《下田条约》意味着东西两种国家体制、两种国际秩序、两种社会形态与国家理念的碰撞，俄日两国在新的外交环境中应该按照西方规定的国际准则来解决纠纷。《下田条约》也成为俄日岛屿问题的最早的国际法根据，日本至今仍然强调该条约中关于千岛群岛划界问题的有效性。

二 俄日《下田条约》再审视

历史就像是一幅卷轴，细节有助于更好地解读，所以历史更需要细节。通过对俄日早期关系的系统性回顾、对国际格局与地区局势的全景式描述、对双方外交角力和俄国战略考量的具体呈现，本课题认为，俄日《下田条约》是俄日两国在特殊处境下的双赢条约，是俄日在事关国家重大利益得失时采取的理性的、相互妥协的互利协定，具有积极意义，其积极性就在于妥协性，即积极争取国

---

① Мргородский А. В., *Крымская война на Азовском море*, М.：Международные отношения, 2020 г., С. 172.
② ЧеревкоК. Е., *Россия на рубежах Японии, Китая и США* (2-я половина XVII - начало XXI века), М.：Институт русской цивилизации, Москва, 2010, С. 301.
③ 参见程浩《幕末日俄军事冲突与〈下田条约〉》，硕士学位论文，东北师范大学，2011年。

家利益最大化，而不是实现一方对另一方的绝对胜利。

（一）俄日《下田条约》相关条款解读

有《美日亲善条约》《英日亲善条约》的范例在先，俄日《下田条约》更为简练。文本虽短，尺幅之间却是气象万千。包含的内容、传达的讯息，足以成为理解俄日关系的一扇窗口。

疆域协定具有最大的妥协性。甚至从当时状况分析，日本占尽地利天时。从俄国国家利益与基本战略来看，俄国传统的核心利益集中在欧洲、近东和中亚；在远东的关键利益是中国，清政府的顽强抵抗才使俄国被迫取道日本。这客观上促使俄帝国态度的"软化"。谈判之际，俄国正陷于克里米亚战争泥潭，在远东需要防备以中国东南沿海和北太平洋为基地的英、法舰队的袭击，巨大海啸更是被日本誉为上天眷顾的"神风"。再加上双方对岛屿的初级认知和有限概念，能如此顺利完成边界划分对两国都有重要意义。对俄国而言，首先，不容许英、法使用与俄国远东地区（东、西伯利亚）相对的日本领土，确保日本在克里米亚战争中的中立立场。根据签约惯例，日本在俄国与第三方国家发生战争时必须保持中立。其次，相对于欧洲腹地的传统利益带，对东方"力所不逮"的俄国的最好选择是，在远东建设一个可以持久利用的稳固后方，获得港口以保障资金和粮食供应。此时的领土争端反而处于俄国战略中相对次要的地位。可以说，俄国为获得日本的开埠通商许可做出了暂时的领土让步，俄国的政治（领土）利益服从了经济利益。"俄国以让步的方式提议将岛屿分成两半，甚至同意承认阿尼翁南边部分岛屿归日本所有……但后来被迫放弃这座岛（库页岛——作者注）"[1]，可见，对侵略成性的俄国来说，放弃库页岛是俄国对日本做出的"巨大让步"。对日本而言，首先，幕府更加关注的是"本虾夷地"（即现在的北海道）的命运，而不是"北虾夷地"库页岛，

---

[1] 和田春樹：『開国：日露国境交渉』、日本放送協会1991年版、第23頁。

因为"当时形势下北海道随时都有可能被俄国占领"。① 日本的基本立场是保证领土完整性，条约确保了本虾夷地作为防御屏障的紧迫性，以本虾夷地为依托坚守日本国界是幕府当时最为现实的策略。幕府于谈判期间（1854年3月）派往库页岛实地调查的目付堀利熙与勘定吟味役村垣范正建议"为加强防卫，保留松前附近领地作为松前藩领地，其余全部改为幕府直辖领地"②，并且他们认为，"此时已无可能与俄国竞争（库页岛——作者注）并确保阿伊努人服从日本"③。其次，条约订立之后，幕府能更加积极、自由地开发和管辖北方岛屿、同化当地居民而不受人掣肘。稳定的北方既能让幕府腾出手来解决诸多社会问题，又能借此寻找开国"合法性"，缓解日益加深的国内危机。

对领事裁判权的单方确定是不平等条约的典型特征。但在俄日《下田条约》中，领事裁判权是双向、对等的，这是条约妥协性的另一个表现。不管是俄国人在日本，还是日本人在俄国，双方均不得限制对方人员行动。若触犯所在国法律，违法人员均按照本国国法处置，即俄日之间发生纠纷时应在法律上给予对等待遇。这意味着，俄国对日本属民开放，就像日本对俄国属民开放一样。④ 虽然条约中并无日本向俄国派驻领事条款，但已明确规定依据日本法律处理日本罪犯。在公认的不平等条约《美日亲善条约》中，对违法者依据本国法律进行处罚的规定，仅仅适用于在日本触犯法律的美国人，这与俄日《下田条约》有明显不同。在列强疯狂殖民东方的浪潮下，俄日关系中出现违反常例的"对日优惠条款"，从侧面证明俄国以通商为要、其他次之的"不惜代价"的让步方针。古贺谨一郎在日记中写道："与美国不同的是，俄国不仅需要救助漂流民和

---

① 三谷博:《黒船来航》、東京、吉川弘文館2003年版、第225頁。
② 三谷博:《黒船来航》、東京、吉川弘文館2003年版、第225頁。
③ 三谷博:《黒船来航》、東京、吉川弘文館2003年版、第226頁。
④ Мартенс С., *Собрание трактатов и конвенций, заключенных Россией с иностранными державами*, Т. Ⅰ, 1874 г; Т. ⅩⅠ, 1892 г; Т. ⅩⅢ, 1902 г. СПБ.

获得燃料、淡水，还亟须向'东疆'不毛之地供应后勤物资，故需要派驻官员与日本谈判并据理力争。"① 和田春树也认为，在19世纪中叶西方国家和日本签订的条约中，"互相使用领事裁判权，各方面保持平等的其他例子是不存在的"②。

结合1853年俄国政府对普提雅廷新指令的《释义》来看，日本在贸易领域的权利并没有被损害，反而带有垄断权。因为俄国在日本进行贸易具有限制性，只能在日本官员的监督下，按日方意愿进行。日本港口的贸易额也有限制，且征收高额关税，日本官员对实施贸易契约和高额的进出口税率拥有的干涉权使得对外贸易的垄断实际上一直存在，这使俄国获利十分有限，"根本无法圆满解决太平洋属地的粮食储备难题"③。而且，俄国传统工业中心距离日本非常遥远，苦寒的西伯利亚也没有合乎要求的基础设施，在太平洋上"它连一只能够保障其经济利益的商贸船队都没有"④，这就导致货物送达日本的成本非常高。19世纪中叶，作为欧洲二流强国的俄国在日本市场根本无力与其他更发达的西方国家竞争。所以，俄日两国贸易本身并没有大幅增长。甚至可以说，面临一系列政治难题的俄国，在远东地区的经济利益退步了。

鉴于疆域协定的妥协性、领事裁判权的相互性以及日本贸易的垄断性，俄国所拥有最惠国待遇这一条款的象征意义远远大于实际意义，俄国只是形式上享有与他国一样的特权。本来，最惠国待遇是俄国借助《美日亲善条约》的先例顺势同日本谈妥的条款，按常理说，也应该是对俄国最有利的。但最惠国待遇原则在最初几年里并没给俄国带来什么实际好处，其优势在后来才显露出来。俄

---

① 古賀謹一郎：『古賀西使続』、「大日本古文書・幕末外国関係文書」附録1、第376頁。

② 和田春樹：『開国：日露国境交渉』、日本放送協会1991年版、第164頁。

③ Латышев И., *Кто и как продает Россию：Хроника российско‐японских территориальных торгов*（1991-1994 гг），М.：Наука，1994 г，С. 23.

④ Файнберг Э. Я., *Русско‐японские отношения 1697-1875 гг.*，М.：Издательство восточной литературы，1960 г.，С. 5.

日《下田条约》规定俄国有权以金银物品换取所需物品，但俄国比任何列强都亟须得到贵金属储备，更何况俄国的出发点就是对日通商。但日本贸易的垄断使此项条款成为在当时条件下能真正发展俄日商贸关系的唯一前提条件。为争取与英、美大国同等的、相比肩的身份与地位，赢得在太平洋地区的平等利益，俄国从"不太实惠"的最惠国待遇出发，在1857年10月与日本签订含28个条款的《补充条约》。根据补充条约，日本对俄国开放另一个港口以代替下田，这从俄国角度来看更便利。条约仍对来日的俄国船只数量和商品贸易额进行限制，虽然废除了以日本官员为中间人的制度，但保留了针对通过公开买卖和私人渠道而来的俄国商品过海关时的高额关税（35%）。1858年8月7日，同样是遵循最惠国待遇原则，《俄日贸易通航条约》于江户签署，俄日贸易的所有限制和高税率才被取消。自此，俄国才逐渐获得最惠国待遇原则带有的"远东实惠"。

日本的俄国学者高仓新一郎的观点或许是对俄日《下田条约》的最真实总结。"俄国坚持认为择捉岛最早是属于俄国的，而日本则坚持认为所有岛屿都属于日本"，他写道，"俄国最终还是将择捉岛让日本管辖，条件是日本同意开放贸易"。[①] 但事实却是，日本以俄国商品竞争力低为由，把重点放在与其他国家发展贸易上。[②] 因此，日本和俄国的贸易在数年内一直非常薄弱。这也间接证明了俄日《下田条约》的相互妥协性。

综上所述，日本在领土与贸易方面并未因条约丧失权利和收益，而俄国也未因条约得到超出实力之外的过多实惠，双方做出的"合理让步"皆是服从于最高国家利益的自然诉求。故，"日本受

---

① 高倉新一郎：『新北海道史・第2巻札幌巻』、北海道庁1970年版、第526頁；高倉新一郎：『千島概史』、南方同胞援護会1960年版、第199頁。

② Попов К. М., *Япония.*, М.: Мысль, 1964 г., С. 416. 参见 Ред. Корса А. К., *Русская торговля с Японией*: *Сборник сведений и материалов по ведомству министерства финансов.*, Кн. 3., СПБ., 1886. T. I.

压说"和"俄国受压说"两种观点都具有片面性。俄日《下田条约》是俄日双方综合考虑各自在国际局势中所处地位后各取所需的"双赢"条约。

(二) 俄日《下田条约》缔结的现实原因

俄日《下田条约》的签订是俄日关系史和东北亚历史舞台上的大事件,是俄日在东北亚展开博弈的阶段性成果。俄日缔约的历史缘由已在前文中论述,归纳其现实原因,主要有以下几点。第一,有着丰富征战经验、深谙外交手腕的俄国君臣通晓国际格局和东亚变势,尽量利用于己有利的一些因素,充分把握美、英武力威胁日本、扩充条约体系的难逢时机,坐收渔翁之利。1854 年佩里舰队、斯特林舰队的恫吓对幕府形成巨大压力,强敌压境下的锁国体制摇摇欲坠。俄国马上抓住这一时机,虽未以武力威胁,但借力发力,以日美条约的先例为说辞,说服幕府顺势而为,加快谈判步伐,增加了谈判筹码。第二,克里米亚战争是谈判的催化剂,俄日整个谈判几乎都伴随着战争。无论是 1853 年 10 月战争爆发,还是 1854 年 4 月战场扩大后,薄弱的俄国海军几度陷于无法回转之颓势。战争余波鞭及日本,普提雅廷在谈判中始终紧绷神经关注战况,以尽快结束谈判、尽早缔约后安全回国为底线。普提雅廷在日记中写道:"在俄国陷入战争、水手们由于'季阿纳'号覆没而被动危急时,不能达成更好的协议了。"[1] 第三, 18 世纪末开始,欧美船舰频繁出没于日本沿岸。四面楚歌的日本对采取与欧美列强完全相反的"和平友好"态度的俄国抱有一定好感,希望获得俄国协助以缓解虎狼环伺的压力。自 1853 年佩里率军舰闯入浦贺港后,"联俄抗美"就成为中下层武士的主流意见。第四, 始自 18 世纪初的俄国不断南下在深化日本的俄国观、世界观的同时,激发出日本务实的国家安全利

---

[1] Путятин Е. В., *Всеподданнейший отчет генерал-адъютанта графа Е. В. Путятина о плавании отряда военных судов наших в Японию и Китай.* 1852—1855 гг. // Морской сборник, СПБ.: тип. Имп. Акад. наук, 1856 г. С. 109.

益观,即海防观与军事实力观。中国第一次鸦片战争使日本产生紧迫的危机感,日本有识之士吸取中国失败的教训,纷纷提出学习西方、加强海防、改革内政的主张和建议。国家主导思想"锁国祖法"因合理性丧失而逐渐瓦解。日本审时度势地判断并有效利用国际形势,在外交上掌握了一定的主动权,以签约、止戈来保护锁国中的日本。如果说"锁国祖法"使日本错失自主有序开国的历史机遇,那"签约止戈"则是历史对日本的现实弥补。

(三) 俄日《下田条约》的实质

享国千年的拜占庭帝国灭亡后,继承其遗产的俄国沿袭拜占庭在地缘政治中的双重定位,即国家战略兼顾欧亚,服从"欧亚主义"要旨,东顾西盼,就像国徽上的双头鹰一样左右觊觎。俄国在东方的进与退、与东方的亲与疏,正是近代以来国际政治态势在东北亚(局部地区)的折射。俄日《下田条约》既是俄国以土地换港口、以政治利益换经济利益的无奈之举,又是挟美、英之余威的巧攻之举。陷于欧洲征战的"泥足巨人"俄国,到达日本时已是强弩之末。在俄国与美、英列强围绕"东方问题"明争暗斗、日趋白热化的过程中,拥有东西漫长交通线的俄国并无更多优势和精力来经营远东,只能跟着列强趁火打劫一番,以保证维持既得利益的同时,与各国利益均沾。俄国获得长崎、下田、箱馆三个港口的逗留与补给权利,日本成为俄国东北亚航路的一站,是俄国由设防要塞和贸易站点构筑殖民网络的向东延伸,是迈向太平洋的便捷通道。鉴于俄国在太平洋地区孱弱的防御力,沙皇担心美、英、法利用俄日关系的任何缝隙挑起冲突,这样一来这些强国的远东征服计划就会实现简单化,并会牵扯俄国对巴尔干半岛、近东和中东的注意力。一旦日本被美、英、法征服,就会威胁到俄国的远东边境并削弱俄国在太平洋的地位。因此,俄国需要拥有一个忠实的邻国日本,不会效仿西方各国的反俄政策。在俄国对外战略中,东方始终没有取得与西方对等的地位,更多的是俄国在西方碰壁后寻求心理慰藉与利益补偿的"疗伤"场所,而这又无疑导致了东方对俄国的排斥与猜忌。①

日本虽然游离于中国封贡体制外,但它自古就是东亚国际秩序的一员。俄日《下田条约》是日本为避免与西方军事冲突、希望和平解决争端的尝试,是幕府逐渐放弃锁国而主动的对外探索。二百多年前,日本用"锁国"来阻挡西方持"宗教"旗号的企图深入,继续以东方儒释道文化来稳固统治基础。二百余年后,日本用"开国"来阻挡西方的坚船利炮,以西方的例子与模式来维护旦夕倾覆的统治大厦。同样是在应对西方冲击,但方式大相径庭。二百余年来日本吸收外来文化,以及岛国的独特地理位置所酿造的传统文明的不断深化,使其外交模式发生重大转变,激发日本从"锁国攘夷"到"和亲攘夷"再到"和亲开国"。② 这是处于"东亚局部秩序中心地带"的日本在西力东渐之下的方向选择,是日本"慎重"的现实主义在潜意识中的蠢动。持续不断的"西洋来袭"是西方希望拆除东西壁垒,将整个东方收进囊中,纳入西方自己的条约体系之中,让东方充当其附庸。被二百余年危机感培养和造就的日本国以西方为假想敌,渐次认清"强食弱肉"丛林法则的资本主义强权社会,顺势而为是这种心情的最好表达,最终避免了沦为殖民地的命运。

所以,俄日《下田条约》不单纯是俄日两国的较量,它反映了东方与西方、亚洲与欧洲两种异质文明、两种国际秩序在独立于中国朝贡体制以外,以日本为中心的东亚局部秩序中的较量,更是日本自身封建势力与资本主义势力的较量。日本以此为肇始,从旧体制走向新路途,从受容走向突破。日本萌生出来的"让日本成为同样强国"的使命感,促使它走上以邻为壑、与东亚邻国截然不同的

---

① 参见赵博渊《双头鹰的东方情结——俄罗斯远东战略300年记》,《南风窗》2005年第11期,第68页。
② 参见李若愚《近代初期日本的对外认识与领土观的形成》,《日本研究》2013年第4期,第112—116页。

应变之路，以一己之力冲破西方对东方的整体设想，后来反而效仿了西方。

(四) 俄日《下田条约》的深远影响

以俄日《下田条约》为开端，俄日陆续签订《补充条约》(1856)、《俄日友好通航条约》(1858) 等系列条约，俄日两国关系步入近代条约体系，给东北亚地区和国际局势带来深远影响。

欧美列强的外来冲击引发并加剧日本社会内部矛盾的同时也带来社会转型的机遇。幕府主导的安政改革、文久改革和庆应改革作为先期探索，为明治维新更加全面、深入地开展近代化建设提供了实践经验。[①] 1867 年年末明治政府成立后，对内推行富国强兵、殖产兴业等近代化改革措施，对外寻求的外交目标也反映出其基本国策的取向。从"保护皇国，必可与万国并立""挽回国威"到"开拓万里波涛，宣布国威于四方""与海外各国并立"的提法在幕末和明治初年的文件中被反复重申。

俄日《下田条约》基本实现了俄国经略远东的计划，开港、通商、划界使日本成为俄国在北太平洋的战略基地，条约在法律上承认了 18 世纪俄国在东方的外交实践。远东（边疆）的暂时稳定使俄国加大国内改革力度。亚历山大二世受命于俄国克里米亚战败的危难之时，致力于社会改革。1861 年，农奴制被废除，亚历山大二世制订了把俄国君主制改造成君主立宪制的计划。1858—1864 年，俄国追随欧美列强，强迫清政府签订《瑷珲条约》《中俄北京条约》及《中俄勘分西北界约记》，继续在东方的巧取豪夺。

几乎在同一时期加速走上资本主义快车道的俄国与日本，使《下田条约》掩盖的北方领土矛盾凸显出来。近代资本主义的崛起，无一不是对内残酷剥削、对外武力扩张以实施资本积累的结

---

① 参见宋成有《从幕末改革到明治维新：连续性与变异性的互动》，《日本问题研究》2018 年第 4 期，第 27—33 页。

果，走上资本主义道路的俄国与日本必然如此。"库页岛暂不划界"是条约埋下的一个隐患。条约中双方的让步与妥协只是对当时的力量对比和国际态势的应激反应，因为"对于当时的俄日两国来说，的确没有更好的办法了"①。一旦双方力量对比和国际形势再次巨变，库页岛问题便会凸显出来，为俄日旷日持久的领土纠纷提供了可乘之机。

从17世纪末俄国人与日本人的第一次见面到1855年俄日《下田条约》的签订，历时一个半世纪。条约既是前一阶段"俄日早期关系"的成果，又是下一个阶段"俄日近代性质国家关系"的开始，是俄日两国彼此妥协并作出调整的产物。既然是妥协之物，必然有一定的不彻底性和局限性。接下来的俄日两国，必然为冲破条约的束缚和局限而自觉行动，所以，俄日关系接下来的发展还是相当复杂。俄国的帝国主义利益更多转移到远东后，日本也加强了自身实力，两国必将在东北亚地区的有限利益空间内展开争夺，在太平洋上掀起更大的旋涡，这开启了俄日关系的又一个历史阶段。

* * * * * * * *

欧美国家的殖民竞争在这一时期的亚洲有了更加激烈的体现。进入19世纪下半叶，俄国、英国、法国与美国都试图在北太平洋划定势力范围。美国船只"莫里森"号遇袭，成为日本执行《文政驱逐令》影响最大的事件。中国鸦片战争的巨大冲击波震荡日本，引起日本各界人士的忧虑与警惕，使他们产生紧迫的危机感，幕府更加重视解决来自海洋的安全问题。从《文政驱逐令》到《薪水给予令》意味着幕府面对外部形势的新情况及时调整了对外政策。从"驱逐"到"给予"相隔17年，外部形势变化之快不仅对幕府的应对提出要求，也向追逐对日贸易的俄国提出紧迫要求。欧美国家在亚洲的殖民竞赛把太平洋地区拉入世界经济体系，俄国基于国家利

---

① 三谷博：《黑船来航》、東京、吉川弘文館2003年版、第239页。

益考虑，日本基于国家安全考虑，都感到有必要适时调整对外政策，这就为俄日《下田条约》的缔结创造了条件。俄日《下田条约》既是俄国以土地换港口、以政治利益换经济利益的无奈之举，又是挟美、英之余威的巧攻之举。在俄国与美、英列强围绕"东方问题"明争暗斗、日趋白热化的过程中，拥有东西漫长交通线的俄国并无更多优势和精力来经营远东，只能跟着列强趁火打劫一番，以保证维持既得利益的同时，与各国利益均沾。日本虽然游离于中国封贡体制外，但它自古就是东亚国际秩序的一员。俄日《下田条约》是日本为避免与西方军事冲突、希望和平解决争端的尝试，是幕府逐渐放弃锁国而主动的对外探索。二百余年来日本吸收外来文化，以及岛国的独特地理位置所酿造的传统文明的不断深化，使其外交模式发生重大转变，激发日本从"锁国攘夷"到"和亲攘夷"再到"和亲开国"。① 这是处于"东亚局部秩序中心地带"的日本在西力东渐之下的方向选择，是日本"慎重"的现实主义在潜意识中的蠢动。《下田条约》既是前一阶段"俄日早期关系"的成果，又是下一个阶段"俄日近代性质国家关系"的开始，是俄日两国彼此妥协并作出调整的产物。

---

① 参见李若愚《近代初期日本的对外认识与领土观的形成》，《日本研究》2013年第4期，第112—116页。

结　　论

俄罗斯最初的国家形态是基辅罗斯，俄罗斯文明最早起源于欧洲东部。依托北方瓦兰基亚武装和南方东罗马帝国的昔日荣光，基辅罗斯开始了与周边民族的交往融合。俄国最初的外交是在西方东渐的宗教文化和东方西进的政治文化中形成的，其横跨欧亚的地缘态势决定其对外方针的东西双向性。

伴随俄国国家历史的进程，俄国对外方针同样历经逾十个世纪，即基辅罗斯和莫斯科公国外交的滥觞、彼得一世走向欧洲的外交、叶卡捷琳娜二世的大国外交、保罗一世的外交大转弯、亚历山大一世的欧洲霸主外交、尼古拉一世的失意外交、尼古拉二世的战争外交、列宁的革命外交、斯大林的务实外交、赫鲁晓夫的改革外交、勃列日涅夫的和平进取外交、戈尔巴乔夫的务虚外交、叶利钦的转折外交和普京的21世纪外交。经过一千多年的实践与积累，俄国外交呈现出丰富的内容与含义。1697—1855年的俄日关系早期史，映射出俄国早期外交的特点与规律，是俄国外交传统的延续与体现。

"任何一个国家的对外政策不可能由于这样和那样的内部政治变动甚至是深刻变动而推翻重来。它客观上要反映国家历史发展及其经济、文化、地缘政治地位发展的特点。因此，应该是继承因素和革新因素的聚合物，而且也很难用一个准确的公式来表达。同时，往往是表面上看似乎是崭新的对外政策方针，而实际上只不过是那些传统政策的另一种形式,这种形式更加与时代精神相符罢了。"① 在1697—1855年的俄日关系早期史中,俄国始终占据主导地位。彼得一世(1689—1725)、安娜女皇(1730—1740)、叶卡捷琳娜二世(1762—1796)、保罗一世(1796—1801)、亚历山大一世(1801—1825)、尼古拉一世(1825—1855)的对日政策方针和东方外交构想直接影响着俄日关系的发生、发展的诸多变局。当然,历代俄皇的外交政策同时也是国内外环境等多种力量合力的结果。

在中外学界,前人往往囿于本国立场,从政治或意识形态角度,批判揭露俄国早期外交。这是必要且可以理解的,因为,俄国在国家自身的历史进程里确实出现过与主流世界秩序不太和谐的步调,对中国的侵略也是不容辩驳的事实。外交与政治的关系委实太过密切,以至于无法将二者截然剥离。但外交学终归是一个相对独立的学科领域,有自己的研究规范和体系标准,外交也有自己的规律、特征和独特历史。谈到外交史,就不得不涉及国际关系史。由于科学领域内不同学科的错综复杂,外交史与国际关系史的关系是独立、交叉和贯通的有机统一。本课题尝试在相对独立的外交史领域内,从俄国外交自身发展、俄国与日本两国关系历史自身发展的角度出发,充分考虑各阶段世界秩序和国际关系格局的宏大背景,兼顾俄国与日本两国维护本国利益的外交本能,尽量减少政治或意识形态的过度干扰,平和而客观地对俄日早期关系进行科学、历史的阐述与分析。

一 俄国早期外交述评

俄罗斯的前身基辅罗斯,从某种角度讲,其本身就是对外关系的产物。如果把俄国早期历史的下限截至罗曼诺夫王朝的倾覆,那么,这绵延千年的早期外交史已然在俄国历史的长河中占据重要的

---

① [俄]И.С.伊万诺夫:《俄罗斯新外交:对外政策十年》,陈凤翔译,当代世界出版社2002年版,第10页。转引自杜正艾《俄罗斯外交传统研究》,上海人民出版社2007年版,第3页。

结 论

一席之地。俄国许多主要的外交思想、基本对外政策和外交传统都奠基于这一时期。在历史地图上，俄国是历史的晚成者，却比其他一些千年古国更早形成自己独特的大国意识和鲜明的外交思想。

俄国著名宗教哲学家 B.C. 索洛维约夫（1853—1900）把俄国外向开拓的特性形象描写为"液体因素的流动性"。俄国从欧洲平原上一个后起的"蕞尔小国"，以惊人之速度实现陆路与海路的大跨越。这一过程中，外交扮演着重要角色。弗拉基米尔大公 Д. 顿斯科伊、彼得一世、叶卡捷琳娜二世等俄国的开国先辈在与外国交涉中初步形成处理外交事务的基本理念，这些理念既反映出俄国人对世界的看法，又体现出根深蒂固于俄国土地上的精神文化观念，更对以后的俄国发展道路产生深远影响。可以说，他们的时代是俄国外交的"奠基时代"。

俄国外交思想源于基辅罗斯时期，锻造于俄帝国期间。俄国早期外交史的重要性与俄国历史文化发端的内在矛盾与复杂性有很大关系。俄国地处欧亚交界处，东西方文化在此碰撞并相互影响，即亚洲生产方式的深化和东方独裁专制的强化与社会上层欧洲化的矛盾分裂，俄罗斯民族自身的多神教文化与拜占庭文明和斯堪的纳维亚文化的对立统一等。俄国处于文化的交汇处而非文化的边缘，在这种特殊环境中，俄国孕育着自己的外交，酝酿着行之有效的外交策略和手段。俄国早期外交受到东西方文化的巨大影响，受到来自蒙古高原和欧洲平原各种威胁的考验，终究是面对复杂国际局势的一种创新。因此，俄国早期历史文化的矛盾性赋予早期外交对俄国未来发展的重要性。

这个时期，活跃的俄国政治家在不断的国内辩论和对外征战中形成基本外交理念并付诸实施，使得错综复杂的国际局面为己所用，取得一个个显著的外交成果。古罗斯的外交促进古代文明最初的萌芽，文明的发展反过来刺激着外交走向成熟。随后的《安德鲁索沃停战协定》（1667）、《武装中立宣言》（1778）、《提尔西特条约》（1807）、《亚德里安诺堡条约》（1827）、《安吉尔-斯凯莱西条约》（1832）等无一不体现出俄国统治者的外交考量，俄国后来颁布的重大外交政策都可以在早期找到根源和理论依据，早期历史中充满着俄国外交的深刻烙印。21世纪频现于俄联邦政府外交文件中的"欧亚主义"其实在这一时期已初见雏形。伊凡雷帝的对外政策最早表现出俄国的欧亚思路和实施方针。在争夺波罗的海出海口的同时，他允许斯特洛干诺夫家族的哥萨克东进越过乌拉尔山，率先执行俄国的亚洲政策，为后人搭建起以欧洲为主、兼顾亚洲的基本外交框架。后世的沙皇承袭伊凡雷帝衣钵，继承并发展俄国的欧亚外交战略思路，坚持以欧洲为主、亚洲为辅，并在力所不逮的远东巧用外交取得战场难得之利。彼得大帝开启俄国外交走向欧洲和世界的新阶段。这位不凡人物充分借用欧洲国际关系格局和态势改变俄国的周边环境，及时、果断地调整外交路线，实现自南下而北上的战略大转变，出色地为俄国争得最大利益，使俄国开始跻身于欧洲大国之列。在亚洲，他以中俄《尼布楚条约》一纸条文创造中俄两国一个半世纪的和平，消除他在欧洲全力用兵之后虞，踏上"寻找日本"之路。叶卡捷琳娜二世决然摆脱外交上对欧洲王室的传统追随，实行俄国自主独立的新外交。她三次瓜分波兰并首倡英、法战争中的"武装中立"，标志着俄国大国外交已初显端倪。在亚洲，她两次用兵土耳其，打通通往君士坦丁堡的水路，确定南疆的领土范围，并开始在中亚、日本拓展俄帝国的疆土。亚历山大一世依靠俄罗斯民族骁勇善战的潜力，通过外交运作，在与资本主义列强争夺中博得封建俄国在欧洲的霸主地位。他试图构建一个在国际上有利于俄国的欧洲体系，因此其霸主外交兼具东西方痕迹。在东方，亚历山大一世调整他父亲保罗一世的外交政策，对奥斯曼土耳其的方针改变为"始终全力维护一个弱而乱国家的安全是极为重要的保障"。他与拿破仑的提尔西特会谈实际上是分配各自利益的交易。恩格斯评价说："沙皇俄国……靠牺牲自己昨天的同盟者获得新领土，并同拿破仑结成同盟瓜分世界——西方归拿破仑，东方归亚历山大……"

结 论

早期历史上，由于不同时期国内外环境的变化，俄国外交追求的利益也在动态中做出相应调整。无论是基辅罗斯攀龙附凤的联姻外交，还是保罗一世的外交大转折，抑或是尼古拉二世的战争外交，俄国早期外交主题的精彩纷呈、莫衷一是可见一斑。从这些多样性中可以概括出以下基本特征，这也是剖析俄国外交适应于历史普遍规律和特殊规律的一扇"窗口"。第一，基辅罗斯的"皇室联姻"是俄国早期外交在蒙古铁蹄的屈辱中的忍耐与务实的表现。与中国封建王朝对外联姻和亲是为了安抚偏远而自称为"下嫁蛮夷"截然不同，俄国对强邻的趋承与攀附有助于增强自我实力和提高在欧洲的地位。诚然，王室联姻并非俄国首创，但罗斯王公的对外联姻却是频率最高、方位最广的。自1043年到13世纪末，罗斯单与波兰的王室联姻就高达15次。雅罗斯拉夫大公不仅自己娶了瑞典国王的公主，还把三个女儿分别嫁到匈牙利、挪威和法兰西。弗谢沃洛德娶了拜占庭的莫洛马赫公主，其子弗拉基米尔也迎娶盎格鲁-撒克逊末代国王的公主。可见，"罗斯王公对外联姻几乎成为互派常设外交代表的完美替代品"。第二，俄国早期外交史的宗教色彩浓厚。在中世纪教权操纵的欧洲大地上，罗斯与南方拜占庭帝国的交往主要分为两种——征战立约与接受基督教，引进基督教是罗斯与外界建立联系的唯一和平且行之有效的手段。因此，基辅罗斯接受基督教是俄国对外关系史上的里程碑事件。现代俄罗斯对东正教世界的统领证明，弗拉基米尔大公引进基督教并在998年强迫罗斯人入第聂伯河受洗，开创了俄国历史上"宗教外交"传奇。在当时，接受基督教甚至是拜占庭皇帝答应把安娜公主嫁给他的条件。虽然18世纪初的彼得一世宗教改革削弱了教权，使之顺从于皇权，但"俄国的宗教精神始终是俄国精神文化的有机要素"。亚历山大一世出生受洗的教父是神圣同盟的两位成员奥地利国王和普鲁士国王，这也使他的外交"蒙上宗教的神秘色彩"。本书中出现于俄国的日本漂流民，如传兵卫、广藏、倧藏等，在俄国都受到宗教洗礼而皈依，改为有俄国东正教特色的名字。1734年，安娜女皇下令为广藏与倧藏二人施洗并命其留在圣彼得堡学习俄语、教授日语。倧藏改名为科西马，跟他的教父 С. И. 舒尔茨姓舒尔茨；广藏改名为杰米杨，跟着教父 В. Ф. 波莫尔采夫姓波莫尔采夫。第三，俄国早期摆脱外交困境比保持外交优势更出色，俄国的逆境丛生使外交加倍，负荷着更重的历史责任。罗斯人自建国以来就处在被鞑靼蒙古奴役的外患（长达两个多世纪）和国家内部长期不睦的内忧当中，入质金帐汗国的罗斯大公子嗣曾在敌人屋檐下顽强学习外语、熟悉异族风俗，增强在险象中保护自我、锤炼政治权术和素质的本领。可以说，正是鞑靼蒙古的压迫培育了诸如伊凡三世与四世这两位冷酷但成功反抗蒙古的外交精英。"没有鞑靼人的统治就没有罗斯"。彼得一世面对羸弱的俄国，也曾数度微服出访欧洲，与地理学家兼地图学家、时任阿姆斯特丹市长的维岑成为莫逆之交，拓宽了俄国的外交视野和活动范围。在荷兰，彼得嘱咐官员购买所有国家的地图，其中包括日本的多本地图。自彼得大帝起，中经叶卡捷琳娜二世、保罗一世，俄国在19世纪上半叶达到国际上的鼎盛，完善了鸟瞰东西方的"双头鹰"外交。但这个辉煌却在尼古拉一世手中逐渐黯淡。尼古拉一世执政后期穷兵黩武，疯狂镇压欧洲革命，被斥为"欧洲宪兵"的始作俑者。面对欧洲新秩序和棘手的东方问题，尼古拉一世只是以经验主义简单重复以往的外交"套路"，未充分利用维也纳原则之便利，反而被条约体系束缚和制约。俄国在克里米亚战争中的失败，直接原因就是沙皇政府在之前的决策误判和外交运作的极端失误。1855年，俄国在久叩日本国门而不开的窘境中，利用美、英创造的局面，获得利益最大化。正是依托美、英先期迫使日本缔结条约，俄国才与日本顺利缔结《下田条约》。① 第四，俄国在关系皇室、国家和民族利益与安全的头等重要的外交决策中，敢于任用、信任并驾驭外裔外交要员。这是俄国外交不排外的突出特征。Ф. И. 斯特拉伦贝格、Д. Г. 梅赛施密特、Д. А. 特奥尔

---

① 参见李凡《1855年前的日俄两国关系》，《南开日本研究》2015年，第208页。

尼赫特、Э. Г. 拉克斯曼、Я. Э. 拉克斯曼等都曾经任职于俄国政府各部门，在俄日早期关系上发挥了重要作用。恩格斯曾认为，这些外国人建立过的耶稣会控制俄国，实际上，俄国也利用这些人为俄国效力。①

俄国本身就是一个几乎每个世纪都会给世界带来"惊奇"与"震动"的国家，经常引起各国的反应、关注和反思，其外交所掀起的旋涡之深不言而喻。俄国早期史中，几任沙皇在无先例可循的困顿下努力寻求新生国家的发展空间，在维护独立自主与国家安危的良好愿景下不断使俄国疆域向外扩大，最终夯筑起一个大国的根基。"欧亚主义"自始至终都是引导早期俄国外交决策的主要思潮之一。不断进化、充实的欧亚主义使俄国能够在外交上进退自如、游刃有余，对俄国早期外交所确定之目标的实现发挥着不可替代之功效，作为外交的主体——外交家和外交决策者更是功不可没。除上述反复提到的几位沙皇外，首任使臣衙门大臣维斯科瓦吉，外交重臣（曾任保罗一世的副外相）Н. И. 潘宁和 А. А. 别兹鲍洛得阔，领导外交局的国务大臣 А. П. 沃伦采夫、外交大臣戈尔恰科夫与吉尔斯、С. 萨佐诺夫等无不在外交上有所建树。尼古拉一世颁布的《关于成立外交部》的谕旨（1832）、戈尔恰科夫创办的《外交部年鉴》（1861）等重要官方外交文件凝聚了他们对俄国政治经济体制运行和对外交往方面的深邃思考。他们在制定外交决策和开展外事活动中，既要掣肘于传统外交思维，又必须及时应答时事，因此，通过对他们外交思想与政策的研究，不仅能触摸俄国早期的时代脉搏，亦可灵活运用他们为后世积攒下来的外交遗产。

二 俄日早期关系的特点

1697—1855 年的俄日关系早期史，映射出俄国早期外交的特点与规律，是俄国外交传统的延续与体现。同时，也呈现出俄日早期

---

① 林军：《俄罗斯外交史稿》，世界知识出版社 2002 年版，第 15 页。

史自身的特征。

第一，俄国"寻找日本""发现日本"的过程也是俄国发现、征服千岛群岛的过程。摆在俄国统治者面前的，是"金银满地""拥有火炮"的锁闭之国，俄国探索日本的目的是通商，而不是对其征服。横亘在堪察加与日本岛之间的千岛群岛，是俄国踏入日本的必经之路。也可以说，俄国在探险千岛群岛等太平洋诸岛时，"顺路""顺道"发现了日本。18世纪70年代，俄国基本完成对堪察加半岛至北海道岛之间各个岛屿的航海调查，并宣示主权。1787年，叶卡捷琳娜二世曾命令，"将松前岛至洛帕特卡角之间的岛屿正式纳为俄国所有……，并立铭示意"。几乎在同一时期，日本幕府为保证国土安全，也加强了北方防务，在择捉岛上立下碑文。在早期阶段，俄国曾至少两次明确提出领土划界及岛屿划界问题。第一次是俄国军官戈洛夫宁被俘获释后，俄方于1813年与日本达成初步的北方领土划界协议。双方在北方地区的平衡态势不但维持几十年的稳定，同时也为40年后《下田条约》的签订提供了政治上的保证。第二次是时隔40年后，俄国海军中将普提雅廷率队与日本幕府谈判签订《下田条约》，划定双方的北方边界。择捉岛（俄语 Итуруп，音译为依图鲁普岛）、国后岛（俄语 Кунашир，音译库纳施尔岛）、色丹岛（俄语 Шикотан，音译为施科坦岛）、齿舞群岛（俄语 Хабомаи，音译为哈巴曼群岛）这四大岛的归属争端正是起源于俄国与日本的早期交往中。岛屿问题始终伴随着俄日两国交往的步伐，岛屿问题演变成重要的外交问题。

第二，俄国主动接近日本，这是试图建立俄日通商关系的探索与实践，而锁国中的日本在初期则一味采取拖延、拒绝的对策。俄国探索日本的目的是通商，而不是对其直接征服。俄国主动登门，日本则被动应对，直到1842年不得不颁布《薪水给予令》。Я. Э. 拉克斯曼首届官方访日使团与 Н. П. 列扎诺夫环球赴日使团是俄国以国家最高名义派出的两大访日使团，对于建立通商的目的而言，这两大使团均因日本的拒绝而无功而返。虽然如此，但 Я. Э.

拉克斯曼得到的长崎通行证为 Н. П. 列扎诺夫环球赴日使团创造了必要条件。

俄国之所以孜孜不倦地追求与日本通商，其主要原因有以下两点。一是俄国地跨欧亚的地缘环境决定其地缘政治利益。俄国的传统利益在欧洲，向东扩张是俄国的既定国策，在东方尤其是屡次派遣众多探险队南下和北上所用到的物质供求，绝大部分都来自欧洲传统地域。从西到东这条漫长的补给线以及人力资源的不足极大限制了俄国的实力发挥。俄国需要在远东寻找稳定的补给基地，打通向太平洋的出海口。第二，稳定远东统治的需要。俄国领土过于辽阔，在欧洲过度征战导致国库财力不足，国内经济危机也消耗掉累积的财富，这些客观状况与实际困难使得俄国在远东只能依靠流放犯、哥萨克等民间势力（国家授权）进行扩张和管理，其结果就是被征服区域统治基础的不稳定和地方反抗力量的加剧。为了稳定远东（俄国边疆）的统治，俄国迫切需要坚实的地方管辖基地。

第三，俄日两国基本采取和平友好的手段。1806—1813 年，由于俄国海员进攻日本在库页岛和千岛群岛的"场所"而产生过一些冲突，但这些冲突在 1814 年基本和平解决。彼得时期，俄国并未有任何探险队到达过日本，但确定了寻求与日本通商、建立贸易关系的基本原则，为 18—19 世纪的日本政策奠定基调。这与俄国在欧洲进行大规模军事征战有着显著区别。当时俄国所处的时代正是"在战争铁砧上捶打欧洲的时代"，俄国在欧洲"南征北战、四面出击"，主要通过武力交涉与军事进攻建立起俄帝国。对于遥远且陌生的日本，新生的俄帝国被牵制于欧洲战场，军事力量不足，显然"无暇东顾"，更妄谈武力攻取。如果说彼得时期开始实施对日"和平友好"而非武力征服的方针，那么，安娜女皇则是继续沿用并进一步强化这个方针，对日后的俄日关系进程产生深远影响。正因如此，俄日关系才缓慢推进。首先派出众多探险队南下小心寻找日本，即使到达日本后也以和平友好态度待之，在历经数十任沙皇后仍未能顺利开辟商馆，反而让美国黑船"捷足先登"，凭借炮舰

"赶在俄国之前"轰开日本国门，成为第一个与日本签订条约、建立商埠的国家。俄国采取和平友好政策的另外一个原因就是，俄国需要把日本变为其在东方的物资供应地，以此稳定东、西伯利亚及远东地区的统治，为进一步向北美地区拓展空创造条件。

三　重视与加强俄日关系史研究①

作为同属东方外交史、海上交通史的重要范畴，独立的俄日关系史专题研究亟待推进与拓展，因此，也更需要把俄日关系史研究提升到中国周边外交安全的高度来考量。

俄日关系史在国内学界研究薄弱。学者对俄日关系史的研究大多集中于自1855年两国正式建交始，1855年以前的两国交往史鲜有人专门研究。而且，由于国外史料难求，或多国语言不能同时自如运用，已出版的文字中亦存多种谬误。

俄日两国史料证实，1697年因遭遇风暴漂流至堪察加依恰河畔的日本人传兵卫被俄国远征者阿特拉索夫发现，1702年传兵卫被带回莫斯科面呈彼得一世，这是俄国人切身初识日本的契机，是俄国人与日本人的第一次接触。1754年，花咲半岛纳釜府的"国后集市"开辟后，俄国人以得抚岛为据点不断寻求日本商品，以千岛为中心的俄日关系由此启幕。两国更于1855年签订俄日《下田条约》启动正式官方外交历程，同时也开启了困扰双方至今的"千岛之争"。

对于与日本存在"钓鱼岛"之争的中国（第三国）而言，研究其邻邦俄国与日本的关系史既有重大学术价值，又有迫切现实意义。

（一）

俄日关系史在东方外交史中的地位与作用不可小觑。首先，6—17世纪俄国通过蒙元（中国）、东方阿拉伯国家等第三方积累起

---

① 此节已部分刊于《中国社会科学报》（社科院专刊）2014年9月12日第3版。

对日本的早期认识。很多史学家在整理史料时发现,明清时期东亚各国之间的往来书信都用汉文书写,这表明汉文是当时东亚地区的通用文字。东方外交史主要研究四大古文明和四大文明衍生国之间的外部交往,其主体意识当然是东方各国。随着中国国际政治经济地位的上升,中华民族的主体意识正在回归。在东方外交史框架下研究俄日关系史有助于提升中华民族的主体意识。自17世纪始,俄国对日本的直接认识随着东西方相互接触而逐渐明晰,虽然斯帕法里、比丘林、岗察诺夫起初对日本认识并不相同,但基本可以说,他们的认识随着俄国殖民主义扩张同步扩展。加强对历史上传承的东方国家间相互认知情况的关注对今天国家间关系的重塑有重大影响。其次,19世纪80年代,为补偿在近东遭受的损失,俄国转变对外政策方向大举进攻中亚和远东。俄国借英、法发动第二次鸦片战争之机将势力渗入黑龙江流域,并与日本激烈争夺千岛群岛和库页岛。历经亚历山大一世、二世和尼古拉二世三代沙皇向东推进,俄国东方政策逐渐形成。由于日本在远东崛起以及列强加剧争夺远东,俄国战略重心完全移至东方。1894年中日甲午海战、1904—1905年俄日战争极大改变了东方历史进程。把俄日关系的产生、发展以及走向置于整个东方外交的时空领域去"述往者、思来者",符合当前东西方国家关系与东方国家整体崛起大趋势的现实需要。所以,东方外交史研究的对象是一个整体世界,关注的是区域内跨民族、跨国家的政治、经济、文化与科技交流,孤立的国别史研究已不能满足情势发展需求。应把俄日关系史与东方外交史有机联系、综合考察,突出事件的时代特征与整体关联,寻求全球性与区域性的统一。

(二)

俄日关系史是海上交通史的显著史例。在俄日两国从相互认识到正式接触的历程中,位于俄日接界地区的特定地理对象鄂霍次克海、鞑靼海峡、黑龙江流域、堪察加半岛、库页岛、千岛群岛、尚塔尔群岛的历史地位异常显赫。对俄日关系起关键作用的 1855 年《下田条约》和 1875 年《圣彼得堡条约》（又称《桦太千岛交换条约》）都围绕岛屿展开，而中国"历史固有领土"库页岛则成为俄日交换利益之工具。海上私人贸易迅猛发展的 17—19 世纪，中国、日本、东南亚和欧洲商人竞相活跃在太平洋贸易网的舞台上。衰朽的海禁和顽固的上层建筑在阻挠经济交往的同时已无法阻止海上日益强大的商业力量。中国长期以陆权为发展取向，极度缺乏向蓝色海洋拓展的志向。不仅从事海洋贸易的华商难以获得中国政府的保护，沦为"没有帝国的商人"，中国的国际地位因闭关锁国而一落千丈，从此沦为半殖民地半封建社会。18 世纪后期，俄国船只不断驶入北海道，要求日本开港通商。1755 年"尼古拉"号从彼得罗巴甫洛夫斯克出发前往得抚岛。1777 年"圣纳塔利娅"号到达得抚岛。1778 年伊尔库茨克商人 Д. 沙巴林经择捉岛及国后岛到达纳釜府，向松前藩巡管当地的官吏递交俄国驻堪察加司令 M. 贝姆的公函。这是俄国人同日本藩吏的第一次接触。1779 年沙巴林至厚岸湾。继俄国北来之后，英、法帝国的触角也伸向日本。1796 年、1808 年、1819 年英国船只分别开到绘鞆、长崎与浦贺。1824 年，英船驶入萨摩藩（今九州）后其船员与当地居民发生冲突。在"北方之警"和"西洋冲击"的危机意识下，日本出现与闭关锁国政策相对立的积极的"海防论"思想，并在其海军力量建设过程中逐渐演变为向外扩张的近代海权意识。俄日对中国"历史固有领土"库页岛的私相授受足以引为沉痛教训。在当今亚太海域主权争端问题上，虽然同中国存在领土争议的某些国家面临中国崛起感受到压力，但中国离强国外交仍有一段距离。历史经验反复证明，西方主要海洋大国都是通过走向海洋成为世界强国的。

值得一提的是，国内现有对俄日关系史的研究成果多强调沙俄的殖民与侵略性，严重淡化当时封建落后的日本的扩张。18 世纪末奉命管辖北海道的日本军事将领的回忆录《详尽记述》（9 卷本）中就谈及日本对千岛群岛南部区域的兼并，比如，将俄国人暴力驱逐出千岛群岛。

（三）

有鉴于此，在中国周边形势日益引人忧心之下，应该把俄日关系史研究提升到中国周边外交安全的高度来考量，"以史为鉴、以人为鉴"。俄日关系在中国周边安全体系中的位置不可低估。组建国家安全委员会也是要集中处理中国国家安全最现实的问题——周边邻国关系。中国在大国中是周边安全形势最为复杂的国家，面临周边东南西北安全环境中不稳定因素的挑战最多。中国要解决传统安全因素与非传统安全因素交织在一起的复杂事务，难易程度很不一样。中俄是战略协作伙伴，美日是太平洋地区的钢铁同盟。由于"钓鱼岛"和"南千岛"之争，中日双方、俄日双方在核心利益上的争端曾多次空前加剧，双方在多方面存在影响关系发展的结构性问题。当今中日关系深受帝国主义遗迹影响，还受国际地缘政治格局制约，特别是美国的外交谋求。美国是东亚安全秩序中心，但美国不是亚洲国家，这意味着本地区的安全中心建立在区域之外，这是一种不正常的安全关系。① 美国"以控制欧亚大陆边缘地带"的战略目标并未改变；通过离岸平衡手段建立以美国为首的单极世界，保证没有任何国家达到可以扮演区域仲裁地位是这一战略的核心目的。② 在美国的这一战略中，俄罗斯、日本、印度等国地位举足轻重。在以太平洋地区为核心的地缘政治竞赛中，在争取海域主权的新时代中，中、俄、美、日四方如何博弈对中国是一大挑战。探讨历史上中、俄、美、日四方在太平洋的关系演变即是中国制定中长期海洋战略的基础研究所在。

面对日益具有挑战性的全球及地区安全政治格局，中国外交不

---

① 张默宁：《中国"补课"周边外交安全短板——专访社科院亚太与全球战略研究所周方银》，《南风窗》2013年第12期，第37页。
② 李涛、王新有：《东方外交与印度——第五届东方外交史国际研讨会会议综述》，《南亚研究季刊》2012年第3期，第105页。

断重铸着对外部世界的理解和看法。在第四次亚信峰会上，国家主席习近平发表的安全话语体现出有创新价值的亚洲新安全观。现在是一个"东"风劲吹、千帆竞发的时代。以岛屿争夺为发端的俄日关系史值得中国学者不囿成说去深度探索，从历史到现实、从利益到情感进行周详解说。我们应立足于东北亚区域史和全球史来看待俄日关系从古代到近代、从近代到现代再向未来延伸的行程，以构成一套线索分明、自成一体的研究体系。这不仅适应全球化发展大趋势，也符合中国传统哲学宇宙观。李慎之先生在《全球化与中国文化》一文中这样写道："自从几百年以前地球上出现人类以来，总的来讲是分的趋势。出于求生的需要，人们越走越开，越走越远。然而，地球是圆的，到了距今500年前，这种趋势又回来了。"当前东方国家正面临有史以来空前的巨大变革，作者主张以更广阔的视野去看待过去的历史。

学术探索不同于政治宣传，需要的不仅仅是热情，更是学术理性与思想——用新思想改造旧思维，为今天的中国提供有益借鉴。

附录1　俄国早期对日交涉大事件

1695 年	西川如见完成《华夷通商考》
1697 年	日本人传兵卫漂流至堪察加半岛获救
1702 年 1 月 8 日	彼得一世接见传兵卫
1702 年 4 月 16 日	彼得一世下令传兵卫学习俄语
1704 年	В. 科列索夫奉命去堪察加探险
1706 年	М. 纳谢德金带队前往堪察加探险
1707 年	传兵卫被送至时任西伯利亚衙门的 М. П. 加加林公爵处
1709 年	新井白石完成《西方纪闻》
1710 年	彼得一世第二次接见传兵卫 传兵卫受洗，改名为"加甫里尔"
1711 年	日本漂流民萨里曼被送往圣彼得堡 俄国首次登上千岛群岛的占守岛
1713 年	Ф. С. 萨尔特科夫上呈《争取国家利益的几点意见》 新井白石《采览异言》（《异国志》）
1711—1713 年	И. П. 科济列夫斯基探险千岛群岛
1716—1719 年	Я. А. 叶尔钦探险库里尔群岛
1719—1722 年	И. А. 叶夫叶伊诺夫与 Ф. Ф. 卢任探险库里尔群岛

1724 年 12 月	彼得一世下令派 B. 白令探险
1726 年 6 月	И. П. 科济列夫斯基向 B. 白令赠予《日本国记述》
1729 年	А. Ф. 舍斯塔科夫远征堪察加
1730 年	B. 白令回圣彼得堡
1731 年	日本漂流民广藏与偮藏被送到雅库茨克
1733 年	女皇安娜·伊凡诺夫娜接见鹿威与广扎
1734 年	安娜女皇下令为广藏与偮藏两人施洗
1732 年 12 月	参政院正式批准白令的第二次探险计划
1739 年 6 月	M. П. 什潘贝格、B. 瓦尔顿分别发现日本
1742 年	M. П. 什潘贝格再次探险日本，因天气原因最终未成
1745 年 5 月	日本"多贺"号漂至温祢古丹岛获救
1746 年 5 月	俄国海军部认定 M. П. 什潘贝格所到之处为日本
1750 年	俄国势力推进至中部千岛
1764 年	叶卡捷琳娜二世发布组建北太平洋远航队的谕旨
1766 年	俄国势力推进至南部千岛
1766 年	И. 切尔内千岛探险
1769 年	И. 切尔内完成《切尔内手记》
1771 年	M. А. 别涅夫斯基流亡至本州岛
1776 年	Д. Я. 沙巴林、安季平一行到达纳釜府请求贸易
1779 年 8 月	Д. Я. 沙巴林、安季平一行再次抵达厚岸
1781 年	松前广长完成《松前志》
1783 年	工藤平助完成《赤虾夷风说考》
1785 年	林子平完成《三国概论》
1786 年	最上德内抵达择捉岛

	林子平《话谈海洋国家的战事》
1789 年	国后岛和木梨郡暴动（"1789 年宽政虾夷蜂起"）
1792 年	Я.Э.拉克斯曼首届官方访日
1803 年	Н.П.列扎诺夫环球考察团赴日
1804 年	近藤重藏《东西边要分界图考》
1806—1807 年	Н.А.赫沃斯托夫与 Г.И.达维多夫侵扰日本北部
1808 年	幕府发布"俄船打拂令"
1810 年	间宫林藏完成《东鞑纪行》和《北夷分界余话》
1811 年	В.М.戈洛夫宁被日方俘虏
1813 年 10 月	В.М.戈洛夫宁和同伴被正式释放
1837 年	美国船只"莫里森"号在日本沿海遇袭
1840 年	中国第一次鸦片战争
1852 年	俄国成立"远东政策特别委员会"
1853 年 7 月	美国海军军官佩里到达日本浦贺
1853 年 8 月	俄国海军 E.B.普提雅廷到达日本长崎
1854 年	美日《亲善条约》签订
1854 年	英日《亲善条约》签订
1855 年	俄日《亲善条约》签订

附录2　主要中俄文人名对照简表

А

Алексей Михайлович	А．米哈伊洛维奇
Афанасие	阿法纳西
А. Я. Невский	А．Я．涅夫斯基
Андрей Ярославич	А．雅罗斯拉维奇
Александр Первый	亚历山大一世
А. Каменский-Длужник	А．卡缅斯基-德卢日林
А. Ф. Шестаков	А．Ф．舍斯塔科夫
А. А. Виниус	А．А．维尼乌斯
А. И. Богданов	А．И．波格丹诺夫
А. Я. Буше	А．Я．布歇
А. Штинников	А．什津尼科夫
А. П. Плещеев	А．П．普列谢耶夫
А. Фенев	А．菲涅夫
А. Картунов	А．卡尔图诺夫
А. И. Нагаев	А．И．纳加耶夫
А. Остерман	А．奥斯捷尔曼
А. П. Волынский	А．П．沃伦斯基
А. Друкарт	А．德鲁卡特
А. Владыкиный	А．弗拉德金

А

А. Татаринов	А．塔塔里诺夫
А. С. Полонский	А．С．波隆斯基
А. И. Бриль	А．И．布里尔
А. А. Вяземский	А．А．维亚泽姆斯基
Асаф Бутурлин	А．布图尔林
А. Чулошников	А．丘洛什尼科夫
А. И. Алексеевый	А．И．阿列克谢耶夫
А. Р. Вороцов	А．Р．沃龙佐夫
А. Ф. Бюшинг	А．Ф．比申
А. А. Безбородко	А．А．别兹博罗德科
А. Б. Куракин	А．Б．库拉金
А. ф. Миддендорф	А．Ф．米登多夫
А. М. Гаврилов	А．М．加夫里洛夫

Б

Богдан Лыков	Б．雷科夫

В

В. Н. Пашуто	В．Т．帕舒托
В. Н. Елизаръев	В．Н．叶利扎里耶夫
В. Беринг	В．白令
В. Шуйский	В．舒伊斯基
В. В. Атласов	В．В．阿特拉索夫
В. Колесов	В．科列索夫
В. Савостьянов	В．萨沃斯基亚诺夫
В. Ф. Поморцев	В．Ф．波莫尔采夫
Варлам Скамницкий	В．斯卡莫尼茨基
В. Красный	В．克拉斯内
В. Вальтон	В．瓦尔顿

В. Эрт	В. 艾尔特
В. Ртищев	В. 勒季谢夫
В. Панов	В. 帕诺夫
В. Фейт	В. 费伊特
Вильям Питерс	В. 比杰尔思
В. Лагус	В. 拉古斯
В. И. Олесов	В. И. 奥列索夫
В. Н. Бабиков	В. Н. 巴比科夫
В. Ф. Ловцов	В. Ф. 洛夫佐夫
В. М. Головнин	В. М. 戈洛夫宁
В. М. Пасецкий	В. М. 巴谢茨基
В. Н. Гореглад	В. Н. 戈列格利亚德
В. М. Константиновый	В. М. 康斯坦丁诺夫
Вильям Роберт Стюарт	В. Р. 斯图尔特

Г

Г.-Ф. Миллер	Г.-Ф. 米勒
Г. В. Стеллер	Г. В. 斯泰勒
Г. И. Спасский	Г. И. 斯帕斯基
Гавриил	加甫里尔
Г. И. Головкин	Г. И. 戈洛夫金
Г. Г. Скорняков-Писарев	Г. Г. 斯科尔尼亚科夫-皮萨列夫
Григорьев	格里戈里耶夫
Герарда Фиссер	杰拉德·维瑟
Г. И. Шелихов	Г. И. 舍利霍夫
Г. А. Сарычев	Г. А. 萨雷切夫
Г. И. Муловский	Г. И. 穆洛夫斯基
Г. Г. Кушелев	Г. Г. 库舍列夫
Г. И. Невельский	Г. И. 涅韦尔斯科伊

Г. Х. Лангсдорф	Г．Х．朗斯多夫

Д

Д. К. Иванович	Д．К．伊万诺维奇
Д. Я. Шабалин	Д．Я．沙巴林
Де Фриз	Дe．弗里斯
Д. Потапов	Д．波塔波夫
Джером Дин	杰罗姆·德安吉利斯
Д. Г. Мессершмидт	Д．Г．梅赛施密特
Д. Позарский	Д．波扎尔斯基
Д. А. Траурнихт	Д．А．特奥尔尼赫特
Д. А. Анфицкров	Д．А．安费齐沃夫
Д. И. Павлуцкий	Д．И．帕夫鲁茨基
Д. Я. Лаптев	Д．Я．拉普捷夫
Д. Анвинь	Д．安维尼
Джованни Баттиста Сидотти	乔瓦尼·巴蒂斯特·西多蒂
Д. Арменольт	Д．阿尔梅洛特
Дрик Ван Гогендроп	Д．В．伽根德罗普
Джеймс Торри	Дж．托尼
Дж. Кендрик	Дж．肯德里克
Дж. Кук	Дж．库克
Дж. Мирз	Дж．密尔兹
Дж. Глин	Дж．格林
Д. К. Бауду	Д．К．波特

Е

Е. П. Хабаров	Е．П．哈巴罗夫
Е. Туголуков	Е．图戈卢科夫
Е. В. Путятин	Е．В．普提雅廷

З

З. Дровосеков	З．德罗沃谢科夫

И

Иван Дорн	И．多恩
И. Идес	И．伊杰斯
И. Борятинский	И．博里亚京斯克
И. Якоби	И．雅各比
Иван Юрьев	И．尤里耶夫
И. Спавенфельд	И．加布里埃尔
И. Камчатый	И．堪察加
И. Гоман	И．戈曼
И. Рубец	И．鲁别茨
И. П. Козыревский	И．П．科济列夫斯基
И. М. Евреинов	И．М．叶夫叶伊诺夫
И. И. Смирнов	И．И．斯米尔诺夫
И. Сорокоумов	И．索罗克乌莫夫
И. П. Козыревский	И．П．科济列夫斯基
И. К. Кириллов	И．К．基里洛夫
И. А. Корфф	И．А．科尔夫
И. Трапезников	И．特拉佩兹尼科夫
И. Чёрный	И．切尔内
И. М. Антипин	И．М．安季平
И. Очередин	И．奥切列金
И. Сосновской	И．索斯诺夫斯基
Ипполит Степанов	И．斯捷潘诺夫
И. Рюмин	И．留明
И. И. Голиков	И．И．格林科夫
И. Т. Посошков	И．Т．波索什科夫

И. И. Биллингс	И．И．比林格斯
И. А. Пиль	И．А．皮尔
И. Г. Полномошный	И．Г．伯纳姆施讷
И. В. Селифонтв	И．В．谢利丰托夫
И. Ф. Крузенштерн	И．Ф．克鲁森施特恩
И. А. Лытышев	И．А．拉特舍夫
И. Н. Бухарин	И．Н．布哈林
И. Б. Пестель	И．Б．佩斯捷利

К

Косткий Иванов	К．伊万诺维奇
Комило де Констанца	卡米洛·德康斯坦佐
К. Иванов	К．伊万诺夫
К. А. Иванов	К．А．伊万诺夫
Казимеров	卡济梅罗夫
Калугин	卢卡金
К. П. Тунберга	К．П．通贝里
К. В. Несельрод	К．В．涅谢尔罗德
К. Гюцлаф	К．郭士立

Л

Л. С. Багров	Л．С．巴格罗夫
Логин Васильевый	Л．瓦西里耶夫
Л. Н. Кутаков	Л．Н．库塔科夫
МонахЛаврентьевский	传教士拉夫连季耶夫
Л. С. Берг	Л．С．贝格
Л. Федотов	Л．费多托夫
Лук Канашевич	Л．卡纳舍维奇
Лебедев	列别杰夫

Ляпнов	利亚普诺夫
Л. Г. Селявин	Л. Г. 谢尼亚文

М

Мартин Бельский	М. 别利斯基
Мартини	马蒂尼
Могоксан	莫戈科莎
Марко Поло	马可·波罗
Мрк Аврелий Антоний	马可·奥勒留·安东尼
М. Бем	М. 贝姆
М. В. Стадухин	М. В. 斯塔杜欣
М. Наседкин	М. 纳谢德金
М. П. Гагалин	М. П. 加加林
М. Петрович	М. 彼得洛维奇
М. Непорожний	М. 涅波罗日尼
М. П. Шпанберг	М. П. 什潘贝格
Матвей Петров	М. 彼得罗夫
М. Новограбленный	М. 诺瓦戈拉普列内依
М. Беллин	М. 贝林
М. Петушков	М. 佩图什科夫
М. Чурин	М. 丘林
М. А. Беневский	М. А. 别涅夫斯基
М. Д. Левашов	М. Д. 列瓦绍夫
М. В. Ломоносов	М. В. 罗蒙诺索夫
М. И. Ратманов	М. И. 拉特马诺夫
М. И. Миницкий	М. И. 米尼茨基
М. Перри	М. 佩里
М. П. Лазерева	М. П. 拉扎列夫
М. Филлмор	М. 菲尔莫尔

Н

Николай Агустин	Н.奥古斯丁
Николай Мело	Н.梅罗
Николай Спафарий	Н.斯帕法里
Н. Витсен	Н.维岑
Н. П. Резанов	Н.П.列扎诺夫
МонахНестор	传教士涅斯托尔
Н. Малгин	Н.玛尔金
Н. Оглоблин	Н.奥格布洛林
Н. Джейсон	Н.詹森
Н. Вайзен	Н.威特森
Н. Гюбнер	Н.久布列尔
Н. Христиани	Н.赫里斯季安
Н. Б. Гоман	И.Б.戈曼
Н. Ф. Головин	Н.Ф.戈洛文
Н. Сторожев	Н.斯特罗杰夫
Никита Чикин	Н.奇金
Николай Элиод	Н.埃利奥特
Никита	尼基塔
Н. П. Румянцев	Н.П.鲁缅采夫
Н. А. Ховостов	Н.А.赫沃斯托夫
Н. П. Мыльников	Н.П.梅利尼科夫
Н. С. Мордвинов	Н.С.莫尔德维诺夫
Н. И. Трескин	Н.И.特列斯金
Н. П. Игнатьевый	Н.П.伊格纳季耶夫

О

Оттоном Фрейзингенский	奥托·冯·弗赖津

П

Петр Монтанус	П. 蒙塔努斯
Пол Графф	保罗·格拉夫
Пьер Дюваль	П. 杜瓦尔
П. П. Головин	П. П. 戈洛文
П. Н. Петров	П. Н. 彼得罗夫
П. Чириков	П. 奇利科夫
П. Женаныкин	П. 日纳内金
П. С. Лебедев-Ласточкин	П. С. 列别杰夫-拉斯托奇金
П. К. Криницын	П. К. 克里尼岑
П. В. Чичагов	П. В. 奇恰戈夫
П. П. Рикорд	П. И. 里科尔德

Р

Робет Дадли	Р. 达德利
Р. В. Макаров	Р. В. 马卡罗夫
Р. Грэй	Р. 格雷

С

С. У. Ремезов	С. У. 列梅佐夫
С. В. Поляков	С. В. 波利亚科夫
С. И. Дежнев	С. И. 杰日涅夫
С. С. Крашенинников	С. С. 克拉舍宁尼科夫
С. Н. Марков	С. Н. 马尔科夫
С. В. Бахрушин	С. В. 巴赫鲁申
семья Стругановых	斯特罗干诺夫家族
Санъэмон	萨里曼
С. Чернышевский	С. 切尔内舍夫斯基
С. И. Шульц	С. И. 舒尔茨

Симон Гардеболь	С. 卡捷波尔
С. Ваксель	С. 瓦克赛尔
С. И. Зубов	С. И. 祖博夫
С. Д. Извозов	С. Д. 伊兹沃扎夫
Спиридон Судейкин	С. 苏杰伊金

Т

Т. Ермак	Т. 叶尔马克
Т. Терентьев	Т. 捷连季耶夫
Тимофей Шмалев	Т. 什玛列夫

Ф

Фрэйтер ДеВитт	Ф. 德威特
Ф. Джерард	杰勒德·范柯伦
Ф. И. Страленберг	Ф. И. 斯特拉伦贝格
Ф. Чюкичев	Ф. 邱基切夫
Ф. М. Пущин	Ф. М. 普辛
Ф. Ф. Лужин	Ф. Ф. 卢任
Ф. А. Попов	Ф. А. 波波夫
Ф. С. Салтыков	Ф. С. 萨尔特科夫
Ф. И. Соймонов	Ф. И. 索伊莫诺夫
Ф. Слободчиков	Ф. 斯洛博奇科夫
Ф. Боше	Ф. 波什
Ф. Х. Пленисперу	Ф. Х. 普莱尼斯纳
Ф. Г. Немцов	Ф. Г. 涅姆佐夫
Ф. Е. Мухоплев	Ф. Е. 姆哈普列夫
Ф. Пель	Ф. 珀留

Х

Хендрик Дуфф	Х. 杜夫

Ц

Ц. Лайл	纪尧姆·莱尔

Ч

Чарли Кокс	查德·科克斯
Черкашенин	切尔卡舍宁
Ч. Кинг	Ч. 金氏

Ш

Шхельтинг	什赫利京格
Ш. Невю	Ш. 涅维尤

Э

Э. Пальмивист	Э. 帕姆奎斯特
Э. Кемпфер	Э. 肯普费尔
Э. Я. Файнберг	Э. Я. 法因格
Э. Бирон	Э. 比伦
Э. Робертс	Э. 罗伯茨

Ю

Ю. Селиверстов	Ю. 谢利维奥尔斯托夫
Ю. Ф. Лисянский	Ю. Ф. 里向斯基

Я

Ярослав Всеволодович	雅罗斯拉夫．弗谢沃洛维奇
Я. А. Елчин	Я. А. 叶尔钦
Я. Лиденау	Я. 林德诺
Я. Я. Генс	Я. Я. 根斯
Яков Бутин	Я. 布京
Ян Кок Бломхофф	扬·科克·布洛霍夫

主要参考文献

中文文献

周启乾：《日俄关系简史（1697—1917）》，天津人民出版社1985年版。

复旦大学历史系编：《沙俄侵华史》，上海人民出版社1975年版。

中国社会科学院近代史研究所编：《沙俄侵华史》，人民出版社1976年版。

兰州大学历史系编：《沙皇俄国的侵略扩张》，人民出版社1978年版。

北京大学编：《沙皇俄国侵略扩张史》，人民出版社1980年版。

佟冬主编：《沙俄与东北》，吉林文史出版社1985年版。

白寿彝主编：《中国通史》，第九卷、第十卷、第十一卷，上海人民出版社2013年版。

陈开科：《嘉庆十年——失败的俄国使团与失败的中国外交》，社会科学文献出版社2014年版。

崔丕：《近代东北亚国际关系史研究》，东北师范大学出版社1992年版。

黄定天：《东北亚国际关系史》，黑龙江教育出版社1999年版。

曹中屏：《东亚与太平洋国际关系——东西方文化的撞击（1500—1923）》，天津大学出版社1992年版。

林军：《俄罗斯外交史稿》，世界知识出版社2002年版。

宋烜：《明代浙江海防研究》，社会科学文献出版社 2013 年版。

王建朗、栾景河主编：《近代中国、东亚与世界》上、下卷，社会科学文献出版社 2008 年版。

陈奉林、魏楚雄主编：《东方外交史之发展》，中国澳门大学 2009 年版。

［日］吉田嗣延等著：《日本北方领土》，上海译文出版社 1978 年版。

［美］乔治·亚历山大·伦森编：《俄国向东方的扩张》，杨诗浩译，商务印书馆 1978 年版。

［俄］鲍里斯·塔格耶夫：《在耸入云霄的地方》，薛蕾译，商务印书馆 1975 年版。

［俄］库洛帕特金：《俄国军队与对日战争》，［俄］A. B. 林赛译，商务印书馆 1980 年版。

［苏］B. П. 波将金等编：《外交史》第一卷上、下，史源译，生活·读书·新知三联书店 1979 年版。

［英］戴维·费尔霍尔：《苏联的海洋战略——苏联海上扩张的研究》，龚念年译，生活·读书·新知三联书店 1974 年版。

俄语原始文献

Алексеев М. П. Сибирь в известиях западноевропейских путешественников и писателей. Иркутск, 1941.

Андреев А. И., Новые материалы о русских плаваниях и открытиях в Северном Ледовитом и Тихом океанах в XVIII – XIX вв. // Известия Всесоюзного географического общества. Т. 75. Вып. 5. 1943.

Барсуков И., Граф Николай Николаевич Муравьев – Амурский по его письмам, *официальным документам, рассказам современников и печатным источникам (Материалы для биографии)*. Кн. 1–2. М., 1891.

Баскин В. Н. , Восточная Сибирь. Записка о командировке на остров Сахалин капитан－лейтенанта Подушкина // Чтения в императорс-

ким Обществе истории идревностей российских при Московском университете. Кн. 2. М. , 1875.

Головнин В. М. , Записки в плену у японцев в 1811, 1812 и 1813 годах и жизнеописание автора. Ч. 1－3. СПБ. , 1816.

Головнин В. М. , Путешествие на шлюпе «Диана» из Кронштадта в Камчатку, совершенное под начальством флота лейтенанта Головнина в 1807－1811 гг. М. , 1961.

Крашенинников С. П. , Описание земли Камчатки. С приложением рапортов, донесений и других неопубликованных материалов. М. －Л. , 1949.

Крузенштерн И. Ф. , Путешествие вокруг света в 1803, 4, 5 и 1806 годах по вовелению е. и. в. Александра Парного, на кораблях «Надежда» и «Нева». Т. 1－2. СПБ. , 1809－1812.

Шелихов Г. И. , Российского купца Григория Шелихова странствованияиз Охотска по Восточному океану к американским берегам. Хабаровск, 1971.

俄语文献出版物

Архив адмирала Н. В. , Чичагова. Вып. 1. СПБ. , 1885.

Архив князя Воронцова. Кн. , 1－4. М. , 1870－1895；кн. 5. 1872.

Атлас географических открытий в Сибири и в Северо－Западной Америке（XVII－XVIII вв. ）. М. , 1964.

Атлас Курильских островов. М. －Владивосток, 2009.

Атлас Российской империи, состоящий из 46 карт. СПБ. , 1792.

Атлас Российской империи, состоящий из 52 карт. СПБ. , 1796.

Белов М. И. （сост. ）. Русские мореходы в Ледовитом и Тихом

океане. Сборник документов о великих русских географических открытиях на северо-востоке Азии в XVII веке. М. -Л. , 1952.

Венская ковенция о праве международных договоров. М. , 1997.

Всеподданнейший отчет генерал - адъютанта графа Путятина о плаваниях отряда военных судов в Японию и Китай в 1852–1855 гг. // Морской сборник. 1856. № 10.

Выступление А. А. , Громыко на конференции в Сан-Франциско 5 сентября 1951 г. // Новое время. 1951. № 37. Приложение.

Гнучева В. Ф. , Географический департамент Академии наук XVIII века. М. -Л. , 1946.

Гнучева В. Ф. , Материалы для истории экспедиций Академии наук в XVIII в XIX веках. Хронологические обзоры и описание архивных материалов. М. -Л. , 1940.

Документы внешней политики СССР. Т. 1–2. М. , 1957–1958. Документы и материалы кануна Второй мировой войны. Т. 1 – 2. М. , 1948.

Документы о капитуляции Японии // Международная жизнь. 1955. № 2.

Донесение флота капитана Беринга об экспедиции его к восточным Берегам Сибирь // Записки-топографического депо. Ч. X. 1947.

Дополнения к актам историческим, собранные и изданные Археографической комиссией. Т. II –IV. СПБ. , 1846–1851.

Ефимов А. З. , Из истории великих русских географических открытий. М. , 1950 (документы, карты).

Замечания правительства СССР по поводу политики США в отношения мирного договора с Японией // Новое время. 1951. № 22. Приложение.

Записка о Сибири, Маньчжурии и об островах северной части Тихого океана советника Верховного суда США А. Пальмэра //

Старина и новизна. Кн. 2. СПБ. , 1906.

Заявление Советского правительства правительству Японии // Блокнот агитатора. 1945. № 24.

К вопросу о незаконных действиях японских концессионеров на острове Сахалине // Мировое хозяйство и мировая политика. 1939. № 9.

К истории интервенции в Сибири // Красный архив. 1929. Т. 3. К истории Российско-Американской компании. Сборник документов. Красноярск, 1957.

Карта новых открытий в Восточном океане. СПБ. , 1781.

Колониальная политика царизма на Камчатке и Чукотке в XVIII в. Л. , 1935.

Конец русско-японской войны (Военные совещание 24 мая 1905 г. в Царском Селе) // Красный архив. Т. 3. 1928.

Кордт В. А. Материалы по истории русской картографии. Серия 2. Вып. I . Карты всей России, северных её областей и Сибири. Киев, 1906.

Коростовец И. Я. Дневник секретаря графа С. Ю. Витте во время Портсмутской конференции, июль-сентябрь 1905 г. // Былое. 1918. № 1-3.

Мартенс Ф. , Собрание трактатов и конвенций, заключенных Россией с иностранными державами. СПБ. Т. I. 1874; Т. IX. 1892; Т. XIII. 1902.

Материалы для истории русских заселений по берегами Восточного океана. Вып. 1-4. СПБ. , 1861.

Материалы судебного процесса по делу бывших военнослужащих японской армии, обвиняемых в подготовке и применении бактериологического оружия. М. , 1950.

Махов В. , Фрегат «Диана». Путевые записки бывшего в 1854-1855 годах вЯпонии протоиерея Василия Махова. СПБ. , 1867.

Медушевская О. М. Картографические источники по истории русских географических открытий на Тихом океане во 2 – й половине- XVIII века // Труды Московского историкоархивного института. Т. 7. 1954.

Международная политика новейшего времени в договорах, нотах и декларациях. М. , 1925.

Международные отношения в эпоху империализма. Документы из архивов царского и Временного правительств, 1878-1917. Серия. 2. М. , 1938-1940.

Международные отношения в эпоху империализма. Документы из архивов царского и Временного правительств, 1878-1917. Серия. 3. Т. 1-7. М. -Л. , 1931-1935.

Международные отношения и внешняя политика СССР. Сборник документов. 1871-1957. М. , 1957.

Миллер Г. - Ф. , История о странах, при реке Амуре лежащих, когда они состояли под Российским владением. Пер. с нем // Ежемесячные сочинения, к пользе и увеселению служащие. Т. 6. 1757. Июль, август, сентябрь, октябрь.

Миллер Г. -Ф. , О Первых российских путешествиях и посольствах в Китай // Ежемесячные сочинения, к пользе и увеселению служащие. Т. 2. 1755. Июль.

Миллер Г. -Ф. , Описание морских путешествий по Ледовитому и Восточному морю, с российской стороны учиненных. Перевод о нем. Ч. 1-2. СПБ. , 1758.

Наврот М. И. , Новый вариант итоговой карты Первой Камчатской экспедиции // Летопись Севера. Т. V. 1971.

Нота правительства СССР правительству США о мирном договоре с Японией // Новое время. 1951. № 24. Приложение.

Об оккупации японскими войсками Северного Сахалина в 1920 - 1925 гг. // Красный архив. 1937. Т. 3.

Обмен письмами между Н. С. Хрущевым и Х. Икэда // Международная жизнь. 1961. № 11; 1962. № 1.

Образ Сахалина и Курильских островов на картах мира. XV - XX вв. Сост. и автор предисловия Елизарьев В. Н. Южно-Сахалинск, 2008.

Общий обзор событий на Дальнем Востоке // Вестник НКВД. 1920. № 6-7.

Открытия русских землепроходцев и полярных мореходов XVII века на северо-востоке Азии. Сборник документов. М., 1951.

Отчеты Российско-Американской компании. СПБ., 1851-1864.

Памятники Сибирской истории XIII века. Кн. 1-2. СПБ., 1882-1885.

Переписка Председателя Совета Министров СССР с президенитами США и премьер-министрами Великобритании во время Великой Отечественной войны 1941-1945 гг. М., 1957.

Позднеев Д., Материалы по истории Северной Японии и её отношений к материку Азии и России. Т. I. Иокогама, 1909; т. II. Токио, 1909.

Пропозиции Федора Салтыкова. СПБ., 1891.

Протоколы Конференции по заключению трактата о торговле и мореплавании между Россией и Японией. 1906-1907 гг. СПБ. 1907.

Протоколы Портсмутской мирной коференции и текст договора между Рооссией и Японией, заключенного в Портсмуте 23 августа (5 сентября) 1905 года // Русско-японская война. 1904-1905 гг. в документах внешнеполитического ведомства России. Факты и комментарии. Авторы - составители Глушков В. В., Черевко К. Е. М., 2006.

Ремезов С. У. , Чертежная книга Сибирь, составленная тобольским сыном боярским Ремезовым в 1701 году. СПБ. , 1882.

Рикорд П. И. , Записки флота капитана Рикорда о плавании его к яопнским берегам в 1812 в 1813 годах и о сношениях с японцами. СПБ. , 1875.

Русская тихоокеанская эпопея. Сост. , исторические очерки, комментарии Дивина В. А. , Черевко К. Е. , Исаенко Г. Н. Хабаровск, 1979 г.

Русские Курилы. Сборник документов по формированию русско-японской и советско-японской границы. Сост. В. К. Зиланов и др. М. , 2002.

Русские мореходы в Ледовитом и Тихом океанах. М. –Л. , 1952.

Русские открытия в Тихом океане и Северной Америке в XVIII века. Сборник документов. М. , 1948.

Русско-китайские отношения в XVII века. Материалы и документы. 1608–1691 гг. Т. 1–2. М. , 1969–1972.

Сборник договоров и дипломатических документов по делам Дальнего Востока. 1895–1905 гг. Т. XVI . СПБ. , 1906.

Сборник документов и материалов по Японии. 1951–1954 (Мирная конференция в Сан-Франциско, мирные договоры и другие соглашения с Японией, а также ноты и официальные заявления, касающиеся Японии). М. , 1954.

Сборник документов о великих русских географических открытиях на северо-востоке Азии в XVIII веке. М. –Л. , 1952.

Сборник документов, связанных с капитуляций Японии. 1943–1946 гг. М. , 1947.

Сборник заявлений и рекомендаций члена Союзного Совета для Японии от СССР. М. , 1949.

Сборник заявлений, предложений и запросов представителя СССР в Дальневосточной комиссии. Марта 1946 -январь 1950. М. , 1950.

Сборник нот и заявлений правительств СССР, США, Китая, Англии и других стран по вопросу мирного урегулирования для Японии. Июль 1947 г. -июль 1951 г. М. , 1951.

Сборник пограничных договоров, заключенных Россией с соседними государствами. СПБ. , 1891.

Совместный сборник документов по истории территориального размежевания между Россией и Японией. М. -Токио, 1992.

Тихменев П. , Историческое обозрение образования Российско -Американской компании и действия её до настоящего времени. Ч. 1. СПБ. , 1861. Приложения.

Торговля с Японией. Сборник сведений и материалов поведомству Министерства финансов. Т. Ⅰ. Кн. 4. СПБ. , 1865.

Фель С. К. , Петровские геодезисты и их учетие в создании русской картографии XVIII века // Вопросы географии. 1950. СПБ. 17.

Шмалев Т. Н. , Краткое описание о Камчатке, учиненное в июле месяце 1773 года камчатским командиром капитаном Тим. Шмалевым // Опыт трудов Вольного Российского собрания при Московском университете. Ч. 1. М. , 1774.

Экспедиция Беринга. Сборник документов. М. , 1941.

Японская интервенция 1918-1922 гг. в документах. М. , 1934.

俄文研究著作

Аварян В. , Борьба за Тихий океан. М. , 1957.

Азатьян А. А. , Белов М. И. , Гвоздецкй Н. А. , Камании Л. Г. , Мурзаве Э. М. , Югай Р. Л. История открытия и исследования Советской Азии. М. , 1969.

Александров В. И. , Россия на дальневосточных рубежах. Вторая половина XVII века. М. , 1969.

Алексеев А. И., Дело всей жизни. Книга о подвиге адмирала Г. И. Невельского (1813-1876 гг.). Хабаровск, 1972.

Алексеев А. И., Колумбы Российские. Магадан, 1966.

Алексеев А. И., Сыны отважные России (С. И. Дежнев, В. И. Беринг, Ф. П. Лаптев, Ф. П. Врангель, Г. И. Шелихов). Магадан, 1970.

Амур-река подвигов. Художественно-документальное повествование о Приамурской земле, её первопроходцах, защитниках и преобразователях. СПБ., 1911.

Андреев А. И., Очерки по источниковедению Сибири. М.-Л., 1965.

Андриевич В., История Сибирь. Ч. 1-2. СПБ., 1869.

Анучин Д. П. Географические работы. М., 1954.

Арманд Д. Л., Остров Хоккайдо. Физико-географическое описание. М.-Л., 1947.

Баргов Л. С., Карты Азиатской России. Исторические заметки. Пг., 1914.

Берг Л. С., История русских географических открытий. М., 1962.

Берг Л. С., Открытие Камчатки и Камчатские экспедиции Беринга. 1725-1742. М.-Л., 1946.

Берг Л. С., Очерки по истории русских географических открытий. М.-Л., 1946.

Боднарский М. С., Очерки по истории русского землеведения. Ч. 1. М., 1947.

Борисов С., Борьба за советский Дальний Восток. М., 1940.

Брылкин А., Статистические сведения о южной части Сахалина. СПБ., 1868.

Буссе Н. В., Остров Сахалин. Экспедиция 1853-1854 гг. СПБ., 1873.

Бушуева Т. С., Серегин А. В., Халхин-Гол. М., 2009.

Вексель С., Вторая Камчатская экспедиция Витуса Беринга. М.-

Л., 1940.

Венюков М. И., Обозрение японского архипелага в современном его состоянии. Ч. 1-3. СПБ.. 1871.

Венюков М. И., Опыт военного обозрения русских границ в Азии. Вып. Ⅰ-Ⅱ, СПБ., 1873-1876.

Вехи на пути к заключению мирного договора между Японией и Россией. М., 2000.

Винокуров М., По Южному Сахалину. М., 1950.

Висковатов А., Краткий исторический обзор морских походов русских и мореходства их вообще до исхода ⅩⅦ столетия. М., 1946.

Водарский Я. Е., Население России в конце ⅩⅦ-начале ⅩⅧ века (численность, сословно-классовый состав, размещение). М., 1977; Его же. Историческая география: определение, предмет задачи, методы изучения, источники (рукопись). М., 2008.

Воскобойников В. И., Слово на карте. Петропавловс-Камчатский, 1962.

Гвоздецкий Н. А., Советские географические исследования и открытия. М., 1967.

Гольдберг Д. И., Внешняя политика Японии (сентярь 1939 г. - декабрь 1941 г.). М., 1959.

Гольденберг Л. А., Семен Ульянович Ремезов. Сибирский картограф и географ. 1642-после 1720. М., 1965.

Греков В. И., Очерки по истории русских географических исследований в 1725-1765гг. М., 1960.

Гончаров И., Русские в Японии в конце 1853 г. и. в начале 1854 года. СПБ, 1855.

Двухкратное путешествие в Америку морских офицеров Хвостова и Давыдова, писанное сим последним. Ч. 1-2. СПБ., 1810-1812.

Дивин В. А., Русские мореплавания на Тихом океане в XVIII в. М., 1971.

Дружинин Н. М., Русские мореплаватели в старой Японии. Л., 1924.

Дубинский А. М., Освободительная миссия Советского Союза на Дальнем Востоке. М., 1966.

Елизарьев В. Н., История Сахалина и Курильских островов в российско-японских отношениях. Ч. 1-3. Южно-Сахалинск, 2002-2006.

Елизарьев В. Н., Образ Сахалина и Курильских островов на картах мира XV-XX вв. Южно-Сахалинск, 2008.

Ермакова Л. М., Вести о Япан-острове в стародавней России. М., 2005.

Ефимов А. Л., Из истории великих русских географических открытий XVII-XVIII вв. М., 1971.

Ефимов А. В., Из история русских экспедиций на Тихом океане. Первая половина XVIII в. М., 1948.

Ефремов Ю. К., Курильское ожерелье. М., 1962.

Жекулин В. С., Историческая география: предмет и методы. М., 1982.

Жуков Е. М., История Японии. Краткий очерк. М., 1939.

Жуков Е. М., Советский Союз в борьбе за демократическое решение послевоенных проблем Дальнего Востока. М., 1950.

Жуков Ю., Русские и Япония. Забытые страницы из истории русских путешествий. М., 1945.

Зибольд Ф., Путешествие по Японии или описание Японской империи, дополненное сведениями и известиями из Кемпфера, Фишера, Дефа, Шарльвуа, графа Гогендропа, Крузенштерна, Гунберга, Титсинга, Варениуса и др. СПБ., 1854.

Зимонин В. П., Последний очаг Второй мировой войны. М., 2002.

Знаменский С., В поисках Японии. Из история русских географических открытий и мореходства в Тихом океане. Владивосток, 1929.

Игнатьев А. В. , Витте-дипломат. М. , 1989.

Иноуэ К. , Оконоги С. , Судзуки С. *История современной Японии*/ Пер. с яп. М. , 1955.

История внешней политики СССР. 1917-1970. Т. 1-2. М. , 1966-1971.

История и культура народов Дальнего Востока. Доклады и сообщения, прочитанныена 2 - й сессии Дальневосточных исторических чтений в Южно - Сахалинске в 1971 г. Южно - Сахалинск, 1973.

Кабузан В. М. , Как заселялся Дальний Восток. Вторая половина XVII -начало XX в. Хабаровск, 1973.

Каманин Л. Г. , Первые исследователи Дальнего Востока. М. , 1946.

Карон Ф. , Описание о Японии. СПБ. , 1734.

Карпенко З. , Гражданская война в Дальневосточном крае (1918-1922 гг.). М. , 1934.

Колгушкин В. Д. , Описание стариных атласов, карт и планов XVI, XVII, XVIII вв. и половины XIX в. , хранящихся в архиве Центре. картогр. производства МВФ. Л. , 1958.

Костылев В. , Очерки истории Японии. СПБ. , 1888.

Кошкин А. А. , Крах стратегии «спелой хурмы». М. , 1989.

Краткая история о японском государстве, из достоверных источников собранная. М. , 1773.

Крушанов А. И. , Гражданская война на Дальнем Востоке. Владивосток, 1972.

Култашев Н. Б. , Проблемы теории географического познания. Общенаучные и философские предпосылки. Тверь, 1994.

Кутаков Л. Н. , Портсмутский мирный договор. Из истории отношений Японии с Россией и СССР, 1905-1945. М. , 1961.

Кутаков Л. Н. , Россия и Япония. М. , 1988.

Кюнер Н. В. , Сношения России с Дальним Востоком на

протяжении царствования Романовых. Владивосток, 1913.

Лебедев Д. М., Есаков В. А. Русские географические открытия и исследования. М., 1971.

Лужков Ю. М., Титов И. Б., Курильский синдром. М., 2008.

Магидович В. И., Очерки по истории географических открытий. В 5 т. 1982-1986.

Макарова Р. В., Русские на Тихом океане во второй половине. XVIII в. М., 1968.

Максаковский В. П., География народов мира. М., 1997.

Марков С. Н., Земной круг. Книга о землепроходцах и мореходах. М., 1971.

Международные отношения на Дальнем Востоке. Кн. 1-2. М., 1973.

Меклер Г. К., Хоккайдо. М., 1986.

Мельчин А. И., Разгром американо-японских интервентов на Советском Дальнем Востоке в 1920-1922 годах. М, 1953.

Миллер Г., -Ф. История Сибири. Т. 1-2. М. -Л., 1937-1941.

Мицуль М., Очерк острова Сахалин в сельскохозяйственном отношении. СПБ., 1873.

日文历史文献

川上淳:『近世後期の奥蝦夷地史と日関係』、北海道出版企画センター 2011 年版。

真鍋重忠:『日露関係史——1697—1875』、吉川弘文館 1978 年版。

寺山恭輔:『開国以前の日露関係』、東北大学東北アジア研究センター 2006 年版。

郡山良光:『幕末日露関係史研究』、国書刊行会 1980 年版。

長谷川毅:『北方領土問題と日露関係』、筑摩書房 2000 年版。

秋月俊幸:『日露関係とサハリン島—幕末明治初年の領土問題』、筑摩書房 1994 年版。

主要参考文献

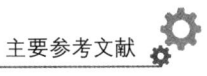

黒沢文貴：『江戸・明治期の日露関係：ロシアイメージを中心に』、吉川弘文館1946年版。

平川新：『開国以前の日露関係に関する研究』、文部科学省科学研究費補助金研究成果報告書2005年版。

志水速雄：『日本人のロシア・コンプレックス―その源流を探る』、中央公論社1984年版。

菊池勇夫：『エトロフ島―つくられた国境』、吉川弘文館1999年版。

伊藤一哉：『ロシア人の見た幕末日本』、吉川弘文館2009年版。

山下恒夫：『大黒屋光太夫史料集』、日本評論社2003年版。

長沼孝：『北海道の歴史』、北海道新聞社2011年版。

レザーノフ著、大島 幹雄訳：『日本滞在日記――1804―1805』、岩波書店2000年版。

木崎良平：『光太夫とラクスマン』、刀水書房1992年版。

木崎良平：『仙台漂民とレザノフ』、刀水書房1997年版。

新井白石：『蝦夷志南島志』、平凡社2015年版。

和田春樹：『開国―日露国境交渉』、日本放送出版協会1991年版。

藤田覚：『近世後期政治史と対外関係』、東京大学出版会2005年版。

生田美智子：『外交儀礼から見た幕末日露文化交流史』、ミネルヴァ書房2008年版。

木村汎：『日露国境交渉史』、角川学芸出版2005年版。

長瀬隆：『日露領土紛争の根源』、草思社2003年版。

山下恒夫：『江戸漂流記總集』、日本評論社1992年版。

信夫清三郎：『日本外交史』、毎日新聞社1974年版。

桂川甫周：『北槎聞略』、岩波書店1990年版。

大久保利謙等：『鎖国時代日本人の海外知識』、原書房1953年版。

福田正宏：『極東ロシアの先史文化と北海道』、北海道出版企画センター2007年版。

北海道大学編：『日本北辺関係旧記目録』、北海道大学附属図書館 1990 年刊行。

秋月俊幸：『千島列島をめぐる日本とロシア』、北海道大学出版会 2014 年版。

髙野明：『日本とロシア』、紀伊國屋書店 1971 年版。

長谷川毅：『北方領土問題と日露関係』、筑摩書房 2000 年版。